Original illisible
NF Z 43-120-10

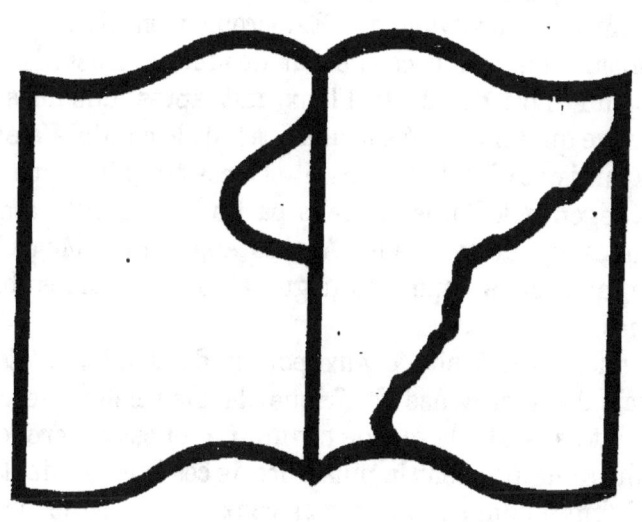

Texte détérioré — reliure défectueuse
NF Z 43-120-11

"VALABLE POUR TOUT OU PARTIE
DU DOCUMENT REPRODUIT".

LIBRAIRIE ORIENTALE, ALGÉRIENNE ET COLONIALE
DE CHALLAMEL AÎNÉ,
Paris, 30, rue des Boulangers, 5ᵉ arrondissement.

LA RÉGENCE
DE TUNIS

AU XIXᵉ SIÈCLE

PAR A. DE FLAUX.

Un beau vol. in-8°. — 6 fr.

Depuis quelque temps, l'esprit public est dirigé du côté de l'Afrique. Le voyage de l'Empereur vient de donner une impulsion nouvelle à ce courant des idées. Aussi la publication du livre de M. de Flaux, fait après une mission à Carthage qui lui avait été confiée par M. le comte Walewski, alors ministre d'État, ne pouvait-elle pas être plus opportune.

La régence de Tunis forme la partie la plus pittoresque et la plus fertile de ce que les Arabes appellent le Mogreb, et de ce que nous appelions naguère les Royaumes barbaresques.

Carthage était située aux portes de Tunis. C'était la capitale de la province d'Afrique, la plus belle que Rome possédât dans tout le monde connu. Le sol est encore jonché de ruines qui attestent la puissance de ces fiers dominateurs, et qui font l'admiration de tous ceux qui ont eu le bonheur de les visiter. Tout le passé antique revit dans ces vastes plaines, devenues célèbres par les grandes batailles dont elles ont été le théâtre. On y retrouve à chaque pas les traces d'Annibal vaincu par Scipion, de Pompée poursuivi par César, de Caton venant y chercher la liberté et y trouvant la mort, de Bélisaire, de Hassan, d'Okba, et plus tard de saint Louis et de Charles Quint.

CHALLAMEL, libre-commre pour l'Orient, la Marine et les Colonies, 30, r. des Boulangers, Paris.

ANNALES TUNISIENNES

Ou Aperçu historique sur la régence de Tunis, par Alphonse Rousseau, consul de France, ancien premier interprète du consulat général de France à Tunis.

Un volume in-8°. — 7 fr. 50 c.

ESSAI SUR L'HISTOIRE ÉCONOMIQUE DE LA TURQUIE

D'après les écrivains orientaux, par M. BELIN, secrétaire interprète de l'Empereur à Constantinople.

Un volume in-8°. — 7 francs.

HISTOIRE DE LA COLONISATION DE L'ALGÉRIE

Par M. Louis DE BAUDICOUR.

Les débuts. — Les constructions urbaines. — Les villages. — La colonisation dans les provinces. — Les territoires civils et militaires. — Commencement du progrès. — Les fermes. — Les communes. — Du cantonnement des Arabes. — La colonisation des Arabes, etc. Un fort vol. in-8° de 584 pages. — 7 fr.

LA COLONISATION DE L'ALGÉRIE. — SES ÉLÉMENTS.

Par M. L. DE BAUDICOUR.

Les ressources du sol. — Les richesses minérales. La salubrité du climat. — Les colons. — La population de l'Algérie. — La migration étrangère. — Les hôpitaux. — Les orphelinats. — La transportation. — La propriété. — Les ouvriers et les capitalistes.

Un fort vol. in-8° de 588 pages. — 7 fr.

ONZE MOIS DE SOUS-PRÉFECTURE EN BASSE-COCHINCHINE

Contenant, en outre, une notice sur la langue cochinchinoise; des phrases usuelles françaises et annamites, des notes nombreuses et pièces justificatives; avec une belle carte de la Basse-Cochinchine,

Par L. DE GRAMMONT, capitaine au 44e de ligne. — 1 fort vol. in-8°. 12 fr.

EXPOSÉ DES SIGNES DE NUMÉRATION

Usités chez les peuples orientaux anciens et modernes

Par A. PIHAN, prote de la typographie orientale à l'Imprimerie impériale.

UN VOLUME GRAND IN-8°. — NET : 7 FR.

Cet ouvrage, qui a mérité à son auteur un prix d'encouragement donné par l'Institut, est aussi un véritable chef-d'œuvre typographique.

REVUE MARITIME ET COLONIALE

Suite à la *Revue coloniale*, 1858-1858, et à la *Revue algérienne et coloniale*, 1859-1860. (Ministère de la Marine et des Colonies.) — La *Revue maritime et coloniale* paraît du 1er au 10 de chaque mois par cahiers d'au moins 12 feuilles grand in 8°, avec cartes, plans et croquis, qui ajoutent à l'importance de ce précieux recueil.

Prix de l'abonnement : Paris, un an, 25 fr. — Départements et Algérie, 30 fr. — Pour l'étranger et les colonies françaises, 35 fr. — On s'abonne chez CHALLAMEL aîné.

Collection considérable d'ouvrages sur les Colonies, l'Algérie, et pour l'étude des langues orientales.

ÉTUDE D'UNE MAISON DU SEIZIÈME SIÈCLE, sculptée en bois à Lisieux. Dessinée d'après nature et lithographiée par CHALLAMEL. Petit in-folio. 3e édition. 10 planches sur papier de Chine, et Notice historique. — 8 fr.

AVIS. M. CHALLAMEL se chargera et s'acquittera avec soin et promptitude de toutes les commissions qui lui seront confiées par MM. les officiers de la marine française et des diverses administrations, et par toutes les personnes qui s'adresseront à lui.

LA RÉGENCE

DE TUNIS

AU DIX-NEUVIÈME SIÈCLE

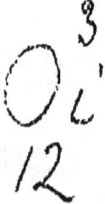

Paris. — Imprimerie de Ad. Lainé et J. Havard, rue des Saints-Pères, 19.

LA RÉGENCE
DE TUNIS

AU DIX-NEUVIÈME SIÈCLE

PAR

A. DE FLAUX

PARIS
CHALLAMEL AINÉ, LIBRAIRE-ÉDITEUR
Commissionnaire pour l'Algérie, les Colonies et l'Orient
30, RUE DES BOULANGERS

ALGER
BASTIDE, LIBRAIRE, PLACE DU GOUVERNEMENT

1865
Tous droits réservés.

LA RÉGENCE DE TUNIS

AU DIX-NEUVIÈME SIÈCLE.

CHAPITRE PREMIER.

Départ de Philippeville.

C'est le mardi 24 octobre 1861, à sept heures du soir, que j'ai quitté Philippeville. A cette époque de l'année, le ciel à Paris est bas, le soleil pâle et le vent aigre. L'automne a déjà fourni une partie de sa carrière, et l'on voit l'hiver s'avancer à pas pressés derrière lui. En Afrique, l'on est encore en plein été. Cependant la chaleur n'est plus intolérable, et, si l'on a la précaution de se mettre à l'abri des quelques rayons embrasés que, vers midi, le soleil lance à la terre en signe d'adieu, on peut rester constamment dehors et satisfaire sans danger à ce besoin de curiosité inquiète, ardente et toujours inassouvie, qui dans un endroit célèbre s'empare de l'âme du véritable touriste. Aussi n'ai-je pas perdu une minute du temps que j'avais à consacrer à l'ancienne Rusicada. J'ai parcouru dans tous les sens sa campagne fertile et pittoresque ; j'ai déchiffré la plupart des inscriptions que la pioche des travailleurs européens a retirées des flancs de la terre; j'ai visité les monuments antiques retrouvés dans l'enceinte de la nouvelle ville et qui seront un témoignage éternel de la grandeur passée de la cité romaine. J'ai contemplé la placidité et la majesté de la mer dont les flots venaient avec un doux murmure expirer aux pieds de mon balcon, et admiré surtout cette belle rade qui s'étendait à mes pieds en contours harmonieux, si attrayante et d'autant plus dangereuse, mais dont l'habileté de nos ingénieurs fera sans doute un des ports les plus vastes et les plus sûrs de la côte.

Enfin, après une journée employée à parcourir à cheval la route taillée à pic dans les flancs mêmes de la montagne, au-dessus de la mer, et qui relie Storah à Philippeville, à traverser la belle forêt d'yeuses, de chênes-liéges et d'oliviers sauvages, que baigne le ravin d'où les Romains tiraient l'eau destinée à alimenter les fameuses citernes de Rusicada, à suivre le canal retrouvé et restauré jusqu'à ces gigantesques réservoirs, déblayés, recrépis et rendus, après plus de quinze siècles, à leur premier usage, à les visiter avec soin et à rentrer en ville par des sentiers étroits et abrupts, plus propres à des chèvres qu'à des chevaux, je m'installai, le soir venu, dans une de ces petites barques qui fourmillent dans le port et qui sont conduites par des Maltais, tour à tour bateliers ou pêcheurs de corail, d'après les temps et surtout d'après leur fantaisie, et je me rendis à bord de *la Clyde*, vaisseau des Messageries Impériales, arrivé de la veille, allant de

Marseille à Tunis, et, à cause du peu de sûreté qu'offre le port, se tenant assez avancé dans la rade, du côté de Storah. Il était, ai-je dit, sept heures du soir, quand je quittais, dans une chaloupe, le rivage d'Afrique. En Europe, même dans le midi, à ce moment la terre est envahie par les ténèbres; en Afrique, même dans le nord, la mer avait emprunté au ciel un lambeau du manteau de pourpre dont le soleil l'avait revêtue en partant. Toute la nature était resplendissante jusqu'au cap de Fer, qui était devenu un foyer ardent de lumière. Les côtes boisées de la province de Constantine, sombres d'ordinaire, étaient illuminées comme le reste, et les maisons blanches de Storah, adossées au pied de la montagne, ressemblaient de loin à des perles répandues et fixées sur une robe de velours rouge. *La Clyde* n'attendait pour lever l'ancre que mon arrivée et celle de deux ou trois passagers qui s'étaient fait inscrire, comme moi, au bureau de Philippeville. La cheminée fumait et grondait; l'équipage était à son poste; le signal fut donné, dès que j'eus mis pied à bord, et le bateau, fendant l'onde allègrement, quitta l'asile peu sûr où il séjournait depuis vingt-quatre heures. La journée avait été chaude, la nuit s'annonçait devant être admirable. Le vent était tombé, et la Méditerranée, calme et limpide comme un lac de Suisse un jour d'été, n'avait pas d'autres vagues que celles produites par la proue aiguë de notre vaisseau. Le ciel s'était silencieusement couvert d'étoiles, et la lune, trônant au milieu d'elles, répandait une clarté douce, mais assez vive pour nous permettre de lire les journaux de Paris apportés la veille par ce même bateau.

Je ne serai accusé d'exagération par aucun voyageur en disant qu'il n'y a rien de plus doux au monde que de se trouver, par une belle nuit d'été, sur le pont d'un vaisseau qui marche à travers l'espace, couché sur une peau de tigre, en proie à ses rêveries, plongé dans ses méditations, perdu comme un atome dans cette triple immensité de l'air, du ciel et de la mer, et sentant qu'il y a dans cet atome une étincelle de feu divin qui le rend supérieur à tout ce qui a été créé autour de lui et pour lui.

J'avais trouvé quelques amis à bord ; je fus par eux présenté aux autres passagers ; nous eûmes bientôt formé un groupe joyeux ; la nuit avait fourni une grande partie de sa course que nos propos n'avaient point cessé, alimentés par de copieuses libations. Enfin, gagné par le froid humide de la mer, j'allai me coucher dans ma cabine ; j'en étais à mon premier sommeil, lorsque notre vaisseau s'arrêta et jeta l'ancre dans la rade de Bône.

CHAPITRE II.

Bône et Hippone.

Ce n'était guère plus d'une heure du matin; j'attendis dans mon lit que le jour fût levé pour me mettre dans la chaloupe destinée à conduire les passagers sur la jetée qui borde le port de Bône. La ville, située au milieu de la baie qui s'étend du cap Rosa au cap de Garde, est entourée de collines et dominée par la Casbah. Éclairées par le soleil levant, ses maisons droites, vastes et bien bâties, offraient un aspect charmant. Les rues étaient à peine éveillées, et les habitants occupés à faire leur toilette. Les cafetiers dressaient leurs tentes et sortaient leurs tables; les bouchers garnissaient leur étal; les marchands de nouveautés préparaient leurs rayons, et les bijoutiers enlevaient les feuilles de papier qui recouvraient les dorures et les diamants destinés à tenter les belles Mauresques. Toutes les ménagères, le balai à la main, nettoyaient le seuil de leur porte. Il y avait sur tous les points une foule active et peu bruyante, ce qui est exceptionnel en Afrique, presque aussi bariolée que celle d'Alger et très-propre, comparée surtout aux multitudes déguenillées que je venais de voir à Biskra, à Constantine et à Philippeville. Les ouvriers arabes eux-mêmes étaient bien tenus, et les Maures, comme les Juifs, d'une élégance relative. La crise de 1861, qui sévissait si cruellement dans la province d'Alger, n'avait atteint qu'à peine la province de Constantine, plus fertile et moins sujette à la sécheresse. La situation prospère de Bône contrastait avec la détresse du reste de la colonie, et son port encombré de vaisseaux avec le port désert d'Alger. Bône, admirablement située, est destinée à devenir une ville très-importante. Il ne faut pour cela que l'achèvement de la grande route qui doit la relier à Constantine. Son port même, peu estimé aujourd'hui des marins, parce que le fond a été envahi par le sable et par la vase, redeviendra excellent, lorsque l'on aura achevé les travaux d'art indiqués et dirigés par d'habiles ingénieurs. Du reste toutes ces côtes barbaresques, si fécondes en désastres au moyen âge, seront dans quelques années aussi sûres que du temps des Romains. Les Arabes, par négligence ou par calcul, avaient laissé détruire par la mer ces abris que la nature n'a fait nulle part qu'ébaucher, et qui ne peuvent être achevés que de la main de l'homme.

Bône, qui à la fin du dix-huitième siècle était une grande ville de dix mille âmes, était devenue, au moment de la conquête, sous l'administration du terrible et farouche bey de Constantine, Ahmed, une misérable bourgade, composée de trois mille cinq cents pêcheurs ou corsaires. De la vieille ville il ne reste aujourd'hui que peu de chose ; quelques rues étroites, tortueuses et infectes, et par contraste une délicieuse mosquée qui fait et fera toujours le plus bel ornement de la place d'Armes. Ce monument, bâti, dit-on, avec les débris des temples chrétiens d'Hippone et qui est un chef-d'œuvre du vrai style arabe, menaçait ruine. Il vient d'être agrandi, restauré et garni d'un minaret. Je suis bien convaincu que les vrais croyants n'ont vu qu'avec répugnance des infidèles porter une main profane sur le temple du vrai Dieu; mais ils sont fatalistes, dès lors résignés, accoutumés d'ailleurs à plier devant la force; et la foule n'assiége pas avec moins de zèle la mosquée consolidée et embellie par des chrétiens. C'est un exemple de tolérance qui profitera à tout le monde.

Bône est bâtie à l'extrémité d'une plaine, sur des terrains formés d'alluvions. Les Arabes, par ineptie ou par apathie, au lieu de resserrer, de comprimer dans un canal les eaux de la Seybouse et de les forcer d'aller se jeter tout droit dans la mer, les avaient laissé déverser dans les champs et former de vastes marais. Ces terres humides, frappées par le soleil d'Afrique, fermentaient et répandaient des exhalaisons pestilentielles. A peu de distance de la ville, au sud, la Boudjerna, qui était dans les mêmes conditions que la Seybouse, créait un nouveau foyer d'infection. La fièvre exerçait d'autant plus de ravages que la population, très-pauvre, avait moins de moyens de défense; et ces fléaux, tout autant que la férocité des ministres d'Ahmed-Bey, étaient la véritable cause de la décadence de cette ville célèbre. Mais telles sont les merveilles de la civilisation qu'un principe de misère et de destruction a été changé en une source de vie et de richesse. Ces terrains que la barbarie avait laissés envahir par les eaux, desséchés au moyen d'œuvres d'art, sont devenus des champs d'une étonnante fertilité; d'abondants épis de blé s'élèvent aux endroits couverts autrefois de joncs inutiles. Bône, placée dans un bas-fond, n'aura jamais l'air pur et vivifiant d'Alger, bâti en amphithéâtre sur les flancs du Sahel, protégé du simoun et rafraîchi sans cesse par la brise de mer ; mais elle est sûre d'être désormais à l'abri de ces miasmes pestilentiels qui décimaient ses habitants.

L'homme n'obtient rien sans peines et sans sacrifices. Il a fallu s'y prendre à trois fois avant de posséder définitivement cette charmante ville qui, dans les décrets de la Providence, doit être un jour la rivale d'Alger et la métropole de la province de Constantine.

A peine le général Bourmont se fut-il rendu maître d'Alger, qu'il envoya M. Gallois, commandant les frégates *la Bellone* et *la Duchesse de Berry,* sommer les autorités de Bône de nous ouvrir les portes de la ville (28 juillet 1830). Le commandant Gallois, ayant besoin, pour la réussite de son expédition, d'un homme initié aux mœurs et aux habitudes des Arabes, s'était adressé tout d'abord au consul général de France à Tunis, le comte Matthieu de Lesseps, qui mit à sa disposition son jeune fils, M. Jules de Lesseps, chargé par lui en ce moment, dans l'île de Tabarque, de la double et délicate mission de protéger les coralleurs et d'acheter aux indigènes des vivres destinés à l'armée d'expédition. Sur les ordres de son père, le jeune diplomate accourut à bord de *la Bellone.* Le parti qui dominait dans la ville, rempli du souvenir des atrocités commises par Ahmed-Bey, avait résolu, à l'exemple de Constantine, de fermer les portes à son tyran, lorsque celui-ci, vaincu à Staouéli, rentrerait dans son beylik. Ahmed, furieux, avant de marcher sur la capitale, avait réuni autour de Bône douze à quinze mille Bédouins, auxquels il avait promis le sac et le pillage de la ville, ne réservant pour sa part que les armes enfermées dans la Casbah. Donc Bône, menacée du côté de la mer d'être bombardée par les Français et du côté de la terre d'être prise d'assaut par les Bédouins, était dans une cruelle perplexité. Les factions intérieures qui s'agitaient au milieu du trouble rendaient sa situation encore plus précaire. Le parti favorable aux Français avait envoyé auprès du commandant des émissaires chargés de chaleureuses protestations d'amitié et de dévouement. Mais pouvait-on se fier aux hyperboles des Arabes? M. Gallois manifesta sagement le désir qu'un parlementaire, envoyé parmi les assiégés, lui fît connaître réellement l'esprit qui les animait. Cette mission était aussi délicate que dangereuse. Le fanatisme religieux, la haine de l'étranger, l'amour de la patrie, exaltaient et troublaient toutes les têtes. La ville était un volcan. Quel était l'Européen qui pouvait espérer, en y mettant le pied, de ne pas être englouti sous les laves vomies incessamment par ce cratère en éruption? M. de Lesseps connaissait trop bien le pays pour ignorer qu'en ce moment la vie d'un chrétien, quel qu'il fût, dépendait de l'escopette ou du poignard d'un fanatique embusqué dans un coin de rue. Mais il était esclave de son devoir, et, malgré les supplications d'un serviteur indigène jeté à ses pieds pour le retenir, il descendit dans un des canots de *la Bellone*, et, accompagné d'un officier de marine, se dirigea du côté du port. La jetée était vide et la porte close. M. de Lesseps fut obligé de frapper avec la pomme de sa canne ; le gardien se décida à ouvrir ; et les deux parlementaires furent conduits à travers les flots d'une population agitée, dans un kiosque dominant la mer, où les notables étaient réunis. Tous deux dirent très-nettement que le seul moyen d'échapper à un bombardement qui entraînerait la destruction de leur ville était de se soumettre à la France et de laisser entrer dans leurs murs les trois cents hommes qui étaient amenés par la *Bellone*. Les notables répondirent qu'ils acceptaient d'ores et déjà la domination française, mais qu'une garnison de trois cents hommes, impuissante à les défendre, ne ferait qu'exciter la fureur des Bédouins et les déterminerait à donner un assaut qui, vu le mauvais état des remparts, aurait bien des chances de réussite ; qu'il fallait tout remettre au moment où l'on aurait assez de soldats à leur donner pour protéger efficacement la ville. M. Gallois, approuvant ces raisons, du reste excellentes, alla croiser dans les environs. Trois jours plus tard, l'amiral Rosamel (1er août 1830) étant venu avec une division composée de deux vaisseaux, deux frégates, un brick et une goëlette, montés par trois mille hommes sous le commandement du général Damrémont, le jeune de Lesseps retourna courageusement dans les murs de Bône, sans se préoccuper du revirement qui aurait pu se faire dans l'esprit des habitants. Grâce à sa parole persuasive, les promesses faites furent tenues, et, les notables étant venus à bord faire leur soumission, le général Damrémont prit possession de la ville au nom de la France. Nul doute que cet homme de guerre, suppléant au nombre par la tactique, n'eût, avec cette poignée de braves gens, protégé la ville contre les nuées de barbares qui l'enveloppaient; mais, rappelé à Alger à la suite de graves complications survenues dans la province, il fut obligé de l'abandonner aux notables qui, gagnés par les émissaires d'Ahmed-Bey, se remirent sous sa verge de fer, et se firent de dangereux ennemis des puissants protecteurs de la veille. Une seconde tentative pour reprendre Bône fut faite, quelques mois plus tard, par le commandant Houder. Accueilli par les habitants avec trois cents hommes qu'il avait sous ses ordres et introduit dans la Casbah, ce malheureux officier fut massacré avec presque tous les siens par des cohortes de Bédouins auxquelles le perfide Ibrahim, bey détrôné de Constantine, avait fait ouvrir les portes de la ville. Deux ans plus tard (26 mars 1832), la Casbah ayant été prise par les capitaines Armandy et Yousouf, à la suite d'un hardi et adroit coup de main, le général Monck d'Uzer arbora sur les créneaux des remparts le drapeau de la France qui depuis lors n'a cessé d'y flotter. La bravoure seule de nos soldats leur aurait permis sans aucun doute, après une courte lutte, de franchir les remparts de Bône battus en brèche par notre artillerie; il n'est pas moins certain que les souvenirs de la première occupation où le général Damrémont avait fait preuve de tant de bravoure, de sagesse et de modération, encore présents à tous les esprits, prévinrent une lutte qui, pour être inutile, n'aurait pas été moins funeste aux vainqueurs qu'aux vaincus.

J'ai dit qu'il n'existait plus depuis longtemps de la vieille Bône que des débris sans importance et sans intérêt; les constructions modernes ont le caractère uniforme de tout ce qui se fait dans notre époque positive. Le seul mais le grand attrait de Bône se trouve sur la colline où s'élevait jadis la ville d'Hippone, illustrée par saint Augustin. On arrive aux citernes par des sentiers vraiment ravissants, bordés des deux côtés d'oliviers gigantesques, les plus beaux que j'aie vus nulle part. La fertilité du sol est si grande, même sur la montagne, que les figuiers de Barbarie, qui ailleurs ne sont que des buissons, sont ici aussi élevés que des arbres et chargés de fruits. Quelques trous creusés dans la terre, avec des murs enduits de ciment romain et protégés par des lambeaux de voûtes, tels sont les derniers vestiges de cette grande cité d'Hippo-Regius, d'abord résidence de rois numides, et puis d'évêques chrétiens. Il est vrai que, en fouillant le sol, on trouve, par-ci par-là, des blocs de marbre, des poteries, des ustensiles de fer ou de cuivre, des armes, des médailles, des mosaïques, enfin toutes les traces d'une société disparue; mais tout ce qui était à la surface a été détruit ou emporté par les vainqueurs. L'herbe a crû sur les tombeaux et caché même les ruines. Le silence et la désolation règnent sur l'emplacement de cette antique capitale, comme sur un désert que n'ont jamais foulé les pieds des hommes. Mais qu'importent ces désastres? que Hippone, prise et reprise, ait été saccagée tour à tour par les Vandales et les Grecs, et détruite de fond en comble par les Arabes venus par nuées des steppes de l'Asie comme un fléau du ciel? Il y a certaines choses que Dieu a faites impérissables et qui dès lors résistent à l'action de la mort. C'est en vain que des fanatiques ont massacré toute la famille de saint Augustin, détruit les temples où il priait Dieu, profané la tombe où il reposait, et jeté ses cendres au vent. La grande figure de ce saint personnage remplit encore, après quinze siècles, ces solitudes, de même que l'ombre d'Hamlet à Elseneur peuple le château de Kronborg et la villa de Marienlyst.

Augustin, né à Tagaste, fut élevé et passa sa jeunesse à Carthage. Les plaisirs qu'offrait cette Rome africaine, pédante et dissolue, remplie de rhéteurs et de courtisanes, ne pouvaient avoir que peu d'attraits pour l'austère jeune homme qui devait élever l'amour conjugal et l'amour filial à la hauteur d'un culte; poussé par une puissance mystérieuse, il se rendit en Italie; à Milan il fut converti à la foi nouvelle par l'éloquence et par les vertus de saint Ambroise. Parti païen d'Afrique, il y retourna chrétien. A Hippone, où il prit les ordres sacrés, le peuple, qui participait alors à l'élection de ses prêtres, força le vieil évêque Valérius à choisir le jeune néophyte pour coadjuteur pendant sa vie et pour successeur à sa mort. C'est pendant les heures dérobées à l'administration de son vaste diocèse que saint Augustin a composé ses *Confessions* et sa fameuse *Cité de Dieu*. Or tel est l'ascendant que le génie et la vertu exercent sur les hommes que l'attention du monde entier fut et restera, jusqu'à la fin des siècles, fixée sur cette colline longtemps obscure et illuminée tout à coup de l'auréole qui entoure une sainte tête.

A peine la France eut-elle mis le pied sur ces bords qu'elle résolut de lui donner un témoignage éclatant du respect et de l'admiration qu'elle lui avait voués.

Une statue de bronze, représentant ses traits, fut érigée sur les lieux qu'il avait illustrés. L'œuvre, mesquinement conçue, a été maladroitement exécutée ; mais le choix de l'emplacement a été admirable. C'est une plate-forme située au milieu de la colline, s'en détachant et s'avançant en promontoire au-dessus de la plaine. L'évêque est debout tenant une bible d'une main, et de l'autre indiquant les caractères qui y sont tracés. Son doux regard s'étend en manière de protection et de bénédiction sur la ville de Bône, relevée et agrandie par les mains des chrétiens, sur ces champs que leur industrie active a rendus fertiles et salubres, et sur cette mer, jadis si terrible, que leur génie doit maîtriser et faire même servir au bien-être de l'humanité. Le mouvement est beau ; mais l'habileté de main n'a pas secondé la pensée de l'artiste. Nul doute qu'un homme de talent, reprenant un jour cette idée, n'en fasse comprendre toute la grandeur.

Dans les villes romaines d'Afrique, les citernes jouaient un grand rôle. Comme elles étaient creusées dans les entrailles de la terre, elles se remplissaient des débris des maisons renversées, et étaient par ces ruines mêmes préservées de plus grands dommages. Celles d'Hippone, déblayées, donnent une idée assez exacte de l'importance de cette antique cité. Je suis descendu dans ces fosses gigantesques ; je les ai parcourues, et j'ai cueilli sur des alisiers, venus je ne sais comment sur ce sol couvert de ciment romain, des fruits que j'ai emportés avec moi, que j'ai conservés, et dont la vue me rappelle le souvenir de ces lieux intéressants que probablement mes yeux ne reverront plus.

CHAPITRE III.

De Bône à la Goulette.

Le vaisseau qui, le matin, m'avait amené à Bône, en repartait le soir à trois heures; je fus exact au rendez-vous. Le temps était beau, la mer calme et la brise favorable. Aussi le soleil était-il encore sur l'horizon que *la Clyde* s'arrêtait en face de la Calle.

La côte sur ce point a été de tout temps très-féconde en corail. Le corail est une production calcaire en forme d'arbrisseau qui pousse au fond de la mer et que le contact de l'air rend aussi dure que le marbre. On le retire des gouffres où l'a placé la main de la nature au moyen d'un câble en chanvre qui balaye les rochers sur lesquels il se forme, l'en détache et le retient dans ses fils. Cette pêche, lucrative, mais très-pénible et pour cela dédaignée des Maures et des Arabes, a été faite de tout temps par des Catalans, des Maltais et des Italiens. Le produit était envoyé à Livourne, à Naples et à Gênes, où il occupait de nombreux ouvriers, et, après avoir reçu de ces mains habiles son magnifique éclat, il retournait en Afrique orner le visage des Mauresques, auxquelles il sied à merveille, comme à toutes les femmes brunes. La Calle était le port, le refuge des corailleurs ; c'est une misérable bourgade qui a payé chèrement par d'éclatants revers quelques jours de prospérité. Rien n'était plus précaire que le sort des chrétiens que l'amour de l'aventure et l'appât du gain attiraient dans ces dangereux parages. Trop souvent assaillis, pendant la nuit, à l'improviste par des nuées de barbares, ils étaient pris, dépouillés de tout, de leur pêche comme de leurs bateaux, égorgés s'ils résistaient, et traînés en captivité s'ils se résignaient à leur sort. Le dernier désastre de la Calle remonte à l'année 1827. Elle fut détruite de fond en comble par le féroce bey de Constantine, d'après les ordres du stupide dey d'Alger, et elle ne s'est pas relevée de ce coup terrible.

Les rois de France ont été de tout temps, même avant les croisades, les protecteurs des chrétiens en Orient. Ce protectorat leur donnait à tous certains droits et inspira à quelques-uns des projets ambitieux sur l'Afrique. Au seizième siècle, des négociations sérieuses furent entamées à Constantinople pour que la Régence d'Alger fût cédée au duc d'Anjou, dont on voulait se débarrasser honorablement, et qui aurait fait à coup sûr un aussi bon roi de Barbarie que de Pologne. C'est à cause de la suprématie de la France dans ces régions, malgré les prétentions des Espagnols, que la pêche du corail qui n'occupait pas un seul Français, fut cédée, en 1390, à Louis de Clermont, duc de Bourbon, et n'a cessé de nous appartenir, si ce n'est à de courts intervalles et pendant des temps de révolution.

Ce privilége, accordé par le sultan de Constantinople pour une redevance annuelle très-variable, fut renouvelé et enfin donné gratuitement à François Ier, puis à Henri IV et par ce dernier cédé aux princes de la maison de Guise. Ceux-ci, ne trouvant plus de preneurs, abandonnèrent, en 1663, tous leurs droits à Sanson Napollon qui s'engagea à leur envoyer en échange annuellement cinq paires de chevaux barbes. La prospérité de l'établissement de la Calle excita la convoitise des deys d'Alger qui, se croyant assez puissants pour braver et la France et la Porte, retirèrent les libéralités accordées par le sultan, leur suzerain, et se rendirent si redoutables qu'au moment de la conquête, en 1830, ils recevaient des concessionnaires une redevance de deux cent mille francs.

La Calle, peuplée entièrement d'Européens, était le seul point que le christianisme eût conservé sur les côtes barbaresques. Les capucins disaient bien la messe un peu partout, mais obscurément, relégués dans la chambre la plus cachée d'un consulat, tandis qu'à la Calle le saint sacrifice s'accomplissait en plein soleil, en grande pompe, au milieu des fidèles appelés au son des cloches. Quelques remparts, faits à la diable, flanqués de maigres bastions et défendus par une poignée de vétérans invalides, suffisaient à protéger la ville contre les tribus des montagnes voisines, mais non contre les milices des chefs de janissaires qui régnaient à Alger et à Constantine. Ces barbares, enfermés dans leurs repaires d'où ils n'étaient pas sortis de leur vie, et ne s'étant jamais mesuré qu'avec des cadis en révolte dont ils triomphaient toujours, s'étaient fait de leur puissance une idée tout à fait exagérée, mais qu'ils avaient eu par je ne sais quel artifice l'habileté de faire partager à toute la chrétienté. Ce rôle d'épouvantail plaisait à leur orgueil et servait leurs intérêts. Quant à moi, je suis bien convaincu que c'est moins par fanatisme que par jactance et surtout dans le but de conserver les rançons qui leur étaient données annuellement par les États européens de second ordre (1) qu'ils se livraient, envers des marchands inoffensifs et vivant sous leur protection, aux plus horribles excès.

Périodiquement, tous les quarts de siècle, l'Europe recevait, au moment le plus inattendu, par les courriers du Levant la nouvelle de massacres, survenus sans cause et dès lors pouvant tous les jours se renouveler. Quoique indignés et terrifiés au récit de tant de crimes, les souverains des victimes, au lieu d'user

(1) Quelles sommes énormes les pays barbaresques ne devaient-ils pas retirer des nations chrétiennes au moyen âge, puisque, avant la conquête d'Alger, mais après la suppression de la course et l'abolition de l'esclavage des chrétiens, par habitude, par tradition, par un reste de terreur,

Le royaume des Deux-Siciles payait à la Régence d'Alger un tribut annuel de.	24,000 piastr. fortes
Plus en présents consulaires	20,000
La Toscane en présents consulaires.	25,000
La Sardaigne en présents consulaires.	20,000
Le Portugal en tribut annuel.	24,000
Plus en présents consulaires.	20,000
L'Espagne en présents consulaires	6,000
L'Angleterre en présents consulaires	3,000
Les États-Unis d'Amérique en présents consulaires. .	3,000
Le Hanovre et Brême en présents consulaires. . .	10,000
Le Danemark et la Suède en tribut annuel	4,000
En tout	159,000
Soit.	858,000 francs.

La grande colère de Hossein-Pacha contre la France venait de ce que notre consul s'était refusé à toute espèce de présent, lorsque l'Angleterre avait cédé. La France n'agissait pas de la sorte par intérêt, mais par dignité ; le tribut lui importait peu, mais elle ne voulait reconnaître aucune suprématie, surtout celle d'une nation infidèle.

de représailles, se bornaient à de vaines protestations qui, n'étant aux yeux des coupables que des actes d'impuissance, ne faisaient qu'accroître leur audace et surexciter leur férocité. En vain les consuls qui vivaient au milieu d'eux, témoins de leur état d'anarchie, de leur faiblesse et de leur ineptie, insistaient pour une répression. Les gouvernements d'Europe, reculant devant les incertitudes et les mystères d'une expédition lointaine, finissaient toujours par se contenter de stériles menaces. C'est la sauvage destruction des comptoirs de la Calle plus encore que le semblant de coup d'éventail donné au consul Deval qui décida le gouvernement de la Restauration à entreprendre la fameuse expédition d'Alger. Il fallut cette dernière violence de l'altier et insolent Hossein (1) pour dessiller les yeux de la France et lui faire prendre la noble résolution de rendre au christianisme, à la civilisation, ces vastes contrées, changées alors en stériles déserts, mais qui autrefois avaient contribué à la gloire et à la richesse de Rome. Du reste à la Calle, comme presque partout en Afrique, il n'y a que le passé qui offre de l'intérêt. Le pré-

---

(1) En 1829, Hafiz Méhémet Réchid Bey, envoyé à Alger par le divan de Constantinople, pour faire comprendre au dey l'étendue des malheurs qu'il semblait, comme de gaieté de cœur, attirer sur ses peuples et sur les siens, ne put vaincre ni l'orgueil ni l'opiniâtreté de ce prince. Il trouva le divan d'Alger rempli de gens infatués du pouvoir de leur pays et persuadés qu'il pourrait résister non-seulement à la France, mais à l'Europe coalisée. Ayant voulu parler en maître au nom du sultan, suzerain de la Régence, il reçut l'ordre de quitter la ville dans le plus bref délai. A Tunis, Hafiz Bey, causant de cette affaire avec notre consul, Matthieu de Lesseps, lui disait, avec douleur, qu'on ne pouvait rien attendre de raisonnable de gens qui, sortis d'une boutique de savetiers ou tirés des fourneaux d'une cuisine, se trouvaient du soir au matin investis des plus hautes charges de l'État. Telle était la situation d'Alger; c'était avant tout un gouvernement de parvenus.

sent est mort, et tous nos efforts n'ont pas pu encore le rendre à la vie.

Après un coup d'œil jeté à la dérobée sur le bastion de France et sur une ceinture de remparts conservés, je pense, comme œuvres d'art, pendant le peu de temps employé au débarquement et à l'embarquement des passagers, nous reprîmes notre course et si heureusement que l'aube paraissait à peine, quand notre vaisseau, ralentissant peu à peu sa marche, s'arrêta enfin dans le port de la Goulette.

CHAPITRE IV.

De la Goulette à Tunis.

La Goulette est le port de Tunis. La ville est charmante à voir aux premières lueurs du soleil levant, derrière la forteresse imposante bâtie par les Espagnols et gardant l'entrée du chenal qui relie la mer au lac. A droite s'étend la vaste plaine où s'éleva Carthage, dominée par la colline sur laquelle l'on a bâti, avec les débris de la ville détruite, la cité sainte de Sidi-Bou-Saïd, et à gauche, par-delà son lac, Tunis, éclatante de blancheur, abritée par sa montagne, s'en détachant et ressemblant, au milieu de l'azur du ciel, à une perle blanche enchâssée dans une immense émeraude.

Après avoir admiré le magnifique spectacle que nous offrait la nature, j'étais désireux de sortir de ma prison et surtout d'arriver à Tunis avant la chaleur qui s'annonçait devoir être ardente. Mais ici le temps n'est pas estimé comme en Angleterre. Nous étions arrivés depuis deux heures que je n'avais vu aucun bateau quitter le port pour venir nous prendre. A sept heures, une petite barque très-élégante aborda *la Clyde*.

Elle portait deux fonctionnaires du bey, un médecin et un employé de la douane. Le médecin venait voir si aucun de nous n'avait eu la peste en route, et le douanier si nous n'avions pas quelques marchandises de contrebande. C'étaient deux hommes jeunes, parlant admirablement français et ayant ce beau type des Maures de la côte. Ils se bornèrent à une visite de politesse, se contentant, sans rien vérifier, de la parole de notre capitaine. Cependant le port restait toujours immobile. Pas une barque qui fît mine de se détacher et de venir à notre rencontre. Enfin, à huit heures du matin, je vis déboucher du chenal un vieux bateau, datant de quatre siècles pour le moins, dirigé par quatre rameurs et prenant lentement la direction du point où nous avions jeté l'ancre. Il était seul et destiné à tous les voyageurs, quel que fût leur rang et leur sexe. Nous avions à bord une masse d'Arabes en guenilles ramassés sur les côtes de l'Algérie. Européens, indigènes, femmes, enfants, riches ou pauvres, tout fut entassé pêle-mêle, au milieu d'une masse énorme de bagages. L'opération du chargement fut longue, faite par des gens nonchalants et apathiques. Elle se termina pourtant, et à dix heures nous étions à la porte de la douane. C'est là que je fus saisi par un juif, nommé David et faisant les fonctions d'interprète. Dès qu'il sut que j'allais à l'hôtel de France, je devins et ne cessai, pendant huit grands jours, d'être sa propriété. C'était un homme jeune, affable, intelligent, actif, babillard, familier, mais fort honnête, doué d'une charmante figure et d'un excellent naturel. Étant né en Algérie, il est sous la protection de notre consul ; cela donne de la liberté à ses allures, un peu trop peut-être, parce qu'elles sont quelquefois voisines de l'insolence. En sa qualité de citoyen français, il n'a jamais voulu entourer sa checchia du turban noir imposé aux personnes de sa religion. Les vieux musulmans, saisis d'indignation à la pensée qu'un chien de juif pût être pris dans la rue pour un vrai fils du Prophète, ont fait à notre homme des représentations très-fermes et très-sévères, le rappelant à des principes de modestie et d'humilité conformes à son rang et à sa position. Mais mon David qui, comme bien des gens de sa race, passe facilement de l'obséquiosité à l'arrogance, a tenu tête à l'orage et maintenu sa checchia intacte, malgré les clameurs et les menaces. Si encore il s'était borné à cet acte d'entêtement, mais de courage, je le lui aurais pardonné. Mais, enhardi par sa victoire, notre homme avait pris l'habitude de répondre aux regards sinistres et courroucés que lui lançaient les fanatiques par des injures d'autant plus vives qu'elles étaient dites en français et incomprises. Il affectait aussi pour tous les porteurs de burnous ce mépris imité des colons algériens qui, excusable quoique déplacé chez des conquérants, était chez un juif, à peine relevé de son abjection, moins ridicule encore que révoltant. Un de mes compagnons, qui connaît parfaitement l'Orient, M. Mallet, témoin des allures provocatrices de cet interprète, lui a prédit qu'il serait, un beau jour, trouvé assassiné au coin d'une borne dans une rue déserte. Fasse Dieu que cette sinistre prédiction ne s'accomplisse pas!

Les passagers étaient nombreux et leurs bagages considérables. La station à la douane menaçait d'être éternelle. Quelques piastres, tirées de mon gousset et habilement distribuées par mon juif, m'évitèrent tous ces ennuis. Débarrassé de mes douaniers, j'allai dans un café maltais chercher un abri contre la chaleur qui commençait à devenir accablante. J'y appris avec effroi que le même lourd bateau qui était venu nous chercher à bord était chargé de nous conduire à Tunis; qu'il ne pourrait quitter la Goulette qu'après la visite de la douane, c'est-à-dire après midi, et qu'il n'aborderait au port de Tunis que vers quatre ou cinq heures. Je témoignai d'abord ma surprise de voir si peu de communications établies entre une grande ville, capitale d'un royaume, et le port de mer qui la met en relations avec le reste du monde, et je finis par déclarer que, plutôt que de rester exposé aux ardeurs du soleil pendant les quatre heures les plus chaudes de la journée, je coucherais à la Goulette et n'en partirais que le lendemain matin dans une voiture venue à ma rencontre. Me voyant si bien décidé, mon David, qui avait une jeune et jolie femme dont il était jaloux, s'arracha tout à coup aux douceurs de son verre d'absinthe et se mit à parcourir avec sa pétulance ordinaire les rues de la Goulette. Un instant après, il vint me retrouver et m'annoncer que quatre bateliers qu'il traînait à sa suite s'engageaient pour dix francs à m'amener dans une heure à Tunis. Je conclus le marché; mes bagages furent aussitôt retirés de la douane, et moi-même installé dans un petit bateau très-propre, presque élégant. Mon juif se mit au gouvernail, et mes rameurs, frappant l'eau en cadence, me firent traverser avec la rapidité d'une flèche le chenal qui relie le lac à la mer, et qui forme la rue la plus belle, la plus longue et la plus animée de cette petite ville. En Algérie, l'influence chrétienne se fait sentir partout, jusque dans les gourbis les plus reculés. Nous sommes ici en pleine terre musulmane. La variété des costumes est infinie. La Goulette, restée immobile, me donne une idée exacte d'une rue de Venise pendant le quatorzième siècle. L'architecture des maisons est à peu près la même; le ciel, la mer, la nature, diffèrent si peu, que nos yeux conservent l'illusion que s'est faite notre imagination.

Le lac de Baheirah, beaucoup plus long que large, n'a guère que vingt kilomètres d'un port à l'autre. Il est très-peu profond; quoique, depuis des siècles, ses eaux reçoivent toutes les immondices de Tunis, elles n'en sont pas moins limpides et transparentes. Le lac abonde en poissons tellement que deux mulets maladroits, effrayés par notre présence et bondissant pour la fuir, sont entrés dans notre bateau et n'en sont plus sortis. Les oiseaux d'eau y sont aussi très-nombreux; j'ai remarqué parmi eux des ibis et des flamands gigantesques dont le plumage écarlate étincelait, comme un métal, aux rayons du soleil. A notre aspect, ils s'enfuyaient et venaient se grouper dans l'îlot de Chickli, au pied d'un fortin abandonné. Ils couraient et voletaient dans les herbes, si nombreux et si beaux qu'on aurait dit un de ces tableaux de Breughel de velours, représentant le coin du paradis où vivaient les oiseaux avant la chute de l'homme. Nous sommes en plein Orient. Des palmiers croissent au pied de la digue qui protége le lac des fureurs de la mer. A travers les échancrures de leur feuillage, sur la berge élevée et étroite, nous voyons défiler d'un pas lent et ferme une immense caravane, composée de plus de cent chameaux. Vous ne sauriez vous faire une idée de l'effet fantastique produit par cette kyrielle d'animaux bizarres, qui sont d'un autre monde et semblent être d'un autre âge. Rien de plus étrange que de les voir avec leur cou long, tortueux et flexible, leur dos bossué et leurs jambes cagneuses, semblant promener dans l'air leur masse informe dont le poil roux tranche et se détache, comme une silhouette, sur le double azur du ciel et de la mer.

Mes bateliers étaient jeunes et vigoureux. Ils étaient chrétiens, deux d'entre eux Génois et les deux autres Maltais. Ils parlaient un italien assez pur; je me plaisais à entendre leur conversation enjouée et vive; je trouvais seulement que le nom de la vierge Marie revenait un peu trop souvent au milieu des jurons. Ils étaient hommes de parole. Une heure ne s'était pas écoulée que j'avais traversé tout le lac de Baheirah. J'étais à quelques mètres de Tunis. Un portefaix noir, appelé par mon interprète, transporta mes bagages à l'hôtel de France; je fus installé dans un vaste appartement, bien aéré, bien fermé à la lumière, paré de marbre, tapissé de briques vernies; et la bonne réception de M. Cousinard, le maître d'hôtel, m'eut bientôt fait oublier les fatigues, la chaleur et les ennuis de la journée.

CHAPITRE V.

Coup d'œil rétrospectif sur Tunis.

Tunis est une ville antique, et l'on peut dire d'elle, sans hyperbole, sans figure de rhétorique, que son origine se perd dans la nuit des temps. Elle existait déjà à l'époque de la Carthage punique, mais elle a dû son grand développement à la destruction de la Carthage romaine par l'Arabe Hossein (Hassan).

Les côtes septentrionales de l'Afrique, douées d'un climat tempéré et salubre, pourvues de plaines vastes et fertiles, sillonnées de cours d'eau, ont de tout temps excité la convoitise des conquérants. Des rois numides elles ont passé au pouvoir des Romains. Enlevées aux Romains par les Vandales et aux Vandales par les Grecs de Byzance, elles ont été conquises par les Arabes qui n'ont pas tardé à subir la domination des Turcs. Ces nombreuses et incessantes invasions, accompagnées toujours de scènes de violence, non-seulement accoutumaient ces populations au mépris des lois, mais encore surexcitaient des sentiments innés chez elles d'insoumission, de férocité et d'avidité. Nulle part, pas même en Italie, le sort des empires n'a été aussi précaire. Un siècle ne s'écoulait jamais sans donner naissance à quelque Alexandre barbare dont les lieutenants à sa mort se partageaient ou se disputaient au moins les dépouilles. Tunis a tour à tour imposé ses lois à Kairouan, à Bône, à Alger, ou a subi celles de ces puissantes rivales. Le royaume dont elle était la capitale, jamais stationnaire, devenait plus ou moins vaste, plus ou moins prospère, selon que le prince guerroyait avec bonheur ou administrait avec sagesse. Elle suivait sa fortune et passait successivement de l'opulence à la misère. Au dix-septième siècle, elle était plus peuplée et plus riche qu'aujourd'hui; comme Alger, comme Fez, comme toutes les villes des Barbaresques, elle est en décadence depuis trois cents ans. Elle n'a jamais eu la puissance que lui donnaient le prestige de l'éloignement et les préjugés de l'Europe; mais elle n'était pas réduite à l'état de faiblesse et d'impuissance où elle est tombée aujourd'hui. Il est vrai que les progrès faits par la science en économie politique, ayant révélé aux grandes puissances les ressources immenses qu'elles possédaient et qui, pour le bonheur de l'humanité et la liberté des peuples, leur étaient restées inconnues, ont changé la face du monde. Quand on se rappelle que Gustave-Adolphe, débarquant avec vingt mille Suédois sur les côtes de Poméranie, a tenu en mains les destinées de l'Europe, on comprend qu'une poignée de corsaires habiles et intrépides, sortie de quelques rochers africains, put jeter le deuil et l'épouvante sur les côtes d'Espagne, d'Italie ou de France. Si la Suède, comme la Hollande, comme tous les États secondaires, bien qu'elle n'ait pas dégénéré des ses pères, est obligée, par la force des choses, de rester spectatrice indifférente des conflits qui s'élèvent entre les grandes puissances, quel peut être le rôle d'un pays comme Tunis, dont les peuples, plongés encore dans la barbarie, ne doivent accepter qu'avec méfiance une civilisation qui leur est apportée par des hommes qu'ils ont l'habitude de considérer, depuis des siècles, comme leurs plus cruels ennemis? J'ai vu, dans le port de Porto-Farina, les quelques vaisseaux qui composent la marine militaire de la Régence; celle que commandait Barberousse était certes plus importante; mais, si par un miracle elle reparaissait telle qu'elle était, je ne crois pas qu'elle fût plus redoutable.

L'isolement où vivaient autrefois les Barbaresques était très-utile à leur amour-propre et entretenait leur énergie. Aujourd'hui, avec la facilité des transports, tous les ministres de ces royaumes, poussés par un sentiment de curiosité qui leur fait oublier les prescriptions du Prophète, quittent la terre sainte de leurs pères pour le pays des infidèles. Ils rentrent chez eux éblouis, épouvantés, démoralisés, comprenant qu'ils ne sont encore de ce monde que par tolérance et bien décidés de se soumettre à toutes les volontés des protecteurs puissants qu'ils auront choisis. Quand j'étais à Tunis, le Khaznadar s'était mis franchement sous l'égide de la France, et l'influence de M. Roches était immense. C'était de la bonne politique, honorable pour la nation protectrice et favorable à la nation protégée.

Tunis était autrefois la plus célèbre des villes africaines, ou, pour mieux dire, elle les résumait toutes.

Thunes, comme on l'appelait au moyen âge, comme l'appellent encore les Arabes, était la patrie supposée de tous ces ribauds, mauvais garçons, routiers, sorciers, mendiants et voleurs, enfin de toute cette Bohême du moyen âge, si nombreuse, si dangereuse et si durement traitée. Ce bruit qui se faisait autour de son nom lui donnait du prestige et l'entourait d'un mystère qui la rendait redoutable. Aujourd'hui encore c'est une ville très-intéressante et très-curieuse à visiter, parce que, immobile, étrangère à toute innovation, elle est telle qu'à l'époque sinistre où, dans quelque cour des Miracles, un gueux, affublé du nom de Clopin et du titre de roi, chantait ses louanges auprès d'un broc de vin et au milieu de ses prétendus sujets en guenilles. Elle est entourée d'une double ceinture de remparts, les mêmes, à coup sûr, qui ont résisté à saint Louis, et qui seulement sont un peu plus délabrés, moins à cause de leur vétusté que de leur inutilité. De distance en distance, à toutes les grandes artères existent des portes bardées de fer avec arcs-boutants, ponts-levis, poternes, enfin tout l'attirail féodal. Quand j'étais à Tunis, elles étaient fermées pendant la nuit avec autant de sévérité qu'à l'époque où les Croisés, conduits par saint Louis, campaient dans la plaine de Carthage. Mais cet état de choses ne pouvait pas durer longtemps. Le gouvernement de Tunis est trop éclairé; il a trop exactement la conscience de sa faiblesse pour n'être pas persuadé que, devant des canons rayés, des remparts construits de la sorte n'arrêteraient pas, pendant une heure, une armée d'invasion; de même que les portes, malgré leurs cuirasses de fer, ne servent plus qu'à gêner la circulation et à forcer le travailleur de

rentrer souvent avant l'œuvre faite. Aussi, pendant que
M. Roches faisait proclamer la fameuse constitution
de 1861, obtenait-il du bey l'autorisation de bâtir le
nouveau consulat de France en dehors des murs, sur
l'avenue de la Marine, complantée d'arbres et transformée
en promenade. La porte de la Marine restant
ouverte, on n'aura plus de raisons pour fermer les autres
qui seront bientôt arrachées de leurs gonds. De
nouvelles maisons s'élèveront à côté de celle du consul,
et ce qui n'était qu'un réceptacle d'immondices et un
repaire de brigands deviendra bientôt un quartier
vaste, aéré et approprié aux besoins de bien-être que
la société moderne éprouve partout, même en Orient.
C'est ainsi que, dans l'humanité, le progrès suit toujours
sa marche, quelquefois d'une manière lente et
cachée, mais alors plus certaine et plus bienfaisante.

CHAPITRE VI.

A travers les rues de Tunis.

Tunis est une grande ville; c'est une capitale. Eh bien! ses rues, comme du reste celles de Paris avant 1728, n'ont point de nom, et ses maisons point de numéros. Inutile de dire qu'elles ne sont point pavées et qu'à la plus affreuse poussière succède la boue la plus épouvantable. Quelques-unes sont droites, mais la plupart sont tortueuses, tellement qu'après une longue marche, quand la rue a été parcourue en entier, l'on se retrouve avec étonnement au point de départ. Les culs-de-sac et les carrefours abondent. Aussi la ville est-elle un vrai labyrinthe, d'où l'on ne peut sortir si l'on n'est pas conduit par un guide.

Les lois sur la voirie y sont inconnues. Les maisons y sont bâties sans symétrie, au caprice de leurs constructeurs. L'une avance, l'autre recule; celle-ci est en pointe et celle-là de face; l'une est neuve, l'autre à moitié démolie, et ses débris encombrent le passage. Il semblerait après cela que Tunis n'est qu'un immense cloaque impraticable. Eh bien! non! les chiens, très-nombreux, mangent les ordures; les habitants balayent et déblayent le devant de leur porte ; et, comme il n'y a point de voitures et que tous les transports se font à dos de bête, la circulation n'est point interrompue. Il n'y a pas même plus d'embarras que dans nos grandes villes.

Tunis n'est pas bâtie, comme Alger, sur le flanc d'une montagne, mais d'une colline verdoyante et boisée (1), ce qui lui a valu de la part des écrivains orientaux, portés à l'exagération, les plus flatteuses épithètes. Elle est située sur un isthme entre les lacs de Baheirah et de Sebka-es-Sed-Joum, salés tous les deux, quoique le dernier n'ait aucune communication avec la mer, dont il est éloigné de plusieurs kilomètres. La ville, plus longue que large, a la forme d'un burnous, dont la Casbah serait le capuchon.

Elle est divisée en deux parties bien distinctes. La ville haute, habitée par les musulmans, est déserte et silencieuse; l'herbe pousse dans les rues comme dans nos villes de parlement; la ville basse, destinée aux négociants et aux chrétiens, est au contraire agitée et bruyante. Il y a même certaines rues qui ne le cèdent ni en tumulte ni en tapage aux rues les plus populeuses de Paris et de Londres; mais l'aspect qu'elles présentent est tout différent. A Londres et à Paris, c'est un flot qui roule et se renouvelle; à Tunis, c'est une eau immobile et stagnante. Là vous avez des hommes affairés et préoccupés, se précipitant où leur intérêt, où leurs plaisirs les poussent; ici vous avez des oisifs et des indolents qui ne songent qu'à tuer le temps. L'encombrement qui règne dans une de nos

---

(1) Le sol est crayeux, dès lors blanchâtre.

petites villes de Languedoc, les jours de foire, avec les paysans à la démarche lente et lourde, indiscrets et bavards, familiers, s'arrêtant à chaque pas, sans se préoccuper de l'heure qui fuit et de la chaleur qui est brûlante, me rappelle toujours la foule à Tunis. Ici comme chez nous, attirée par les provocations des marchands ambulants et des jongleurs, elle se groupe autour d'eux; elle devient bientôt si épaisse qu'il est impossible de faire un pas en avant ou en arrière. Tout à coup des cris se font entendre; c'est une caravane de chameaux qui débouche d'une rue voisine et va entrer dans cette mêlée humaine. Parfois plusieurs de ces animaux sont farouches; ils viennent du désert; ces multitudes les épouvantent; la peur les rend méchants. Malheur à ceux qui sont à la portée de leurs pieds ou de leurs dents! Aussi faut-il voir le tumulte et le tapage qui se fait à leur aspect. Qu'il arrive après eux un troupeau de bourricos : les rires succèdent aux cris d'épouvante; c'est à qui injuriera ou maltraitera ces bêtes inoffensives.

A Tunis, comme dans tous les pays d'absolutisme où la vie et la fortune d'un homme dépendaient du caprice d'un autre, on cachait sa vie avec précaution de peur d'exciter de dangereuses convoitises. Aussi les maisons sont-elles pour la plupart séparées de la rue par une cour et construites de façon que presque toutes les croisées donnent sur le pattio, espèce de cour intérieure plus reculée et entourée de bâtiments. Celles qui par hasard s'ouvrent sur la rue sont garnies de barreaux de fer bombés, et forment, en s'entre-croisant, un treillage qui n'est pas dépourvu d'élégance. Dans nos villes du midi de la France, par exemple dans les vieilles maisons d'Uzès, j'ai retrouvé le même système de fermeture, apporté sans doute par les Sarrasins dans nos contrées.

J'ai parlé des inconvénients de Tunis pendant la pluie ou la sécheresse, qui tour à tour encombrent ses rues de poussière ou de boue. Ce désagrément est petit, comparé à celui que cause la puanteur qui, sous l'influence du vent du midi, se répand dans toute la ville. C'est que, parallèlement aux remparts, la ville est entourée d'un vaste égout destiné à recevoir toutes les immondices, et à les transporter dans le lac Baheirah. Ce canal, parfois couvert d'une voûte, coule le plus souvent à ciel ouvert. Pour surcroît de malheur, ses eaux épaisses et gluantes, arrêtées par des monceaux d'ordures, déversent et inondent tout un quartier. Il en résulte un gâchis nauséabond qui attriste l'œil et soulève le cœur d'un Européen. Malgré ce foyer d'infection, Tunis est un des pays les plus salubres qui soient au monde; la peste n'y sévit que rarement, et, depuis 1819, ce terrible fléau n'y a pas exercé ses ravages. Les observateurs prétendent que les fagots, formés de branches de thym, de lavande et de serpolet, qui servent quotidiennement aux boulangers pour la cuisson des pains, répandent une fumée odoriférante qui, purifiant l'air, neutralise l'influence pernicieuse de tant de fétides émanations. Je ne sais si ces observations sont très-judicieuses. Ce qui est certain, c'est que Tunis est à l'abri de ces maladies épidémiques, qui déciment parfois les populations de l'Égypte et de l'Afrique intérieure.

CHAPITRE VII.

Les bêtes à Tunis.

J'ai déjà dit que la ville de Tunis était divisée en deux parties très-distinctes : l'une vivante et l'autre morte. Comme on arrive presque toujours dans la capitale de la Régence par le port de la Goulette, c'est le quartier franc, appelé Sidi-Morgiani, qui frappe d'abord les regards, et surtout la place de la Marine. Elle est spacieuse et régulière. Occupée à droite par le palais du consul anglais et à gauche par deux cafés européens, elle sert de lieu de rendez-vous ou plutôt de bourse aux marchands chrétiens qui, comme autrefois à Athènes, font toutes leurs affaires en plein air, devant les tables ou sous les arceaux de ces lieux publics. Ne croyez pas que la présence de ces étrangers fasse rien perdre à cet endroit de Tunis de ce caractère d'originalité qui s'étend à toute ville. Les Arabes et les Maures, gens essentiellement bavards et paresseux, dominent de beaucoup dans la foule des promeneurs, de sorte que les habits noirs sont perdus, absorbés dans cette masse de burnous blancs et de vestes de soie à couleurs éclatantes. Un magnifique palmier qui s'élève en face de la porte de la Marine, à l'entrée des rues de Tunis, nous apprend, à défaut du soleil, sous quelle latitude nous nous trouvons; et puis l'on n'a qu'à se retourner et jeter à travers la porte ouverte un regard furtif sur le marché qui se tient au-delà des remparts, pour être bien convaincu qu'on est en pleine Afrique et en vrai pays d'infidèles.

Dans ces sortes d'endroits, en Europe, ce sont les femmes qui sont en plus grand nombre, et on le reconnaît au bruit et à l'agitation dont ils sont le théâtre. A Tunis, elles sont exclues des marchés et des bazars, comme de tous les lieux publics. Elles restent enfermées dans leurs maisons. Celles qui descendent dans les rues ne sont que des pauvresses demandant l'aumône, ou des filles de joie exerçant leur triste métier; et encore ces malheureuses ont-elles devant la figure un voile noir et double le plus souvent.

Si les femmes sont cloîtrées, en revanche les hommes vivent hors du logis et surtout dans la rue. Ce n'est que la nuit qui rapproche les deux sexes, étrangers l'un à l'autre, tant que le soleil règne à l'horizon. Les rigueurs de cet astre brûlant ne suffisent pas à ramener le Tunisien dans ses foyers. Ce qui m'a du reste le plus frappé en Afrique, c'est le mépris des habitants pour le bien-être de la vie; j'ai voyagé dans l'extrême Nord; j'ai vécu en Angleterre, en Allemagne, en Suède et en Norvége; et j'ai été émerveillé de l'habileté avec laquelle ces peuples, destinés à habiter des régions glaciales, ont su se soustraire aux rigueurs de ces âpres climats. Grâce à leur système de chauffage et à leurs vêtements doublés de fourrures, ils maintiennent leur corps dans une température si douce, si uniforme qu'ils ont de la peine

à supporter les mauvais jours de nos hivers de France.
A Tunis au contraire les habitants ne font rien pour se
garantir des flammes que vomit le soleil. Le grand
marché dont je parlais tout à l'heure se tient sur un
chemin poudreux, ouvert et privé d'arbres. A peine y
voit-on, çà et là, quelques auvents destinés à protéger
les marchandises. Quant aux marchands, ils bravent
les feux du jour jusque vers midi. A ce moment ils
rentrent chez eux, ou plutôt au café voisin, et viennent vers quatre heures se livrer bénévolement, comme
autrefois Régulus, à leur supplice, auquel quelques
branches de sapin ou quelques feuilles de palmier
pourraient parfaitement les soustraire. Quant à leurs
vêtements, ils sont les mêmes en toute saison; tant
pis s'ils sont trop chauds en été et trop froids en hiver.
A Constantine, où le climat est très-variable, on voit
les Arabes courir sur la neige, sans souliers et le corps
presque nu, avec la même indifférence que sur les
sables brûlants du Rummel. Cette race est vraiment
de fer; et comme elle ressemble peu à ces Anglo-
Saxons qui ont tellement pris l'habitude de ce qu'ils
appellent le *comfort* qu'ils ne peuvent plus s'en passer
sous peine de mort!

D'après l'ancienne loi, les chrétiens ni les juifs ne
pouvaient rien posséder dans le pays des vrais
croyants. Aujourd'hui le marchand étranger peut acquérir sinon des champs, puisque le sol, appartenant
tout entier au bey et cultivé par de simples usufrui-
tiers, n'est jamais à vendre, mais la maison qui abrite
sa famille. Quelques chrétiens, surtout des juifs, ont
profité de ces dispositions libérales pour faire bâtir,
sans se préoccuper des tremblements de terre et des

rigueurs d'un climat brûlant, des maisons à cinq étages, distribuées et meublées comme à Paris, et avec des boutiques à devanture au rez-de-chaussée. Aussi trouve-t-on dans la ville basse un mélange des deux civilisations qu'elle rassemble et qui sont si absolument différentes l'une de l'autre, et faut-il monter dans la ville haute pour avoir une juste idée de l'ancienne Tunis.

Cette partie de la ville présente des points de vue très-variés et toujours extrêmes. Le quartier des bazars, des souks en langage du pays, est bruyant et tumultueux à l'excès; celui des mosquées est calme et silencieux; celui des riches est morne et désert. On dirait d'une ville dont les habitants viennent d'être emportés par quelque fléau. Pour vous faire une idée de l'aspect qu'offre un de ces quartiers, figurez-vous que les palais eux-mêmes n'ont le plus souvent sur la rue qu'une porte basse, bossuée, vermoulue, bardée de barres de fer maintenues par des clous à tête énorme, et enfoncée dans un mur mal crépi et le plus souvent à moitié ruiné. Le bâtiment ne s'élève qu'à une certaine distance, au bout de la première cour. Ce n'est d'ailleurs qu'un mur blanc, percé de quelques trous, destinés à donner de l'air et du jour. La façade est toujours intérieure; elle donne dans le pattio et ne peut être vue que des gens de la maison : c'est comme le nid que l'oiseau bâtit d'instinct loin des regards, sous les feuilles des arbres ou dans l'herbe des champs. L'habitude, prise jadis dans les temps de trouble et qui s'est maintenue dans les temps de calme, de garnir par précaution, pour éviter les escalades, toutes les croisées de grilles de fer, donne, d'après nos idées, à toutes ces maisons un aspect de prison qui nous épouvante et nous navre.

Tous les transports ne se font encore en Orient, comme au temps de Joseph, qu'à dos de mulets. Les rues de Tunis étroites, abruptes, coupées par des escaliers ou des égouts, s'opposent à la circulation des voitures ou des chariots. En revanche les bêtes de somme y sont innombrables. On voit passer parfois des caravanes composées de cent ânes au moins, d'autant de mulets et de chameaux. Les bêtes, marchant à pas comptés et l'une après l'autre, occupent un espace immense. Leur kyrielle n'en finit plus et empiète souvent d'une rue sur une autre. Comme les rues ne sont pas pavées, que ces animaux ne sont point ferrés, ni munis de clochettes méprisées des musulmans, le long cortège passe à côté de vous sans interrompre le morne silence qui vous entoure. Quelquefois, au milieu d'une course, vous sentez votre chapeau agité et prêt à tomber; vous vous retournez, et vous êtes tout surpris de voir un chameau étendant, au-dessus de votre front, sa tête cabalistique, tordant son long cou, vous regardant d'un air stupide, et vous flairant avec méfiance. Votre situation n'est pas alors sans danger. Ces animaux, accoutumés aux burnous blancs de leurs conducteurs, sont effrayés par nos vêtements noirs. Quelquefois ils vous renversent, et vous foulent aux pieds. D'autres fois ils vous mordent à belles dents, et les blessures qu'ils font peuvent être meurtrières. En voyant ces multitudes d'animaux, circulant en troupes immenses dans Tunis, lieu de passage et centre d'un commerce important, je me suis demandé comment on pouvait les nourrir dans un pays où les prairies artificielles sont inconnues, où les prairies naturelles sont très-rares et mangées en vert au printemps, et enfin où la paille dédaignée est laissée, comme fumier, dans les champs. J'ai interrogé des conducteurs, et j'ai vu combien il fallait peu de chose pour nourrir un homme ou un animal. Si une poignée de dattes suffit à faire vivre un Arabe robuste et dans la force de l'âge, une poignée d'orge empêche un bourrico de mourir. Il est vrai que la pauvre bête est maigre et efflanquée. Elle n'en est que plus docile, et souvent son ardeur au travail est extrême. J'en ai vu porter le bât d'un soleil à l'autre sans en être écrasées.

Les charrettes sont dédaignées des Tunisiens parce qu'elles ne peuvent pas pénétrer dans les villes, ni, faute de routes, rouler dans les champs; elles ne leur sont pas inconnues. Dans les environs de Tunis, les cultivateurs attellent trois chevaux de front à de grands chariots posés sur de hautes et larges roues. Ils en mettent quatre pour transporter les blocs de pierre de Carthage à la Goulette. C'est le quadrige antique. C'est très-simple, très-beau et très-commode. Je ne sais pas pourquoi cet usage, établi à coup sûr dans les Gaules par les Romains et perdu pendant les ténèbres du moyen âge, ne s'est pas rétabli, lorsque nous avons eu de nouveau des routes spacieuses et roulantes.

J'ai déjà fait observer l'absence de boutiques dans la ville musulmane. Le commerce se fait tout entier dans des passages, couverts le plus souvent, et dont la description fera le sujet du chapitre suivant.

CHAPITRE VIII.

Les bazars et les marchés.

Chaque industrie et chaque corps de métier a son bazar, en terme du pays, son souk. Ces endroits sont plus ou moins élégants, d'après le plus ou moins de délicatesse des objets qui y sont vendus. Les plus célèbres s'appellent souk-el-bey, souk-el-turk et souk-el-atarim. Un bazar n'est proprement dit qu'une longue rue ouverte le matin, fermée le soir, et protégée par des voûtes contre la pluie et le soleil. Quelques pierres, enlevées de distance en distance, permettent à la lumière éclatante du jour de pénétrer avec assez de force pour éclairer les vendeurs et les acheteurs. A droite et à gauche, dans les murs sont percés avec symétrie des trous qui servent de boutiques (fondougs). Ces magasins sont coupés en deux par une planche sur laquelle l'acheteur appuie ses coudes, et le vendeur est assis à la façon de nos tailleurs. Les marchandises, placées sur des rayons ou dans des tiroirs établis dans les murs, se trouvent à la portée du vendeur qui n'a qu'à étendre la main pour saisir l'objet qu'on lui demande. Le marchand maure conserve dans son trafic l'air calme, froid et majestueux, qu'on remarque dans sa démarche et dans son langage. Il dit son prix qu'il n'est pas permis de discuter. Il n'en rabat jamais une obole; c'est à prendre ou à laisser, et croyez qu'il ne dira pas un mot et ne fera pas un geste pour influencer votre décision.

D'autres bazars plus simples sont recouverts de planches, et le jour n'y arrive qu'à travers des fissures ménagées çà et là; d'autres enfin sont à ciel ouvert. Tel est celui des étoffes de soie. Il reste fermé les jours de pluie. Ce commerce est fait par des juifs, presque tous opulents. Parfois dans ces antres qu'on décore du nom de fondougs, on voit des étoffes faites d'après les anciens procédés, très-chères, mais d'une beauté incomparable; l'éclat des couleurs est vraiment merveilleux.

Dans certains bazars, principalement dans celui des meubles et des vêtements, les ventes se font à la criée. Alors c'est l'émine, l'homme chargé de la police du marché, qui fixe toutes les mises à prix. Le bazar des bijoux contient d'immenses richesses. Dans un pays où la fortune foncière n'existe pas et où la fortune mobilière est sujette à tant de vicissitudes, l'or ciselé, les perles, les pierres fines et les diamants, ont une importance énorme et forment la base des fortunes privées. Les bijoux en or ou en argent n'y sont réellement vendus que lorsque le poids du métal, annoncé par le marchand, a été reconnu vrai par l'émine. Ce commerce colossal est en entier, comme celui des soieries, entre les mains des juifs.

Comme ceux-ci ont contracté, dans une époque où leur fortune était à la merci d'une populace fanatique et d'un pacha avide, des habitudes de méfiance et de modestie qui tendent à disparaître dans ces temps de sécurité, mais qui n'ont pas encore disparu, il en résulte que les joailliers cherchent avant tout à ne pas attirer les regards, et certaine boutique où sont enfermés des trésors immenses n'est qu'un simple trou, creusé dans le mur, n'ayant d'autre entrée et d'autre sortie que celles de la rue : aussi faut-il voir le luxe des fermetures. Non-seulement les portes sont doublées de fer, mais garnies du haut en bas de serrures entourées de verrous qui ne peuvent être mus que par des cadenas à secrets.

Après les bazars des bijoux et des soieries, celui des pipes et celui des essences offrent de l'intérêt au touriste.

Les corps des métiers ont des souks, ainsi que les marchands. En ces endroits destinés à la vente, mais où l'on travaille par exception, on voit avec surprise des ouvriers africains fabriquer les mêmes objets que les nôtres avec des outils et par des procédés tout à fait différents. Par exemple les menuisiers rabotent et scient le bois en sens inverse. Le tour n'y est pas connu, et, pour arrondir un morceau de bois, on le met en mouvement avec une corde, on le maintient avec le pied et on le taille avec un outil qu'on tient à main. Presque tous les artisans se servent de la main gauche.

Parmi les métiers le plus honoré est celui des chapeliers. Les ouvriers sont presque tous descendants des Maures d'Andalousie. Leurs outils portent encore des noms espagnols. Ce sont d'habiles et honnêtes gens. Leurs checchias, aussi élégantes que solides, jouissent par toute l'Afrique de la réputation la plus grande et la mieux méritée. Quoique souvent fort riches, ils continuent à exercer le métier de leurs pères. Ils ont la crédulité, la confiance et l'entêtement qui distinguent tous les fanatiques. Chassés de l'Espagne depuis plus de quatre siècles par une race qui grandit et s'élève chaque jour, tandis que la leur s'étiole et s'abaisse, ils n'en restent pas moins convaincus que le prophète suscitera de leur sein un héros qui les ramènera en triomphe dans la terre fertile, conquise autrefois par leurs ancêtres. Ils gardent pour cet heureux moment les clefs de leurs maisons emportées par les fugitifs. J'en ai vu plusieurs, de ces clefs ; elles sont en fer en général et très-habilement ciselées. Quelques-unes sont en bois ; c'est alors un simple bâton en racine de buis et percé de trous. Croyant que tout est immobile en Europe comme chez eux, ils ne doutent pas que les mêmes serrures ne soient restées fixées aux mêmes portes, et qu'à leur aide ils ne puissent facilement découvrir la maison possédée par leurs pères. Aussi conservent-ils et se transmettent-ils de père en fils avec une scrupuleuse exactitude ces titres chimériques de propriétés à jamais disparues. Les cordonniers, qui descendent pour la plupart des Maures de Sicile, sont aussi très-habiles ; ils fabriquent pour les femmes des babouches en maroquin, garnies de broderies d'or et de soie, émaillées de pierres précieuses et de diamants qui en font de véritables œuvres d'art. Les selliers travaillent aussi avec beaucoup d'habileté et de goût. Les selles et les housses qu'ils fabriquent, relevées par des pierres précieuses, valent souvent des prix énormes. Ce sont là les bijoux des hommes.

J'ai visité l'ancien bazar des esclaves chrétiens. Ce trafic infâme s'est fait jusqu'en 1816, au su et au vu de l'Europe et comme en manière de provocation. Le marché de Tunis était un des mieux approvisionnés en denrées de ce genre. On y accourait de tous les points, même de Constantinople. Il y a encore dans la ville un quartier que j'ai parcouru, et dont les habitants n'avaient pas d'autre profession que celle de forbans. Ils allaient sur les côtes d'Espagne, d'Italie, de Naples, de Turquie même, enlevaient tout ce qui leur tombait sous la main, hommes, femmes ou enfants, et venaient vendre en ce triste endroit au plus offrant et dernier enchérisseur les malheureux produits de leurs violences et de leurs déprédations.

Le bazar des nègres était tout à côté; il a été fermé quelques années plus tard, en 1837, après qu'Ahmet Bey, abolissant l'esclavage, eut déclaré libres toutes les personnes qui vivaient dans ses États.

Après les bazars, nous devons tout naturellement parler des marchés. Celui des grains est très-important, et celui des chevaux très-curieux. Parmi ces animaux connus sous le nom de barbarins, plus hauts de taille, plus élégants de corps que les chevaux arabes, non moins francs, non moins sobres et non moins infatigables, on trouve plusieurs fois des sujets d'une beauté de formes vraiment admirable. Le plus grand nombre a la robe noire. Leur crinière et leur queue, qui flottent au vent, sont souvent superbes. Par malheur, on ne peut guère les importer en Europe; le changement de nourriture et de climat est non-seulement funeste à leur santé, mais encore il influe sur leur caractère à ce point de changer leurs précieuses qualités en défauts dangereux.

Le marché au charbon, situé à deux pas de mon hôtel et sous la fenêtre de ma chambre, attirait souvent aussi mon attention. Je me plaisais infiniment à voir entrer en tumulte ces masses de chameaux arrivant du désert avec des poids énormes ; je me plaisais à les voir manger, dormir, ruminer à l'ombre des grands murs blancs du marché ; j'admirais leur obéissance, leur force, leur agilité et leur structure bizarre.

Mais c'était le marché aux herbes et aux fruits qui formait le but principal de mes promenades. J'ai déjà dit que cette espèce de halle est établie derrière la porte de la Marine, sur l'avenue qui conduit du port du lac à la ville. C'est une halle en plein vent, que dis-je ? en plein soleil, où l'on vend le poisson, la viande, les fruits et les légumes. Avec nos idées, rien n'est plus curieux et plus amusant que de voir des hommes graves, sérieux et de toutes conditions, parfois même des Excellences, s'occuper des soins vulgaires du ménage exclusivement abandonnés aux femmes dans nos pays. Je ne pouvais retenir un sourire en voyant les grands seigneurs de l'endroit, en habits éclatants, montés sur des mulets richement caparaçonnés, aller d'un marchand à l'autre, faire leur provision de légumes, de gibier, de poisson, et livrer tout cela à un cuisinier noir qui les suivait à pied et à distance respectueuse.

Le peuple de Tunis est babillard, bruyant, expansif, comme tous les peuples du Midi ; il se fait dans tous ces lieux de négoce un bruit d'autant plus assourdissant qu'il contraste davantage avec le silence de mort qui règne dans les rues. Du reste, toute la vie de la ville est concentrée en ces endroits. Il ne peut y avoir de morgue dans un pays où il n'y a pas de classe, où chaque homme est le fils de ses œuvres, où l'on commence par être esclave ou portefaix au port pour finir premier ministre. Il en résulte que les plus grands personnages n'évitent pas la société des marchands ; aussi les bazars sont-ils les cercles et les salons de Tunis. A côté de chaque boutique se trouve à droite et à gauche une rangée de bancs, où les oisifs viennent fumer et causer avec le vendeur et avec ses acheteurs.

Le café maure est en général à côté des bazars. Rien du reste qui soit d'un aspect plus simple. Figurez-vous une grande pièce coupée de colonnes de forme mauresque, et peintes de couleurs voyantes et bariolées. Autour des murs, et çà et là, dans le milieu, sont établis des bancs de pierre couverts de nattes comme le sol. On n'y prend absolument que du café, servi très-chaud dans de petites tasses sans poignée, à base pointue, et enfermées dans des espèces de coquetiers. Le café fait avec le marc est très-bon, si l'on a la précaution de ne pas avaler le résidu qui tombe au fond. La tasse coûte un sou du pays, près de quatre centimes de notre monnaie. Les cafés, établis sous des voûtes, sont frais. C'est le lieu de rendez-vous de tous les oisifs; et qui ne l'est pas dans ce pays? Les fumeurs de hachich y passent leurs journées. Ils y chantonnent leurs chansons, et y font leur rêve énervant. Les conteurs y abondent aussi, et même les dévots. C'est de là que partent toutes les nouvelles pour se répandre dans Tunis.

J'ai déjà dit que Tunis était le pays par excellence de l'égalité. On n'y a jamais connu les sots préjugés que nos pères avaient contre le commerce, et que la Révolution n'a encore déracinés qu'à moitié de nos cœurs et de nos mœurs. Il y a là de simples marchands au détail qui sont de très-grands seigneurs, tel, par exemple, certain parfumeur qui descend en droite ligne de Boabdil, le dernier roi de Grenade. Cet Abencerrage n'a pas dédaigné de remplir de ses propres mains quelques fioles d'essence de rose, de les goudronner, de les enrubanner de faveurs élégantes, et d'empocher les deux ou trois pièces d'or qu'elles valaient.

CHAPITRE IX.

Population de Tunis.

Il est matériellement impossible de préciser le nombre des habitants d'une ville comme Tunis, où la religion a fait du foyer domestique une espèce de sanctuaire dont il est défendu, même dans les cas extrêmes, de franchir le seuil. Les faiseurs de statistiques n'y regardent pas de si près. Il faut, pour les arrêter, de plus graves obstacles. Venus d'Europe avec la pensée de faire un recensement, ils n'ont pas voulu s'en retourner avec leur courte honte. Ils ont donc déclaré, en basant leur travail je ne sais sur quelles données, que Tunis, qui contenait deux cent mille âmes au siècle dernier, n'en a plus aujourd'hui dans ses murs que cent soixante-dix mille. J'accepte ces chiffres sans contrôle; je les crois vrais du reste, et vous les donne pour ce qu'ils valent. Dans ce nombre, les Européens figurent pour quinze mille (1) et les Juifs pour trente-cinq mille. Il reste donc cent vingt mille

---

(1) De toutes les villes de Barbarie, Tunis est celle où il y a un plus grand concours d'Européens..... Leur génération y prospère aussi bien que dans leur patrie, et, sous ce rapport, la côte barbaresque conviendrait beaucoup mieux aux Français que la vallée du Nil pour l'établissement d'une colonie. (Marcel. L'*Univers pittoresque,* Tunis, p. 89.)

musulmans divisés en plusieurs sectes et en plusieurs races. Parmi eux se trouvent environ deux mille fils de renégats, sept à huit mille Turcs, six mille Coulouglis (enfants de Turcs et de Maures) et dix mille Maures; le reste est Arabe.

Quant aux Européens établis en colonie, ils ne sont censés que de passage et restent les citoyens du pays d'où ils sortent. Leur nationalité ne peut pas se perdre. Il n'y a pas de prescription. J'ai trouvé à Tunis des protestants du Languedoc, qui, à l'époque de la Révocation, étaient allés chercher auprès d'un prince musulman un abri contre les fureurs du roi très-chrétien, Louis XIV, et qui, vivant dans ces climats de père en fils depuis près de deux siècles, sont restés aussi Français que les colons arrivés de la veille.

Des capitulations très-anciennes, puisqu'elles sont antérieures pour la plupart au règne de saint Louis, ont mis sous la protection de leur consul la fortune, la liberté, la vie de tous les Européens; et c'est de ce magistrat seul qu'ils sont tous justiciables.

L'hôtel que le consul habite représente la patrie; aussi est-ce un asile inviolable. Le criminel qui s'y réfugie ne peut être livré aux gens du bey que par le consul, s'il le croit indigne de la protection qu'il réclame. Les chrétiens ne pouvant rien posséder, tous les consulats appartiennent au bey qui les livre le plus souvent sans exiger de loyer. Autrefois, le consulat de France formait une petite ville française appelée le Fondoug. Tous les négociants français y demeuraient et y vivaient ensemble sous l'égide de leur chef et de leur protecteur. Presque toujours, même aux temps les plus troublés, l'émeute, quoique triomphante du gouvernement, s'est arrêtée au seuil de cet asile gardé par d'intrépides janissaires. Ces hommes formaient une sorte de gardes du corps, et le consul, autant pour prévenir une insulte que pour conserver le prestige attaché à son rang, sortait rarement sans être escorté d'un groupe de ces braves soldats.

Les Français sont peu nombreux à Tunis. Cependant le consul de France a le pas sur tous les autres; il est, depuis un temps immémorial, même avant le traité fait par Philippe le Hardi après la mort de saint Louis, le protecteur de la religion catholique; et c'est à ce titre que l'évêque de Carthage, M. Sutter, sujet italien, puisqu'il est né à Ferrare, et tous les capucins qui sont sous ses ordres, relèvent de lui et non du gouvernement pontifical.

Quand j'étais à Tunis, c'était M. Léon Roches qui remplissait ces éminentes fonctions; il avait le titre, le rang et les appointements d'un chargé d'affaires. C'est un homme dans la force de l'âge, et d'un esprit tout à fait supérieur; à une intelligence vaste et subtile, à un grand courage et à une grande fermeté de caractère, s'allient des manières aisées, de l'affabilité, de la générosité et un peu de cette ostentation gasconne qui frappe les masses et surtout les peuples du Midi, plus impressionnables que ceux du Nord et plus prompts à l'enthousiasme. M. Roches, venu en Afrique tout enfant, au moment de la conquête, a pris les habitudes, les passions et le langage des indigènes. Devenu prisonnier d'Abd-el-Kader, il a été contraint, pour sauver sa vie, d'abjurer sa religion, de coiffer le turban et d'épouser une des sœurs de l'émir. Il a même fait le pèlerinage de la Mecque; les Arabes, qui s'en souviennent et lui en savent bon gré, font très-respectueusement précéder son nom du titre honorable de Hadj. Il faut avoir été à Tunis pour se faire une idée de la grande situation que M. Roches a prise; je n'exagère rien en disant que, après le bey et à côté du khaznadar et du général Kérédine, il n'y a point d'individualité qui soit comparable à la sienne; nulle part, dans les nombreux pays que j'ai parcourus, je n'ai vu la France tenir plus nettement et sans moins de contestation le haut du pavé. Tout ce qui est grand et salutaire se fait à Tunis sous son influence, jusqu'à ce magnifique canal, qui, amenant dans ses rues les eaux si pures et si abondantes de Zaoughan, la mettra désormais à l'abri des désastres qu'autrefois la sécheresse y causait si souvent; à plus forte raison la constitution libérale que Mohammed-el-Sadak a, de son propre mouvement et par simple grandeur d'âme, octroyée à son peuple. Je me trouvais à Tunis au moment de sa promulgation, et j'ai pu me convaincre combien les hommes sont esclaves de la routine, enclins au dénigrement, et comme il est difficile et souvent dangereux à un prince de faire des innovations, même celles qui sont inspirées par le patriotisme et la philanthropie. Les événements qu'a causés l'octroi de cette constitution sont si graves, qu'ils feront plus tard le sujet de presque tout un chapitre.

A cause de cette espèce de primauté, le poste de consul de France à Tunis a toujours été regardé comme très-important. La preuve en est dans le choix des personnes distinguées qui l'ont successivement occupé. Sans parler des siècles passés, je vois parmi ceux qui ont rempli de nos jours ces éminentes fonctions des hommes du premier mérite, entre autres Matthieu de Lesseps dont le nom, grâce à la fermeté, à l'audace, à la persévérance, enfin au génie d'un de ses fils, attaché irrévocablement à la plus grande entreprise des temps modernes, va devenir aussi populaire et aussi illustre que celui de Riquet, Alexandre Deval, le fils du glorieux promoteur de la campagne d'Alger, et M. de Lagau à qui le christianisme doit une église catholique (1), à l'endroit même où s'élevait le temple de Baal, et que saint Louis avait, depuis six siècles, purifié de son sang.

Après le consul de France vient celui d'Angleterre. M. Wood, qui occupe cet emploi, est un homme très-riche, faisant un bel usage de sa fortune, très-instruit et très-versé dans la question d'Orient. A mon arri-

(1) M. de Lagau n'est cependant que le continuateur de l'œuvre commencée par Matthieu de Lesseps. Dans un traité intervenu entre « la merveille des princes de la nation du Messie, la gloire des peuples adorateurs de Jésus, l'auguste rejeton des rois, la couronne des monarques, l'objet resplendissant et l'admiration de ses armées et des ministres, Charles X, empereur de France, et le prince des peuples, l'élite des grands, issu du sang royal, brillant des marques les plus éclatantes et des vertus les plus sublimes, Hossein Pacha Bey, maître du royaume d'Afrique, » traité ayant pour but la cessation de la course, l'abolition de l'esclavage des chrétiens et le règlement des pêcheries de corail, il y avait un article additionnel et secret ainsi conçu :

« Louanges à Dieu unique auquel retourne toute chose. Nous cédons à perpétuité à Sa Majesté le roi de France un emplacement dans la Mahelka suffisant pour ériger un monument religieux en l'honneur de Louis IX, à l'endroit où ce prince est mort. Nous nous engageons à respecter et à faire respecter ce monument consacré par l'empereur de France à la mémoire d'un de ses plus illustres aïeux.

« Salut de la part du serviteur de Dieu, Hossein Pacha Bey; que le Très-Haut lui soit favorable ! amen.

« Le 17 de Sefer de l'année 1246.

« Fait au Bardo, le 8 août 1830.

« *Le Consul général, chargé des affaires du roi,*

« *Signé* : M. DE LESSEPS. »

(*Annales tunisiennes*, par Rousseau, p. 516.)

vée à Tunis, il était en Syrie où nos troupes faisaient la police à la place des Turcs impuissants ou négligents. Le nombre des Anglais est très-restreint à Tunis. Il est borné à quelques marchands égarés, à quelques touristes, le plus souvent poitrinaires, qui viennent demander à cet admirable climat d'Afrique quelque adoucissement à leurs maux, et à des officiers de la garnison de Malte, désireux de chasser le sanglier dans les forêts d'oliviers de la Mohamédié. En revanche, les Maltais qui sont aussi sujets anglais abondent à Tunis au point de former plus des deux tiers de la population chrétienne. Ce sont des hommes intrépides et infatigables. Ils exercent les professions les plus pénibles et s'enrichissent pour la plupart. Mais ils sont superstitieux à l'excès, catholiques fervents, ignorants, avides, altiers et querelleurs. D'origine arabe, ils ont été convertis par les chevaliers établis dans leur île. Ce sont les seuls chrétiens qui soient mêlés aux indigènes dont ils ont certaines habitudes, plusieurs préjugés et presque la langue. La haine que le fanatisme religieux a mise au fond du cœur de ces hommes amène journellement des rixes, dont les Maltais, moins nombreux, sont souvent victimes, mais que, plus hardis, ils ont presque toujours provoquées. La turbulence et les exigences de ces hommes rendent très-délicate la position du consul qui, étant leur juge avant d'être leur protecteur, est trop souvent obligé de sévir. A cause des Maltais, l'impartiale Angleterre entretient à Tunis un consul catholique et laisse entre les mains du consul d'Amérique ou de Suède les intérêts de la religion protestante.

La position du consul de Sardaigne a beaucoup changé depuis la création du royaume italien. Aujourd'hui que sa juridiction s'étend sur les sujets de l'ancien royaume des Deux-Siciles, il a acquis une importance énorme et vient immédiatement après les consuls anglais et français. Les côtes de Sardaigne et de Sicile sont les plus rapprochées de Tunis; c'est de là que sortent les plâtriers et les ouvriers briquetiers chargés de l'ornementation des maisons musulmanes. Les chaudronniers, les musiciens, les acteurs et les horlogers viennent des Calabres ou du royaume de Naples. J'ai déjà dit que le bey, prince musulman, n'avait aucune autorité sur des chrétiens. Ce principe est poussé si loin que les Tabarcains (habitants de l'île de Tabarque), jadis sujets de Gênes et vassaux des Lomellini, conquis par Ali-Bey en 1741 et menés à Tunis en captivité, lors de leur affranchissement en 1816, ont été déclarés sujets du roi de Sardaigne et placés sous la protection de son consul. M. Raffo, qui a été sous trois règnes ministre des affaires étrangères, beau-frère d'un bey et comblé de ses bienfaits, étant resté chrétien, est resté sujet sarde, et M. Élias Mussali, colonel dans l'armée indigène, interprète du bey et sous-secrétaire d'État aux affaires étrangères, né en Égypte, et chrétien cophte, est à ces titres considéré comme Français.

Les autres pays, ayant peu ou point de résidents à Tunis, y gardent néanmoins des consuls pour la forme, et en prévision des événements qui peuvent surgir. C'est pourquoi l'on y trouve M. de Nyssen, consul de Hollande, et M. Tullin, consul de Suède, appartenant à des familles établies à Tunis depuis plusieurs générations, et y faisant un noble usage de la fortune acquise en ces lieux par leurs pères. Le Danemark a eu l'honneur d'être représenté par M. Falbe, dont les travaux si remarquables sur Carthage ont amené toutes les découvertes importantes faites dans ces dernières années.

Autour de ces fonctionnaires sont groupés les négociants, dont ils sont les protecteurs. Ce sont, pour la plupart, des hommes aventureux, souvent distingués, poussés dans ces régions par l'amour du lucre, et qui, après s'y être enrichis, y sont retenus par des habitudes de commandement, incompatibles avec les mœurs d'Europe, et par les charmes d'un climat salutaire, mais énervant. J'en ai connu plusieurs qui, étant revenus dans leur patrie pour jouir de leur fortune, n'ont pas pu se soumettre aux exigences tracassières de la police et aux manières altières des subalternes, et sont bien vite retournés dans les pays qu'ils avaient quittés, préférant mille fois l'indépendance que procure la barbarie à la sécurité que donne la civilisation.

La douceur du climat de Tunis est extrême; à la fin de novembre, je me promenais en jaquette d'été sur la place de la Marine par vingt-deux degrés de chaleur, et j'écoutais, avec une surprise mêlée d'effroi, un ingénieur, débarqué de la veille, raconter que le sol de ma patrie était de Paris à Lyon couvert de neige. Cependant une apparence d'hiver se fait sentir aux environs de la Noël. C'est comme en Europe la saison des plaisirs. Quelques comédiens italiens en désarroi, évincés de scènes trop élevées pour leur talent, se forment en troupe et donnent des représentations quelquefois un peu burlesques, mais néanmoins très-suivies et très-appréciées. Le consul de France ouvre ses salons et est imité par ses collègues avec une généreuse émulation. Un jeune ami que j'avais fait à Tunis, neveu du consul d'Autriche, trouvait que les hivers de Vienne, la ville la plus gaie de l'Europe, ne valaient pas ceux de Tunis. Je crois bien qu'une amourette, cachée là-dessous, avait oblitéré le sens de ce bon jeune homme et lui faisait, comme à Panurge, prendre des vessies pour des lanternes. Tout en tenant compte de ces exagérations, je suis convaincu par ce que j'ai vu pendant une saison peu animée que le carnaval y doit être en général très-amusant. C'est qu'en effet il y a à Tunis une réunion de jeunes femmes qui, par leur richesse, par leur beauté et par leur esprit, seraient remarquées dans tous les pays du monde, et surtout à Paris. C'est du consulat de France, ai-je dit, que part toujours le signal des fêtes. Mme Roches est à peine de retour de sa belle résidence de la Marsa qu'elle inaugure le carnaval par un grand bal (1).

---

(1) Il paraît que l'amabilité des consuls de France est traditionnelle à Tunis, et que M. Roches ne suit qu'un usage établi. Chateaubriand, qui à son retour de la Palestine débarqua à la Goulette le 18 janvier 1807, raconte en ces termes comment il fut reçu par le consul de l'époque :

« Je trouvai chez monsieur et madame de Voise l'hospitalité la plus généreuse et la société la plus aimable. Ils eurent la bonté de me garder pendant six semaines au sein de leur famille, et je jouis enfin d'un repos dont j'avais un extrême besoin. On approchait du carnaval, et l'on ne songeait qu'à rire en dépit des Maures. Les cendres de Didon et les ruines de Carthage entendaient le son d'un violon français ; on ne s'embarrassait ni de Scipion, ni d'Annibal, ni de Marius, ni de Caton d'Utique, qu'on eût fait boire (car il aimait le vin), s'il se fût avisé de venir gourmander l'assemblée. Saint Louis seul eût été respecté en sa qualité de Français ; mais le bon et grand roi n'eût pas trouvé mauvais que ses sujets s'amusassent dans le même lieu où il avait tant souffert. » (Chateaubriand, *Itinéraire de Paris à Jérusalem*. Tome III, pag. 101 et 102.)

Mme Wood, qui tient par orgueil national à représenter dignement l'opulente Angleterre, répond de suite à ce joyeux appel, de même que Mme la comtesse Raffo, dont le mari doit aux libéralités d'Ahmed-Bey une immense fortune, dont elle sait si bien se faire honneur. Au second rang l'on distingue Mme Facciotti, la femme du consul italien, Mme de Montés, Grecque mariée à un Espagnol, et dont les filles ont conservé les charmes particuliers à ces deux races, Mme Élias Mussali, et Mme Rousseau, dont le mari, arrivé tout exprès de Djeddah, remplissait les fonctions de consul général pendant un voyage de M. Roches en France.

Parmi les hommes on trouve quelquefois des gens remarquables, et toujours des natures originales, hardies et indépendantes. Le plus grand nombre a beaucoup voyagé et s'est fixé seulement dans cette dernière étape. Il en résulte que leur conversation est pleine d'intérêt. Tous les Européens se réunissent au cercle. Pendant mon séjour, j'ai reçu une carte de membre étranger, et je n'ai eu qu'à me louer de l'urbanité et de l'obligeance de tous les membres. Parmi eux la reconnaissance m'oblige de citer le colonel de Taverne, chef de la mission militaire de France et directeur de l'école militaire de Tunis, M. Paz, juif italien, M. Costa, médecin génois, et M. Fabre, qui m'a accueilli en compatriote. Je n'oublierai jamais les égards et les soins dont j'ai été l'objet de la part de ces hommes aimables et bienveillants.

Le cercle est composé de gens de toutes nations. La langue qu'on y emploie le plus communément est l'italien. Elle sert du reste dans toutes les transactions avec les indigènes. Les Français eux-mêmes, assez rebelles aux idiomes étrangers, ont adopté ce langage simple, harmonieux, très-rapproché du leur, et plusieurs d'entre eux s'en servent même dans leur famille.

CHAPITRE X.

Les chrétiens.

Les chrétiens de Tunis sont catholiques en grande majorité. De temps immémorial, les soins du culte en Barbarie ont été confiés à des pères capucins. Leur chef apparent, qui prend le titre d'évêque de Carthage, est Mgr Sutter (1), un Ferrarais d'origine suisse; mais l'homme le plus important et le vrai directeur de ce vaste diocèse est le père Anselme, prêtre affable et d'un mérite tout à fait supérieur. Après eux vient l'abbé Bourgade, aumônier de Saint-Louis de Carthage. Antiquaire passionné, amateur de la belle nature et chrétien fervent, il avait, dans un moment d'enthousiasme, formé le projet de finir ses jours dans cette thébaïde africaine. J'ai vu l'espèce d'ermitage qu'il avait fait construire et arranger auprès de sa chapelle, au sommet de la montagne poétique où s'élevait l'antique Byrsa. Mort au monde, dont les intrigues et les agitations ne pouvaient l'atteindre dans sa

---

(1) Envoyé à Tunis, en 1841, par Grégoire XVI, avec le titre de préfet apostolique, il fut élevé, le 29 septembre 1844, à la dignité d'évêque de Rosalia *in partibus*.

solitude, il ne devait plus vivre que de science, d'études, de prières, de méditations et de rêveries. Ce sublime panorama, qui de tous les points s'offrait à ses regards, témoignage permanent de la grandeur de Dieu, devait, autant que la lecture des livres saints, entretenir son exaltation religieuse; pour satisfaire à l'activité de son esprit, et en manière de distraction, il devait, par des fouilles habilement dirigées, arracher des entrailles de la terre toutes les merveilles que, dans des moments d'épouvante et à des époques de calamité, les populations effarées lui avaient confiées. Par malheur, le monde est plein de charmes pour ceux qui l'ont connu; nos yeux se lassent vite des plus magnifiques spectacles qu'offre la nature; les dames chrétiennes de Tunis ont trouvé que la chapelle de Saint-Louis était hors de portée et qu'il était plus commode d'entendre à Sidi-Morgiani la messe des capucins; enfin les fouilles projetées, qui non-seulement devaient être une distraction et une occupation, mais une cause de gloire et de richesse, ont dépassé les dépenses qu'on avait prévues, sans réaliser les espérances qu'on s'était faites; aussi M. l'abbé Bourgade, découragé, malade, effrayé des dangers qu'il courait dans ce désert, est-il retourné à Paris, où cependant, toujours fidèle à ses idées premières, il publie une gazette arabe destinée à répandre jusque dans les douars les plus reculés de l'Afrique la civilisation et le christianisme. Le musée, construit pour recevoir le résultat de ses recherches, est délabré et vide. Son appartement, privé de meubles, dégradé, à peine fermé, avait été mis à ma disposition; j'y prenais mes repas et m'y abritais, vers le milieu du jour, contre les ardeurs d'un soleil dangereux en toutes saisons pour un Européen.

L'église catholique, quoique grande et bâtie avec art, est sale et mal tenue. Ses murs, tout crevassés, menacent ruine. Les tableaux et les objets religieux qui la décorent sont d'une médiocrité révoltante et qui nuit beaucoup à la majesté de ces lieux saints. Cependant le culte catholique ne peut se passer d'une certaine pompe qui distraye l'attention du fidèle et le détourne de ces détails puérils et minutieux dont il est surchargé. On ne saurait se faire une idée de l'impression pénible que l'on ressent, en entendant une messe chantée à faux et d'un ton lent, nasillard et monotone, par ces moines barbus, mal vêtus, mal chaussés, mal peignés, et, grâce à leurs checchias qu'ils ne quittent jamais, même au moment de l'élévation, ressemblant bien plus à des santons arabes qu'à des prêtres chrétiens. L'église, située dans la plus belle rue, est habilement masquée par des maisons de marchands. La susceptibilité musulmane a exigé qu'aucun ornement, aucun indice même, ne la désignât à l'attention du passant. Les cloches sont muettes; le couloir qui conduit à la cour sur laquelle s'ouvre la porte d'entrée est si obscur et si étroit que j'avais passé cent fois devant elle sans soupçonner son existence; je ne l'aurais probablement jamais vue si je n'y avais été conduit par mon interprète. Autant l'extérieur est caché, autant l'intérieur porte la trace de l'abandon et de la misère ; c'est surtout dans les murs de ce temple chrétien que l'on se sent en plein islamisme. Tout près du couvent des capucins est l'établissement des sœurs de Saint-Joseph de l'Apparition.

Ces dames, au nombre de douze, dirigent les écoles où sont instruites les petites filles chrétiennes de Tunis. Elles ont une pharmacie très-bien fournie, où elles vendent aux riches et donnent aux pauvres des remèdes sans distinction de culte. Elles vont aussi soigner les malades à domicile, et l'intérieur des harems, fermé aux médecins musulmans, leur est souvent ouvert. Les petits garçons sont élevés par les frères de la doctrine chrétienne.

Les protestants, assez nombreux à Tunis, n'y ont pas cependant de temple. Le culte se fait d'après le rit anglican dans la maison du pasteur, envoyé et payé par une société religieuse de Londres. Il était question de bâtir une église. Nul doute que ce projet ne se réalise bientôt.

Les Grecs orthodoxes ont une chapelle et un pope pour la servir. Néanmoins les fidèles y sont en très-petit nombre, venus surtout de Constantinople ou de la Syrie.

CHAPITRE XI.

Les juifs.

Les juifs sont, à Tunis, au nombre de trente à trente-cinq mille. Leur établissement dans cette ville date d'une époque très-reculée. La première immigration remonte, d'après la tradition, au moment de la destruction de Jérusalem par Titus; la seconde eut lieu sous l'empereur Adrien, et les dernières, au quatorzième et au quinzième siècle, lorsque cette malheureuse race eut à subir les atroces persécutions inspirées par le fanatisme aux inquisiteurs espagnols, et par la cupidité aux princes italiens.

Les juifs à Tunis, comme presque partout, sont dans les rangs extrêmes de la société, très-riches ou très-pauvres. Cette inégalité de condition s'explique par l'esprit d'aventure qui les anime tous, et qui, bien ou mal dirigé, les conduit à la fortune ou à la ruine.

La banque et le haut commerce sont exclusivement entre leurs mains. Dans la classe moyenne sont les courtiers, les petits marchands, les colporteurs, les brodeurs, les tailleurs et les cordonniers. Les autres grouillent dans la misère, vivant des métiers les moins avouables, et surtout des libéralités de leurs coreligionnaires. Tous sont usuriers dans la mesure de leurs ressources.

Les musulmans, plus tolérants que nous, ayant d'ailleurs un profond respect pour Abraham dont ils descendent par Ismaël, ont de tout temps exercé envers les juifs une hospitalité qui n'a manqué ni de libéralité ni de grandeur d'âme. Acceptés comme étrangers, il y a dix-huit siècles, ils sont aujourd'hui encore dans la même position qu'au jour de leur arrivée, ne participant à aucun des priviléges réservés aux citoyens, mais ne subissant non plus aucune charge de l'État, exempts de tout impôt, gouvernés, d'après les livres saints, par des prêtres et des magistrats de leur choix. Il est vrai qu'autrefois, tous les quinze ou vingt ans périodiquement, à la suite d'une émeute populaire provoquée par leur fanatisme ou par leur avidité, le gouvernement intervenait, rétablissait l'ordre après le pillage de quelques maisons, et faisait payer sa protection à beaux deniers comptants. Mais ces événements se produisaient avec tant de régularité que tout juif, tant soit peu prévoyant, prélevait sur ses économies et mettait dans un coin de son coffrefort l'argent destiné à cette espèce de rançon. Aussi, malgré l'état d'abjection plus apparent que réel dans lequel ils vivaient, les juifs affluaient-ils en masse sur ce point du monde où ils trouvaient en définitive le plus de bien-être et de sécurité. Leur supériorité sur les musulmans était tellement évidente que bien des fois des souverains, sacrifiant leurs préjugés à leurs intérêts, ont attiré à leur cour des banquiers de cette nation, et, sous le coup des bienfaits reçus, les ont appelés aux plus éminentes fonctions de l'État. Aussi suis-je convaincu que les juifs, quoique émancipés complétement par nos lois, regrettent la domination turque, et ne nous voient qu'avec peine établis pour toujours sur la terre d'Afrique. Cette race, positive et de qui l'amour-propre est depuis longtemps émoussé, supportait volontiers les outrages d'une populace ignorante et grossière, sachant bien que, ayant concentré en ses mains toutes les richesses, elle dominait de fait ces barbares qui se figuraient la fouler aux pieds ; et elle a trop de clairvoyance pour ne pas voir qu'avec des chrétiens un pareil rôle est désormais impossible.

Les juifs, comme les chrétiens du reste, habitent un quartier qui leur est propre et qui est situé au cœur de la ville. Mais ce n'est pas, comme autrefois en Allemagne et en Italie, un ghetto où ils étaient refoulés et maintenus même contre leur volonté. Il n'y a ni portes ni murs qui les séparent des autres habitants. Ce n'est pas une espèce de ville maudite, de léproserie, d'où l'on ne pouvait pas sortir certains jours, ni avant certaines heures, et dont les portes avaient des geôliers, comme celles des prisons. Les juifs ne sont groupés ensemble sur un même point que dans leur intérêt, pour leur commodité, et en vertu de cette loi d'affinité qui attire l'un à l'autre des hommes de qui les passions et les principes sont les mêmes. En Orient, pays de violence, d'anarchie et de despotisme, l'on éprouve plus qu'ailleurs ce besoin d'aide et de protection. C'est pour y obéir que des marchands des mêmes denrées, des artisans des mêmes métiers, des sectateurs du même culte, se sont réunis dans un même quartier, comme des membres d'une même famille dans une même maison.

Les juifs parlent entre eux un patois judaïque, sorte d'hébreu corrompu. Avec les indigènes ils se servent de l'arabe, et avec les chrétiens de cet italien bâtard qui est en usage en Orient depuis des siècles, et qui n'est inconnu d'aucune personne tant soit peu lettrée.

Jusque sous Ahmed-Bey, ils ont porté un costume particulier, plutôt asiatique qu'africain. Aujourd'hui ils ont adopté celui des Maures; seulement, par modestie, par humilité, ils n'emploient que des étoffes sombres, le marron et le noir; ils entourent aussi leur checchia d'un turban noir. Étant inférieurs aux vrais croyants, ils ne pouvaient ni monter à cheval, ni aller en carrosse. Aujourd'hui ces ignobles tracasseries ont disparu du code tunisien et des mœurs des habitants. J'ai vu de jeunes juifs montés sur de superbes chevaux et de belles juives étalant leurs charmes dans des coupés fabriqués par Erler.

L'esprit mercantile est l'attribut de cette forte race. L'influence d'un climat énervant ne leur a rien fait perdre de leur ardeur et de leur activité. Dans un bazar mixte rien n'est curieux comme de voir l'air affairé, insinuant, persuasif, servile du marchand juif à côté de la noble indifférence et de la calme dignité du marchand maure. Aussi ont-ils attiré dans leurs mains toutes les affaires, et amassent-ils tous les jours des fortunes immenses. Le kaïdnessin (trésorier du bey) est un second Jacques Cœur, bien plus opulent que son souverain. Il a prêté, à lui seul, d'un coup au gouvernement vingt millions de piastres, et le brave homme n'a exigé, outre l'intérêt à 12 p. cent, que le grade de général et la croix de commandeur du Nichan Iftigar. C'est un petit vieux bien conservé qui compte de soixante à soixante et dix ans. Quand j'ai quitté Tunis, il attendait une jeune fiancée qui lui arrivait droit de Paris, et qui pouvait bien avoir de seize à dix-sept printemps. Il n'y a que des Orientaux pour commettre de pareilles imprudences. A sa place j'aurais préféré une Tunisienne. Elle aurait pris, au berceau, ces habitudes de soumission qui forment la première qualité des femmes de l'Orient, et qui pourront paraître étranges à une Parisienne.

Vous avez vu à Tours sans doute la maison de Tristan l'Hermite, le compère de Louis XI. Sur la façade s'étale ciselée dans le mur une belle corde avec un nœud coulant : c'était l'insigne de la profession de ce digne homme. Le kaïdnessin porte sur sa checchia un échantillon de toutes les pièces de monnaie qui ont cours dans la Régence. A côté de cet opulent personnage existent des fortunes moins apparentes, moins gigantesques que la sienne, mais cependant très-considérables. Aujourd'hui que les actes iniques et violents ne peuvent plus être accomplis, toutes les qualités mercantiles, innées chez les juifs, vont se développer rapidement avec l'audace que donne la sécurité, et je ne doute pas qu'ils n'aient en quelques années accaparé toute la fortune publique. Il faudra bien cependant trouver un moyen de leur faire rendre gorge. C'est un mystère de l'avenir, et je ne serais pas étonné que ce point délicat eût été déjà discuté au Bardo.

Aucun rapprochement n'ayant eu jamais lieu entre les juifs et les musulmans, il en résulte que chacun de ces deux peuples a conservé, avec son type et son caractère particuliers, ses mœurs, ses traditions et ses préjugés. Les relations forcées que les affaires établissent entre eux disparaissent aussitôt que l'on a mis le pied hors du bazar. Vous ne verrez jamais à la promenade un juif mêlé à des musulmans, ni un musulman à des juifs. Une montagne s'élève entre eux, enfantée par le fanatisme, et que la raison ni l'intérêt ne peuvent abaisser. Figurez-vous un fleuve qui reçoit une rivière dans son sein. Les eaux de l'un et de l'autre, composées de substances hétérogènes et qui se fuient, coulent, côte à côte, pendant une distance immense, sans mélange jusqu'à la mer. Telle est l'image de ces deux races vivant dans les mêmes murs, et ne se confondant qu'à la fin de tout, dans le sein de la terre, dans les bras de Dieu.

Les juifs, très-ignorants, sont superstitieux et fanatiques, rigides observateurs de la loi et des prophètes. Toutes les fêtes prescrites dans les livres saints sont célébrées avec une scrupuleuse exactitude; celle de Pâques avec une grande pompe; celle des Tabernacles, de la Pentecôte et des Propitiations, avec beaucoup de zèle. Le jour du Sabbat est observé avec une rigidité toute judaïque. On ne mange que des aliments préparés la veille; on ne traite aucune affaire. La matinée se passe à la synagogue; l'après-midi est consacré à la méditation, et la promenade est la seule distraction qu'on puisse se permettre dans la soirée. Il est défendu de prendre aucun plaisir, d'aller en voiture, de paraître en un lieu public et même de toucher de l'argent. Je me souviens à ce sujet que, étant allé avec MM. Mallet et de Piolenc, mes compagnons de voyage, assister à la synagogue à un service religieux, et ayant été l'objet des soins les plus prévenants, je voulus, avant mon départ, laisser une somme d'argent aux pauvres de la communauté. Mon intention ayant été communiquée au rabbin, toute l'assemblée se leva et murmura une prière faite en mon honneur et pour ma prospérité; mais on ne voulut pas accepter mon offrande qui ne fut remise que le lendemain à un dignitaire envoyé dans ce but à mon hôtel. Comme les juifs ont eu l'habileté d'accaparer tout le commerce, le samedi est devenu le véritable jour férié de Tunis. Toute vie est alors suspendue. Les négociants chrétiens qui se servent d'eux pour intermédiaires avec les indigènes, ne pouvant rien faire sans eux, profitent de ces vacances pour aller à la chasse, et les musulmans pour se livrer au far-niente qui plaît tant à leur indolente nature.

Par esprit de contradiction et par fanatisme, les juifs redoublent d'activité et de turbulence le vendredi et le dimanche, si bien que ces jours sacrés pour les musulmans et pour les chrétiens passent inaperçus, et que la vie active n'est interrompue, comme jadis à Jérusalem, que le jour du Sabbat. Dans les pays chrétiens, les juifs ne pouvaient non-seulement exercer en public leur industrie le dimanche, mais plusieurs d'entre eux ont été brûlés vifs pour avoir été surpris à travailler dans leur intérieur. Les musulmans, qui ont toujours respecté mieux que nous la conscience humaine, n'ont jamais cru que leurs cris dans les bazars et leur agitation dans la rue fussent une profanation du jour du Seigneur.

Les pèlerinages sont en aussi grand honneur à Tunis chez les juifs que chez les musulmans. Il est aussi beau d'être allé à Jérusalem qu'à la Mecque. Les indifférents et les efféminés vont en Terre Sainte par la mer. Les ardents et les austères s'y rendent à pied, sans chaussure et le bâton blanc à la main, à travers Tripoli, l'Égypte et le Désert. Aucun voyage n'est plus dangereux ; les riches sont assassinés en route par les Bédouins ; les pauvres meurent de faim, de fatigue ou de chaleur. Un petit nombre d'élus arrive au but. Ces catastrophes chaque jour renouvelées, au lieu de ralentir le zèle de ces fanatiques, ne font que le surexciter. L'exaltation religieuse est du reste fréquente et extrême chez ces natures ardentes, convaincues et comprimées, et elle produit des actes d'héroïsme ou de folie, suivant le point de vue où l'on se place.

J'ai dit plus haut que, tous les sept ou huit ans périodiquement, la calme Tunis était mise en émoi par une scène de pillage ou de supplice. L'amour de la vérité me force à dire que presque toujours ces actes déplorables étaient provoqués par un juif fanatisé qui croyait par le martyre être agréable au sombre et farouche Dieu d'Israël. C'est sous le sage Ahmed-Bey que la dernière scène de ce genre eut lieu, il y a quelques années.

Un jour, sans provocation, un israélite, honorable et en renom de sainteté chez les siens, parcourut les rues de Tunis, vomissant des torrents d'injures contre le Prophète et contre ses trop crédules sectateurs. Jugez de la fureur qui s'empara de toute la gent dévote, plus nombreuse à Tunis que sur aucun point du monde. Le blasphémateur est arrêté en flagrant délit et, d'après le Coran, condamné au bûcher. Ce châtiment était d'un autre siècle. Les consuls européens s'émurent et résolurent de soustraire ce malheureux au supplice exigé par la loi, autant par humanité que dans la crainte que le spectacle de ces scènes horribles ne produisît une explosion de fanatisme musulman, toujours dangereux pour les chrétiens. Ahmed-Bey, prince sage et éclairé, secondant leurs efforts, commua la peine de mort en un exil éternel. Ce n'était pas l'affaire des imans, qui demandaient, au nom de Dieu outragé, la mort du coupable. Dans ce but, ils vinrent au Bardo, le livre saint à la main et la menace à la bouche, réclamer l'exécution de la sentence prononcée. L'émeute grondait à la porte; Ahmed, obligé de sévir, épargna cependant l'horreur du bûcher à ce malheureux, qui fut pendu. Il est évident que ce fanatique avait, comme Polyeucte, recherché cette fin tragique; que l'arrêt avait été sévère, mais juste; et que le prince n'avait cédé au torrent qu'après avoir fait tous ses efforts pour y résister; néanmoins vous ne persuaderez jamais à un juif de Tunis qu'Ahmed-Bey n'ait été ce jour-là un abominable tyran, et que ce malheureux supplicié ne soit une glorieuse recrue à ces légions de martyrs israélites dont les Machabées sont les chefs incomparables. Mon interprète David frémissait d'indignation en me racontant ce sinistre événement, dont il avait été témoin, étant enfant, et qui ne sortira jamais de sa mémoire.

CHAPITRE XII.

Mœurs et coutumes des juifs.

Les juifs, esclaves de la lettre, obéissent aveuglément à toutes les prescriptions des livres saints; ils ont horreur des innovations et mettent un point d'honneur à imiter leurs pères en toutes choses. Les fêtes, occasionnées par un mariage, donnent lieu à une foule de cérémonies puériles, indécentes, bizarres, mais qui remontent au temps de David et de Salomon. Les hommes les plus graves et les plus parcimonieux deviennent tout à coup d'une gaieté et d'une libéralité excessives. Ce ne sont que danses et festins. On retire de leurs cachettes toutes les pierreries, toutes les perles, tous les diamants, tous les sequins, toutes les étoffes, que l'on possède quelquefois depuis des siècles, et qui composent la fortune de la famille, et on les étale avec complaisance aux yeux des conviés. Il est vrai que ces folies ne se commettent que la nuit et dans la pièce la plus reculée de la maison. Cependant l'étranger qui arrive, précédé d'une bonne réputation et tant soit peu protégé, peut avoir une part de tous ces plaisirs et contempler toutes ces magnificences. C'est le sort qui m'est échu.

J'ai dit que les juifs étaient très-ignorants. L'ignorance engendre la superstition; aussi presque tous croient-ils aux mauvais esprits, aux djinns et aux sorciers. Ils ont de plus toutes sortes de préjugés et les habitudes les plus extraordinaires. Pendant les orages, ils ne manquent jamais d'ouvrir les croisées, parce que le Messie doit venir parmi eux au milieu des éclairs et des tonnerres. Quand un homme est mort dans une maison, aussitôt tous les puits et toutes les citernes sont hermétiquement fermés, de peur que l'ange qui vient de trancher le fil de la vie n'aille y laver son fer ensanglanté et souiller l'eau qui donnerait la mort.

Du reste les juifs ont peur des morts. La présence d'un cadavre dans une maison y porte malheur et l'infecte. Aussi les inhumations sont-elles faites souvent avec une coupable précipitation. Ce préjugé est poussé si loin que, dans des familles honorables, on a souvent hâté la fin d'un malheureux dont l'agonie, commencée le vendredi matin, semblait devoir se prolonger jusqu'au soir; on ne reculait pas devant un crime, afin de pouvoir enterrer le cadavre le jour même, et n'avoir pas à le garder sous son toit le samedi, où tout travail est rigoureusement interdit.

Les juifs, pour ne pas initier des profanes à leurs mystères et surtout de peur des délations, ne prennent que des serviteurs de leur religion. Ils ont aussi leurs médecins. Un médecin arabe ou chrétien n'aborde jamais le lit d'un israélite malade. Parmi ces docteurs qui ne sont contraints de donner aucune preuve de leur science, plusieurs ne sont que d'ignobles et d'infâmes charlatans. D'autres sont instruits et suivent les traditions de la vieille médecine maure. En tout cas, le métier est peu lucratif. Je suis revenu en Europe avec le médecin juif le plus en renom qui, après vingt-cinq ans d'absence, allait visiter sa famille établie à Livourne. Ce pauvre diable, qui avait des souliers troués et des vêtements en guenilles, avait de l'esprit, de l'entrain et de la gaieté. Sa conversation était des plus attachantes. Il avait pris son parti de sa misère, et se moquait, au lieu de se plaindre, de la parcimonie de ses riches coreligionnaires, qui croyaient être généreux en lui payant chaque visite un quart de piastre, c'est-à-dire quatre sous et un liard de notre monnaie. Il faut du reste que ce métier offre de l'attrait à l'homme. Dans tous les pays du monde, le nombre des médecins est trop considérable pour le nombre des malades. A Tunis dont la salubrité est proverbiale, ils abondent, non-seulement chez les juifs, mais chez les musulmans et chez les chrétiens, à ce point qu'il n'y a pas de nation d'Europe qui n'ait fourni son contingent. Ces malheureux préfèrent végéter en exerçant la médecine que de se livrer au commerce où ils auraient la chance de s'enrichir.

Les juifs ne mangent que de la viande tuée et préparée d'après les prescriptions bibliques. Le porc est repoussé par eux avec mépris, avec horreur. Comme les musulmans n'en font pas plus de cas, il en résulte que cet animal, si précieux à nos paysans, si recherché de nos gourmets, est inconnu en Tunisie. Le sanglier, qui abonde dans les forêts de la Mohamédie, se vend aux chrétiens sur les marchés à cinq ou six sous la livre.

Le type des juifs est partout le même, mais plus accentué en Afrique qu'en Europe, parce qu'il y a eu moins de mélange. Les hommes en général sont très-laids; en revanche les enfants y sont charmants et les femmes très-belles. Celles-ci se font remarquer par un teint mat éblouissant, des cheveux noirs très-longs et très-abondants, des traits purs et réguliers, et par une carnation admirable. Quelquefois seulement, les lignes du visage sont trop dures, le nez trop arqué et le menton trop saillant. Un embonpoint excessif qui les dépare à nos yeux les fait au contraire mieux apprécier de leurs compatriotes. Aussi a-t-on recours à des moyens factices pour procurer de l'obésité à celles qui par leur conformation et leur tempérament paraissent devoir en être privées.

Dès qu'une fille est fiancée, le premier soin de la mère est de l'engraisser; elle use pour cela des moyens employés par nos fermières avec les dindes et les oies. La jeune fille, enfermée dans une chambre noire, y reçoit une nourriture succulente et abondante, composée surtout de boulettes qu'elle doit avaler sans mâcher et dans lesquelles on a pris soin d'enfermer certaines graines du pays qui ont la propriété d'épaissir le sang. On lui donne aussi des breuvages soporifiques, afin que, malgré le manque d'exercice, elle dorme toute la nuit et une partie de la journée. Au bout de quarante jours de ce régime, on vient lui présenter les bijoux déposés en présents par son futur époux dans sa corbeille de noces, et, si elle peut les porter sans risquer de les perdre, elle sort de sa prison et rentre dans sa famille. Notez bien que la femme qui porte les colliers, les bracelets et les bagues les plus larges est censée la plus belle, et qu'elle met dès lors sa vanité à trouver tous les bijoux trop étroits.

La Bible ne défend nulle part aux femmes de montrer leur visage et de paraître dans les rues. Leur puissante et continuelle intervention dans l'œuvre de Jésus prouve combien elles étaient à cette époque mêlées à la vie active des hommes. Mais les habitudes et les préjugés des femmes musulmanes ont beaucoup influé sur les femmes juives. Leur obésité d'ailleurs, les rendant inhabiles à la marche et disgracieuses, les retient à la maison. Il ne sort à pied que les femmes de mauvaise vie; les autres ne se risquent qu'en voiture et très-rarement. Cependant, comme elles sont très-jolies, très-élégantes et très-coquettes, elles se montrent au public une fois la semaine. Tous les samedis, à partir de trois heures, vêtues de leurs plus riches habits, parées de diamants, ornées de bijoux, elles viennent par groupes se poster devant leur croisée à l'endroit le plus apparent, et causer entre elles. Tous les étrangers, les jeunes chrétiens et les jeunes indigènes, au courant de ces étranges habitudes, se rendent dans le quartier juif et contemplent à leur aise ces belles personnes réunies, pour leur plaire, derrière les grilles de leurs fenêtres. L'étranger est souvent tout surpris d'être l'objet de chuchotements, de regards provocateurs et même de signes qui seraient très-criminels et très-significatifs en Europe, mais qui sont, m'a-t-on assuré, sans importance à Tunis.

Les juives gagnent à être vues d'un peu loin; avec leurs formes imposantes, elles ont un éclat et une majesté incomparables. Leurs mœurs sont très-relâchées, et elles ont le monopole de la galanterie avec les étrangers. Ce n'est pas à dire que les Mauresques aient plus de moralité que les juives ; mais elles sont maintenues dans le devoir par la sévérité de la loi, et d'ailleurs moins recherchées des étrangers, parce que le châtiment qui les frappe s'étend à leur complice. Le Coran, très-indulgent pour une faute commise avec un vrai croyant, punit de mort tout commerce d'une musulmane avec un chrétien (1). Il est vrai que, dans ce pays, la police est très-débonnaire et peu clairvoyante ; mais, à côté d'elle, il y a une foule de fanatiques qui croient être agréables au prophète en faisant respecter sa loi, et n'hésitent pas à frapper un infidèle qui aura osé souiller de son contact une femme réservée aux vrais enfants du prophète. Avec les juives on n'a à craindre aucun de ces désagréments. Les hommes, accoutumés aux humiliations, sont aussi beaucoup moins chatouilleux sur le point d'honneur. Pourvu que l'argent arrive, ils ne s'informent pas de la source. L'inconduite d'une femme ne la fait exclure

(1) La dernière scène de ce genre, très-fréquente dans les siècles passés et qui sans doute ne se reproduira plus à l'avenir, eut lieu en 1823, sous le règne de Mahmoud-Bey. Voici à quel sujet.

Un boulanger sarde, établi à Tunis, entretenait des relations avec une jeune femme indigène. Des Maures, qui avaient découvert cette intrigue, parvinrent à surprendre le couple imprudent en flagrant délit d'adultère. Ces malheureux jeunes gens, arrachés de la maison qui leur servait d'asile, furent garrottés et traînés au Bardo avec le voisin complaisant qui protégeait et abritait leurs amours. La foule qui les conduisait, grossissant et s'excitant à chaque pas, faisait retentir l'air d'imprécations et de paroles de mort. Le bey, qui partageait ses émotions et ses passions, condamna les trois coupables au dernier supplice. Le chrétien, saisi par les chaouchs, fut conduit sur une des places de Tunis et décapité avant même d'avoir reçu la visite d'un prêtre. La femme fut ensuite noyée dans le lac, et le Maure pendu à la porte de Bab-el-Souika. Le spectacle avait été complet. Aussi le peuple de Tunis était-il en liesse, et peu s'en fallut que le quartier des Juifs ne fût pillé pendant la nuit.

ni de la famille, ni de l'Église. Elle fait ce mauvais métier, comme elle en ferait un autre; les parents le tolèrent, et même les rabbins, qui prélèvent sur elle un impôt, établi d'après ses succès probables. Toutes les filles de joie sont danseuses; les juives sont même plus habiles dans cet art que les Mauresques; et ce sont elles qui font l'ornement de tous les kifs, espèces d'orgies nocturnes qui sont les seuls délassements de ce peuple voluptueux. On m'a assuré que plusieurs de ces almées en vogue reçoivent de trois à quatre cents piastres pour une seule séance. A ce compte beaucoup s'enrichissent. Elles se marient alors, et, comme les filles de Lesbos, elles rentrent, sous l'égide de leurs maris, dans le monde, où le rang qu'elles ont dépend des économies qu'elles ont su faire.

Le costume des juives de Tunis ne ressemble en rien à celui des juives d'Alger ou de Fez. A Tunis, elles portent, au lieu des robes réservées aux rabbins et aux dignitaires, un pantalon de couleur voyante, rouge le plus souvent, très-collant et partant d'un peu au-dessus de la cheville, des bas de soie blancs et à jour, et des babouches en maroquin rouge et relevées de broderies et de pierres précieuses. Leur gorge est enfermée dans un justaucorps de couleur noire, très-collant, très-mince, et laissant voir parfaitement tout ce qu'il est censé devoir cacher. La tête est enveloppée d'un burnous blanc, très-léger, qui, encadrant la figure, établit un contraste avec leurs yeux et leurs cheveux d'ébène et retombe sur les hanches. La gaze est assez légère, assez diaphane, pour que l'on voie, à travers le tissu, toutes les formes du corps. Ce costume est de la dernière indécence; il paraît cependant que c'est le véritable costume juif, et, qu'il était porté, bien que ce soit contraire à la tradition, par les saintes femmes qui accompagnèrent le Christ au Calvaire.

La femme est encore à Tunis chez les juifs dans l'état d'infériorité où Jésus l'a trouvée et dont il l'a relevée. Les rabbins, ne lui reconnaissant point d'âme, lui interdisent l'accès de la synagogue. Elle est maintenue à dessein dans une ignorance profonde, pour qu'elle accepte, sans révolte, la suprématie tyrannique que l'homme s'est arrogée sur elle.

Les juifs se marient très-jeunes, les garçons, de quinze à dix-sept ans, les filles, de douze à quinze. J'ai voyagé avec un petit colporteur juif qui avait dix-sept ans et paraissait en avoir treize; il avait une femme de douze ans. On aurait eu envie de donner le fouet à l'un et à l'autre. Les célibataires sont très-peu nombreux parmi eux, et les femmes très-fécondes. Il en résulte que cette race se multiplie d'une manière prodigieuse et d'autant plus apparente qu'elle contraste avec la diminution constante des musulmans. Les juifs, parvenus au nombre énorme de trente-cinq mille, forment plus du quart de la population indigène; avec la sécurité, leur vertu prolifique ne fera que s'accroître; si les idées de justice et d'ordre continuent à prévaloir dans le divan de la Régence, avant un siècle, ils seront aussi nombreux que les vrais croyants et posséderont la moitié du sol. Je ne sais point alors ce qui arrivera. Il ne faut pas croire que ces gens soient dépourvus d'audace et de courage; ils ont jusqu'ici courbé servilement leur front, parce qu'ils étaient incapables de songer à la défense, et que la moindre marque d'insubordination aurait été le signal d'un massacre. Mais il ne faudrait pas qu'ils se crussent à même de résister. Ils feraient voir au monde étonné qu'ils composent la race la plus énergique, la plus patiente, la plus vivace, la plus indomptable, qui ait jamais vécu sous les cieux.

CHAPITRE XIII.

Les musulmans.

La population musulmane de Tunis s'élève à 120,000 âmes. Ces hommes, que les hasards de la guerre, les révolutions et parfois aussi des immigrations volontaires, ont réunis sur le même point, sortent d'origines diverses et ont tous conservé les types particuliers et distinctifs de leur race. Les uns sont Arabes, les autres sont Maures, Turcs, Coulouglis, fils de renégats ou Nègres.

Les Arabes, qui peuplent toute la Régence et qui sont en grande majorité, même à Tunis, ne sont pas autochthones : ce sont des conquérants venus de l'Asie ; mais ils se sont tellement assimilé les Berbères et les Kabyles, qui sont les naturels du pays, qu'il est aujourd'hui impossible de reconnaître les fils des vaincus des fils des vainqueurs. L'Arabe est le même à Tunis que sur toutes les côtes barbaresques. Il est grand, maigre, nerveux et osseux. Son teint est basané, ses cheveux noirs et plats, et ses yeux d'une grande douceur et le plus souvent d'une excessive beauté. Il a le nez gros, bosselé et proéminent, les pommes de la joue saillantes, et le menton qui fuit. Il est très-simplement vêtu ; dans les villes, il porte un burnous blanc, et les riches ne se font remarquer que par la magnificence de leurs armes. Dans les campagnes, les cultivateurs suivent leur charrue à pieds nus, et n'ont pour tout vêtement qu'une chemise de laine blanche. L'Arabe est exalté, extrême dans son amour comme dans sa haine. Il se plaît dans le bruit et le tumulte. L'odeur de la poudre l'enivre, l'éclat des fusils le transporte. Il est batailleur et guerrier. Qu'un signal soit donné, et c'est avec transport qu'il fera d'une fantasia, d'une partie de plaisir, une sanglante échauffourée ! Il est énergique, âpre au gain, enclin à la fourberie, et cependant esclave de sa parole. Il est paresseux, ignorant, superstitieux et fanatique. Il est sobre, mais voluptueux et se passionnant pour les liqueurs fortes. Il est résigné, soumis à l'ordinaire, mais léger, aventureux et dès lors prompt à la révolte. L'Arabe est surtout puissant à la campagne. Le chef de la tribu jouit d'une autorité immense et de grandes richesses. Le système féodal, apporté sans doute par les Croisés, a été adopté et conservé par lui, et c'est dans les tribus africaines qu'on peut se faire l'idée la plus exacte de l'organisation de nos pères au moyen âge.

Les Maures des côtes barbaresques sont les débris de ces intrépides Sarrasins qui, après avoir conquis le sud de la Gaule, de l'Espagne, de l'Italie, et avoir servi, pendant plus d'un siècle, d'épouvantail à toute la chrétienté, furent à leur tour battus, massacrés et refoulés avec un impitoyable acharnement par-delà les mers qui les avaient apportés. Les Maures de Tunis, venus d'Espagne et de Sicile, composent un des plus beaux types des populations musulmanes. Ils sont, en général, grands, gros, forts et bien faits. Leur teint est admirable et leurs traits réguliers. Ils habitent exclusivement les villes et sont adonnés au commerce. Ils sont très-recherchés dans leur mise, et préfèrent les couleurs un peu voyantes et bizarres. Ils sont fiers et se marient entre eux. Ils méprisent les Arabes, qui, de leur côté, étant essentiellement guerriers, ne font pas grand cas de gens adonnés au négoce. La vie calme, monotone, occupée des Maures, rend leurs mœurs douces et affables. Ils sont amoureux du merveilleux, passionnés pour la danse, la musique et la poésie; ils aiment à se parer de fleurs et à s'inonder de parfums. Ils sont gais, affables, complimenteurs, contant à merveille, et écoutant encore mieux. Ils sont expansifs et amicaux. Deux voisins se verront dix fois par jour, et, à chaque fois, ce sera la même profusion de saluts, d'embrassades, de compliments et de protestations d'amitié. Il n'y a parmi eux point de classe; j'ai déjà dit que j'ai connu un marchand de parfums qui descendait en droite ligne des rois de Grenade, et qui probablement gardait dans un coin de sa boutique les clefs de l'Alhambra, bâti par ses pères, et qu'il ne désespère pas d'habiter un jour; il y a aussi, m'a-t-on dit, un Karamanli qui s'est fait joaillier, et qui a vendu sans doute plusieurs des diamants, composant la couronne de ses pères, brisée et emportée dernièrement par les agents de la Sublime Porte.

Ce qui est très-extraordinaire et n'a pas été assez remarqué des voyageurs, c'est qu'en Europe, où la naissance a une si grande importance, excepté dans quelques familles, on ne connaît rien des faits et gestes des siens au-delà de son bisaïeul. En Orient et même dans l'Inde, chez les musulmans et chez les juifs, où règne l'égalité la plus complète, où tout homme est le fils de ses œuvres, il y a chez de simples marchands des généalogies parfaitement en règle qui remontent à sept ou huit siècles, et sont fort bien connues de ceux qui les possèdent. A Tunis, il y a des Maures qui peuvent suivre leurs aïeux dans diverses villes d'Espagne; à Alep et à Damas, on cite des juifs qui sont capables de prouver, pièces en main et de la façon la plus authentique, que, depuis plus de quinze siècles, ils vivent, de père en fils, dans ces villes.

Quoique étrangers au maniement des armes, les Maures, doués d'un esprit chevaleresque, ne manquent pas de bravoure et le prouvent à un moment donné. D'un naturel apathique et paresseux, ils préfèrent la position horizontale et détestent de marcher. On les rencontre dans les rues, montés sur des mulets richement caparaçonnés. Ces animaux, quoique moins élégants que les chevaux, leur sont préférés à cause de la douceur de leur allure, et parce qu'ils supportent l'amble plus longtemps.

Les rapports plus fréquents qu'ils ont avec les chrétiens les rendent moins fanatiques que les Arabes, mais non moins orgueilleux, et non moins convaincus de la supériorité que la connaissance de la vérité leur donne sur des hommes plongés, à leurs yeux, dans une grossière idolâtrie. Aussi, quel que soit le rang d'un Européen, ne lui accordent-ils que la qualification d'arfi, qui répond à celle de maître en Europe, et à laquelle ont droit les émines, les chefs de corporation, les docteurs, enfin les gens de la classe moyenne. Sur ce point ils s'entendent parfaitement avec les Arabes et les Turcs. Le titre de sidi, qui correspond à celui de seigneur, dont les petites gens sont si prodigues envers les personnes qui entourent le bey, nous est constamment refusé. J'ai vu des mendiants me remercier d'une aumône faite en m'appelant arfi, tandis qu'ils donnaient du sidi, gros comme le bras, à un musulman qui leur avait fait la charité en même temps que moi, et bien moins généreusement. Je dois dire cependant que, au Bardo et chez le ministre de la Marine, j'ai été toujours qualifié du titre de sidi par les valets et même par les officiers de service.

Les Maures, quelquefois avec l'apparence de la santé et de la vigueur, sont maladifs et débiles, énervés par des plaisirs précoces et excessifs. C'est que cette malheureuse société musulmane est organisée de telle sorte que l'homme n'a de distraction et de plaisir que dans le commerce des femmes. Non-seulement les spectacles, les concerts, les réunions sont inconnus, mais encore la lecture, la chasse, les jeux de carte et les exercices du corps, si nombreux dans les sociétés chrétiennes. Le soir venu, le musulman, enfermé chez lui, n'a de ressources que dans son harem. Il y fume du hachich, y boit de l'eau-de-vie, et se livre à des orgies qui l'affaiblissent et le dégradent.

Le maniement de l'argent rend le Maure prodigue et fastueux. Sur ce point il diffère beaucoup de l'Arabe, qui est économe et simple. Esclave de ses sens, il ne reculera devant aucun sacrifice pour obtenir les faveurs de la femme qu'il aura remarquée. Ne croyez pas que l'homme riche soit à l'abri de ces frénésies; au contraire, plus il a sous la main de jeunes femmes, épouses ou concubines, belles et passionnées, moins il a de contentement et de satisfaction. Son dégoût pour les créatures qu'il possède ne lui donne que plus de désir de posséder celles qui sont en dehors de son autorité. La satiété dont son cœur déborde, au lieu de le calmer, l'entretient dans une excitation souvent stérile, mais non moins impérieuse.

Les Maures composent en Afrique ce que nous appelons la classe moyenne, c'est-à-dire la bourgeoisie de nos jours qui, plus riche et plus instruite qu'aucune autre classe et ayant l'égalité devant la loi, possède de fait la supériorité que donne la valeur personnelle. D'après le même système, les Turcs forment la haute aristocratie. Ce sont les derniers conquérants, les dominateurs du pays. Quant aux Arabes, ils représentent la petite noblesse. Peut-être serait-il utile de résumer en quelques mots l'histoire de ces divers peuples. C'est ce que nous allons essayer de faire.

Les Arabes, peuple pastoral et nomade, habitaient le nord-ouest de l'Asie. Réveillés au septième siècle par la grande voix de Mahomet, sortis de l'état d'abjection et d'idolâtrie stupide et barbare dans lequel ils croupissaient depuis une éternité, ils ont puisé dans le Coran, livre sublime inspiré par la Bible, un enthousiasme sans bornes et un élan irrésistible. Ils semblaient marcher à la conquête de l'univers. La Méditerranée les a arrêtés, et une décadence précoce a été le résultat d'une puissance plus factice que réelle. Les Maures, succédant aux Arabes, ont atteint leur apogée dans le dixième siècle. Ils sont restés pendant cent ans stationnaires. La décadence a commencé pour eux au treizième siècle. Au quinzième leur ruine était consommée. La grande force des Turcs va du quinzième au dix-septième siècle. Pour avoir une idée de la supériorité qu'ils avaient sur les Arabes et sur les Maures, qu'il suffise de savoir que cinq mille janissaires gouvernaient en Algérie de la manière la plus brutale et la plus arbitraire trois millions d'individus courbés devant leurs cimeterres. La situation était la même à Tunis qu'à Alger. Le souverain du pays n'était qu'un soldat turc, nommé par la Porte et gouvernant en son nom.

L'éloignement du maître est favorable à l'ambition du serviteur. La Porte, engagée à l'est de l'Europe dans des guerres gigantesques, ne portait que peu d'attention à ses possessions d'Afrique. Hossein-Bey, renversant les deys et rendant la couronne héréditaire dans sa famille, ne releva plus de fait du sultan, mais de Dieu qui lui avait permis d'acquérir une force égale à celle de son maître. Rien n'eût été plus facile à Hossein et à ses fils que de se rendre tout à fait indépendants. Cependant par prudence, peut-être aussi pour obéir à ce sentiment religieux qui fait du sultan le maître naturel de tous les vrais croyants, ils restèrent officiellement ses vassaux et ses tributaires. Aujourd'hui encore le premier soin d'un prince, en montant sur le trône, est d'obtenir de la Porte un firman d'investiture; la monnaie se frappe au nom du sultan, et des cadeaux, représentant la redevance convenue, sont annuellement envoyés en pompe à Constantinople. En 1855, dans la dernière guerre de Crimée, à l'appel d'Abdul-Medjid, le bey envoya son contingent aux armées ottomanes, et j'ai vu sur la poitrine de plusieurs soldats tunisiens la médaille militaire offerte par la reine Victoria à tous ceux qui ont participé à cette glorieuse expédition.

Depuis l'avénement des beys, leur politique constante a été de s'appuyer sur l'élément arabe qu'ils n'ont cessé de fortifier au détriment de l'élément turc qu'ils n'ont cessé d'affaiblir. L'armée, jadis exclusivement composée de Turcs, est aujourd'hui nationale, et se recrute dans tous les rangs de la société. Aussi les Turcs ont-ils été toujours en diminuant. J'ai déjà dit qu'il n'y en avait aujourd'hui pas plus de huit mille à Tunis. Par tradition, par égard pour d'anciens maîtres, certains postes très-importants leur sont réservés, et ne peuvent même être occupés que par un des leurs. Les postes des consulats européens sont toujours confiés à des Turcs qui portent les costumes des anciens janissaires et en ont conservé le nom. Les Turcs, malgré les malheurs du temps, forment toujours la classe supérieure ; ils sont plus forts, plus francs et plus généreux que les Maures et les Arabes ; ils ont de plus belles têtes et plus de dignité dans la démarche. Leur costume, moins voyant, est de meilleur goût. Les Maures les accusent d'avoir l'esprit lourd, d'être dominateurs dans leur intérieur et enclins à la cruauté. J'ignore ce qui se passe dans un endroit infranchissable ; mais ce que je sais, c'est que dans les rapports journaliers ils font preuve d'une élévation de sentiments, d'une droiture de cœur et d'une indépendance de caractère, qu'on trouve très-rarement chez ceux qui prennent à tâche de les dénigrer.

Les Coulouglis sont les enfants nés de soldats turcs et de femmes maures. C'est une espèce d'hommes qui participe des défauts et des qualités des uns et des autres, reconnaissable à des traits particuliers, à des mœurs qui lui sont propres, et qui s'est conservée à part. Il en est de même des fils de renégats juifs ou chrétiens. Le musulman, qui fait de l'attachement à sa religion la première vertu de l'homme, ne voit qu'avec mépris ces passages d'un culte à un autre. Bien qu'il soit convaincu de la supériorité du Coran sur la Bible, il a trop de sagacité pour ne pas comprendre que ces conversions ne sont inspirées, au lieu de convictions désintéressées et sincères, que par des considérations humaines, et le plus souvent pour des motifs honteux ; et, comme en Orient plus encore que chez nous, les fautes des pères retombent sur les enfants, il s'ensuit que les hommes de cette classe, frappés, en naissant, d'une épithète déshonorante, à moins d'une grande fortune et d'un mérite éclatant, ne jouissent que d'une très-mince considération. Joignez à ces divers groupes d'individus cinq ou six mille Nègres ou Mulâtres, et vous aurez une idée exacte de la population musulmane de Tunis. Les Nègres, qui sont au dernier degré de l'échelle sociale, naguère esclaves, ont été affranchis, en 1837, par Ahmed-Bey. Ils sont presque tous étrangers, venus de l'intérieur de l'Afrique, attendu que les enfants noirs, sujets à de cruelles maladies, ont besoin, pour arriver à l'adolescence, de soins que des parents pauvres ne peuvent pas leur donner. Libres de fait, ils ne vivent pas moins dans une servitude réelle, douce comme dans tous les pays d'islamisme, dans laquelle ils trouvent un bien-être que la liberté ne leur assurerait pas. Ce sont les Nègres qui font les métiers violents, pénibles et ignobles. Venus pour la plupart païens de leurs déserts, ils embrassent facilement la religion musulmane dont ils deviennent des sectateurs fervents et enthousiastes. Ils sont d'un naturel gai, crédules, exaltés, passionnés pour les plaisirs, infatigables, susceptibles d'un grand attachement, honnêtes, point querelleurs, humbles, soumis, et possédant au plus haut degré l'art de se faire aimer. La tradition dit à ce sujet que Noé, après avoir maudit son fils Cham et l'avoir fait condamner, lui et sa postérité, à la servitude, se repentit de sa sévérité, et implora en sa faveur Dieu qui, ne voulant pas revenir sur un fait accompli, donna en compensation à ces malheureux l'art si difficile de gagner et de conserver les cœurs.

C'est parmi eux que se trouvent les eunuques. Ces tristes victimes de l'égoïsme et de la dureté de l'homme deviennent tous les jours moins nombreuses depuis que la loi punit d'un châtiment sévère les parents qui, dans une pensée de lucre, ne craignent pas de mutiler leurs enfants. Les eunuques sont, comme autrefois, chargés de surveiller, de promener et d'amuser les femmes des riches seigneurs. Ils sont à ce titre les portiers de la maison dont les clefs, suspendues à leur cou, ne les quittent jamais. Les eunuques sont plus fanatiques, plus cruels, plus emportés et plus attachés à leurs maîtres, que les autres Nègres.

Telle est la population de Tunis; je dois dire que je l'ai trouvée toute différente de ce que je m'étais figuré. Au collége, on nous représentait Tunis comme un nid de forbans, et tous ses habitants, comme des gens livrés à de mauvais métiers et à de honteux trafics. Je croyais que la piraterie avait cessé depuis trop peu de temps pour que la fourberie, la violence, l'esprit d'insubordination, le mépris de toute autorité, enfin tous les vices qu'elle engendre, eussent disparu des mœurs des habitants. J'ai été tout surpris de trouver des gens soumis, travailleurs, honnêtes et pieux. Il est vrai que les crimes y sont plus fréquents que chez nous. Ce n'est pas à dire que ces peuples vaillent moins que les nôtres; ils valent mieux au contraire. Réunissez en Europe une agglomération de 200,000 individus, dont un quart, étranger, venu on ne sait d'où, sans passe-port et sans indication, vivra au jour le jour et couchera hors des murs, sous la tente, et qui tous en masse seront excités au vol et au meurtre par les mille chances d'impunité qu'offrent aux coupables l'absence de toute police, le voisinage du désert, et, avant toute chose, les préjugés religieux qui interdisent à tout étranger, même aux gens du bey, l'accès d'une maison, et vous verrez si vous pourrez faire deux pas hors de chez vous, la nuit, sans être menacé du poignard d'un sicaire. A Tunis, dans des conditions pareilles, on est à peu près en sûreté; la prudence suffit pour éviter un malheur; et ce n'est que par sa faute que l'on est victime de la brutalité d'un fanatique ou de l'avidité d'un brigand.

CHAPITRE XIV.

De la religion.

Les musulmans se divisent en deux grandes Églises : les sunnites et les chiites.

Les sunnites, outre le Coran, acceptent la tradition ou sunna. Ils mettent, à côté de la parole de Dieu, les sentences recueillies de la bouche de Mahomet par ses disciples, leurs préceptes, leurs conseils, leurs exhortations et jusqu'à leurs prières. Ce sont les catholiques mahométans. Ils dominent en Turquie, dans l'Égypte et généralement dans tout le Mogreb. Ils se subdivisent en quatre sectes qu'on appelle malékis, anéfis, chafaïs et hambillis, du nom des docteurs célèbres qui les ont fondées. Entre tous ces hommes le principe est le même; le rite seul varie. Ils ne sont divisés que par des détails de forme; aussi arrive-t-il rarement que l'harmonie, qui doit régner entre les fidèles d'un même culte, soit troublée.

Les chiites, qui sont en majorité en Perse et très-répandus dans toute l'Asie, n'admettent que le Coran dans lequel ils s'enferment strictement. Leur chef est

Ali. Ce sont les protestants de l'islamisme. Ils ne reconnaissent que le Prophète. Ses disciples qui n'avaient pas reçu de Dieu les mêmes dons n'ont droit, d'après eux, qu'aux égards et au respect qui sont dus à tout homme sage, vertueux et pieux.

Les musulmans n'ont jamais connu notre barbare exclusivisme. Les sectateurs de différents cultes vivent ensemble en bonne intelligence; ils n'ont pas au cœur ces haines farouches et implacables qui ont si longtemps divisé la chrétienté; nos supplices, si nombreux et si terribles contre les prétendus hérétiques, leur sont inconnus, de même que ces guerres affreuses qui ont dépeuplé les plus beaux pays de l'Europe.

A Tunis, il y a quelques chiites. Les malékis y sont plus nombreux; mais ce sont les anéfis qui dominent. Chaque secte a ses mosquées, et toutes sont respectées, comme étant destinées à servir de temples au vrai Dieu du Prophète.

Le corps des prêtres est nombreux et puissant. L'iman qui est le chef de la mosquée est une espèce d'évêque. Après lui viennent les ulémas qui ne sont que des docteurs chargés d'expliquer, d'interpréter et de faire connaître au peuple le Livre saint. Le marabout dirige les prières, en improvise parfois, et fait exécuter les prescriptions ordonnées par le Coran. Les dérviches ont quelques rapports avec les ermites. Comme eux, ils vivent de la charité publique, en dehors des préoccupations du monde, étrangers à ses plaisirs, le plus souvent dans la solitude, absorbés par les prières, obtenant parfois la faveur d'entrer en communication avec Dieu et de pouvoir détourner sa colère du front des pécheurs. Les santons rappellent les frères quêteurs d'Espagne et d'Italie ; comme eux, ils fourmillent dans les rues. Dans le principe je les confondais avec les capucins de la mission chrétienne, ayant, comme eux, une grande barbe inculte, les pieds nus, la robe sale et la checchia crasseuse. Comme eux aussi, ils ont constamment le chapelet en main et les lèvres agitées par des prières murmurées à voix basse et à grand renfort de contorsions. Le muezzin appelle le fidèle à la prière. Il monte au minaret cinq fois par vingt-quatre heures. Dans le silence de la nuit, sa voix grave doit produire un certain effet sur ceux qui comprennent la belle phrase qu'il psalmodie (1).

Vous comprenez la part immense que la religion a prise dans un pays où les affaires particulières ne vont que juste au point fixé pour empêcher la société de périr, et où les affaires publiques sont concentrées dans quelques mains. Aussi Tunis est-elle remplie de mosquées (2). Quelques-unes, ornées à l'extérieur de colonnes de marbre de diverses dimensions, de formes et de couleurs variées, et taillées pour la plupart dans des blocs pris à Carthage, sont très-élégantes. Leurs toits, surmontés de dômes éclatants de blancheur et entourés de frises artistement sculptées, attirent les regards qui y resteraient longtemps fixés, si l'on ne craignait d'exciter l'ombrageuse colère des dévots, toujours nombreux sous les péristyles et aux

(1) Dieu très-haut ! Dieu très-haut ! Dieu très-haut ! Il n'y a point de Dieu, sinon Dieu, et Mahomet est le prophète de Dieu ! Venez à la prière ! Venez à la prière ! Venez au temple de salut. Grand Dieu ! Grand Dieu ! Il n'y a point de Dieu, sinon Dieu. (Ubicini, *la Turquie actuelle*, p. 60.)

(2) Les mosquées principales sont : la Djama-ez-zitoun, mosquée de l'Olivier ; la Djama Sahab-et-taba, parce qu'elle a été bâtie par Yousouf, chancelier d'Hamouda Pacha ; la Djama de Sidi-Makrés, et la mosquée neuve bâtie par Ahmed Bey.

abords de ces temples. Plusieurs ont les murs intérieurs revêtus de marbre; les pavés sont couverts de riches tapis, les plafonds soutenus par des colonnes torses du plus bel effet, et les cours embellies et rafraîchies par des fontaines d'eau jaillissante. Mais, là-dessus, il faut s'en rapporter au commérage des voisins. Le chrétien qui, sans avoir coiffé le turban, c'est-à-dire sans avoir abjuré sa religion, franchirait à Tunis le seuil d'une mosquée ne le repasserait pas vivant. Quelques-uns de ces temples ont le droit d'asile. Ce droit s'étend même aux maisons voisines jusqu'à un rayon déterminé. La plupart des marabouts participent de cette faveur, comme aussi certains villages et même certaines villes, qui ont un caractère particulier de sainteté. Tel est, aux environs de Tunis, Sidi-Bou-Saïd, ce bourg charmant, bâti sur un riant mamelon, à l'entrée du golfe de Carthage et avec les marbres de cette cité détruite. Du reste partout le foyer est sacré chez les musulmans, comme il l'était chez les Romains. Ce n'est qu'en cédant à la nécessité et après avoir pris toutes sortes de précautions qu'on pénètre dans une maison. On frappe d'abord; on demande si un homme est entré, et l'on se fie à la réponse donnée. Quant aux mosquées et aux lieux saints, on n'en franchit jamais le seuil après un criminel. Il y a cependant certains accommodements dignes de nos plus subtils casuistes. Par exemple, on mure la porte d'entrée et les croisées; on ne laisse ouvert qu'un petit trou qui permette de parlementer avec le prisonnier. Il semble donc que ce malheureux n'a fait que perdre au change, puisqu'il est destiné au plus cruel supplice, à la mort par la faim. C'est une erreur; en Orient, plus que partout, est vrai le proverbe qui dit que, en gagnant du temps, l'on gagne tout. En effet il n'y a pas de ministère public ; aucun magistrat ne poursuit un criminel d'office. C'est la famille de la victime qui porte sa plainte et exige le châtiment. Qu'elle se taise, et le forfait reste impuni. Sous le coup de la douleur, quand le sang fume encore, elle est impitoyable, et le meurtrier n'échappe pas à la mort. Ce moment d'indignation passé, elle devient plus traitable. Si le coupable est riche, il fait ses offres de sa retraite, et souvent avec une somme d'argent il se tire d'affaire. Il y a encore à Tunis le prix du sang.

Les musulmans n'ont qu'un livre, c'est le Coran. Quiconque l'a lu avec attention et a retenu quelques-uns de ses préceptes est rangé parmi les savants. L'instruction n'est donc ni variée ni profonde. Elle n'en est pas moins très-répandue. Le nombre de zaouias, écoles et lieux de prières, qu'on rencontre à chaque pas, prouve le désir du gouvernement de mettre tout croyant à même de lire la parole de Dieu.

Les morts jouent un grand rôle dans les pays musulmans. Les santons, qui n'ont point de domicile et qui vivent de la charité publique, meurent souvent en pleine rue. Il est d'usage de les enterrer à l'endroit même où ils ont expiré, et une pierre blanche désigne leur sépulcre aux passants. Comme leurs cendres ont le don d'opérer des miracles, des infirmes accourent de tous les points auprès de ces tombeaux. Ils y passent des journées entières, accroupis et en prière, implorant la guérison de leurs maux.

Ce ne sont pas seulement les tombes des santons qui sont l'objet d'un respect excessif, mais celles de tout vrai croyant. Dans nos pays, il est d'usage, après un certain temps, de ramasser les ossements épars dans un cimetière abandonné et de les apporter dans celui dont on se sert. La terre, ainsi purgée, est couverte de maisons ou rendue à l'agriculture. En Orient, ce serait un sacrilége. On ne doit point troubler les fidèles dans leur repos éternel. De plus, il n'y a pas, comme dans nos grandes villes, de fosses communes pour les pauvres. Tout musulman, quelque infime que soit son rang, a droit à une tombe qui lui soit propre, et ne peut jamais en être dépossédé. Il en résulte que la campagne qui entoure Tunis n'est qu'une vaste nécropole. La ville s'étant agrandie, plusieurs cimetières ont été enfermés dans ses murs. Passant auprès d'un de ces endroits, je vis par la porte ouverte plusieurs rangées de tombes, placées avec symétrie à égales distances, toutes tournées du côté de la Mecque et plantées sur un sol bien tenu et purgé des mauvaises herbes. J'étais fraîchement débarqué; poussé par la curiosité, j'entrai dans ce champ de repos. Quelques mendiants nègres, qui étaient accroupis le long des remparts et occupés à manger des fruits, à la vue de ce sacrilége, firent entendre des glapissements affreux. Je me retournai, et les vis accourant sur moi comme des forcenés, poussant avec plus d'éclat leurs cris sauvages et agitant leurs énormes bâtons. Je fis alors un geste d'étonnement et je me retirai. Ils en restèrent par bonheur aux menaces et allèrent reprendre leur repas interrompu. En racontant mon aventure, j'ai appris que j'avais commis une énormité; que fouler aux pieds un fidèle endormi dans le sein de Dieu était d'une audace inouïe de la part d'un chrétien; et que bien des gens avaient été assassinés par des fanatiques pour des fautes moins graves.

J'ai dit que les cendres de certains dévots personnages avaient le don d'opérer des miracles. Leurs tombeaux sont l'objet de pieux pèlerinages. Les femmes, m'a-t-on dit, profitent de ces superstitions pour sortir de leur esclavage, et poursuivre des intrigues formées, à l'aide des colporteuses juives, dans la solitude et le désœuvrement du harem.

Tous les marabouts un peu célèbres sont tenus avec soin. Les musulmans y viennent de très-loin brûler des cierges, dire des prières et apporter des offrandes. La garde de ces saintes demeures est confiée à des hommes que l'on veut protéger; c'est une place très-lucrative, attendu que ce ne sont pas les morts qui mangent les moutons, les poulets et les gâteaux qu'on dépose sur leur tombe pour se les rendre favorables.

Le marabout de Lella Manouba est un des plus connus et des plus fameux en cures miraculeuses. Un mot en passant sur cette sainte femme. La chasteté a été en honneur chez tous les peuples et surtout chez les musulmans, où les plaisirs de la chair tiennent une si grande place dans la vie. Il y a chez eux, comme chez nous, des femmes qui vouent à Dieu leur virginité, et renoncent pour lui aux joies du harem. De ce nombre était Lella Manouba. Tout enfant, elle avait fait vœu de chasteté; malgré cela, ses parents la marièrent à un cadi à qui elle avait été promise. La nuit des noces, elle fit part à son mari de l'engagement qu'elle avait pris avec Dieu, et le pria de la respecter. Celui-ci, homme dur et peu religieux, étranger à tout scrupule, commençait à brutaliser la sainte fille, lorsqu'il fut tout à coup métamorphosé en femme. Il fut bien alors contraint de s'arrêter, et il ne put retrouver son sexe qu'après avoir signé un acte de divorce. L'anecdote était assez extraordinaire pour faire du bruit. Lella Manouba, chaque jour plus belle, était recherchée des plus riches seigneurs. Mais elle, toute vouée à Dieu, resta et mourut fille.

A côté de son tombeau est celui de Sidi Féthallah, non moins célèbre et surtout plus recherché des femmes. On dit qu'il a le pouvoir de faire cesser la stérilité, défaut de nature si grand chez les musulmans qu'il est considéré par le Coran comme une cause de divorce. Les saints ont leur jour comme de simples mortels. C'est le samedi que Sidi Féthallah est le plus accommodant; c'est aussi le jour où il a le plus de solliciteuses. Son marabout est situé à une lieue de Tunis, dans un endroit charmant, à côté d'un rocher de cinquante pieds de haut environ, abrupt et très-glissant. Après avoir imploré le saint, la pèlerine doit prendre une pierre plate, l'appliquer sur le ventre, et descendre ainsi le rocher, au risque de se casser le cou. J'ai vu moi-même des femmes, richement vêtues, que je supposais à leur tournure, malgré leur voile, jeunes et jolies, recommencer à deux et trois fois ce pieux exercice et rentrer avec leurs suivantes à Tunis dans la voiture qui les avait amenées.

Si les femmes, qui sont des prisonnières, vont à Sidi Féthallah, les hommes, qui sont libres, vont à la Mecque se prosterner et prier devant le tombeau du Prophète. Le voyage, pour être bien fait, doit s'accomplir à travers le Désert, par la régence de Tripoli, et pendant le mois d'hadja, qui est le dernier de l'année. L'homme pieux, qui l'a accompli sept fois avec les formalités prescrites, reçoit le surnom d'hadj, dont il fait précéder son nom propre, et a le droit de porter le turban vert, signe d'honneur et de distinction.

CHAPITRE XV.

Mœurs.

La morale du Coran, puisée dans nos Livres saints qui étaient familiers à Mahomet, est de tout point admirable. Nulle part ailleurs, si ce n'est dans l'Évangile, les droits du pauvre, du faible, de l'infirme, ne sont plus énergiquement défendus, et l'orgueil du puissant, l'avarice du riche et la brutalité du fort, plus sévèrement blâmés et menacés, au-delà de la vie, de plus terribles châtiments; malgré cela, il manque à ce recueil sublime une origine divine, et le musulman, quoiqu'il sache par cœur ces belles sentences et soit un exact sectateur de ces doctrines, n'approche jamais de la pure morale et de l'évangélique bonté d'un vrai chrétien. Du reste tous les vices, tous les forfaits, tous les malheurs de cette société en décadence dérivent d'une source unique, de la polygamie, que le Coran tolère, mais qu'il est loin de prescrire. C'est elle qui est la cause de l'énervement de l'homme, de la dégradation de la femme, et du mépris des sexes l'un pour l'autre. Frappés des désastres que cette fatale coutume a engendrés, des hommes d'État musulmans, sacrifiant leurs plaisirs au salut de la patrie, ont remplacé le harem par la famille. Qu'ils persévèrent dans cette voie, et l'islamisme sera sauvé ! sinon il est, en Europe du moins, condamné à une mort prochaine.

Nous avons parlé des femmes juives ; le moment est venu de faire connaître les Arabes et les Mauresques. La femme arabe est en général petite, vive et passionnée. Elle a le teint basané, les traits corrects et les dents superbes. Dans les champs elle vaque à ses travaux, visage découvert. Elle est même travailleuse ; c'est elle qui donne des soins aux bestiaux et à la volaille. C'est sur elle aussi que repose le fardeau du ménage. Elle est rusée, dissimulée, intrépide, sans empire sur ses passions. Quand elle a remarqué un homme, elle l'attire à elle par toutes sortes de provocations, et, non moins oublieuse du danger que de ses devoirs, elle le reçoit sous la tente même de son mari, se livrant à la merci d'une compagne jalouse et le plus souvent détestée.

Les Mauresques sont mieux faites, plus grandes, plus amples, plus belles enfin que les femmes arabes. Elles ont le teint mat, les cheveux noirs, et souvent les yeux bleus. Leur beauté très-réelle est presque toujours gâtée par un embonpoint excessif, causé bien moins par la nature que par le régime qu'elles suivent. Par malheur aussi leurs chairs, qui sont éclatantes, sont trop souvent amollies, avant l'âge, par l'abus qu'elles font des bains chauds. Elles ont ensuite la manie de se peindre le visage, à ce point qu'on les croirait tatouées comme des femmes sauvages. Leurs sourcils, qui ont disparu comme tous les poils de leur corps sous une poudre épilatoire, sont remplacés par deux lignes noires, plus larges et plus arquées, qui leur donnent un air tout à fait étrange. Elles se teignent les paupières et l'intérieur de l'œil, afin de remplacer les cils absents. Elles se mettent des mouches, se barbouillent les ongles avec du henné, et quelquefois les mains et les pieds. Il n'est pas jusqu'à leurs gencives et leurs lèvres auxquelles elles ne donnent une couleur orange en les frottant avec de l'écorce de noyer. Leurs cheveux, très-longs, très-soyeux, très-épais, leur tombent en natte derrière le dos. Leurs mains et leurs bras sont admirables, leurs pieds petits et bien faits ; quelquefois ils sont chaussés de riches pantoufles, mais nus le plus souvent. Comme elles vivent dans un climat brûlant, et qu'elles ne peuvent être vues que de leur maître, leur toilette est de la dernière indécence. Une chemisette brodée, en toile très-fine, presque diaphane, et retenue par une veste évasée et étriquée, protége à peine contre les regards leurs seins dont elle dessine toutes les formes. Leurs bras sont nus. Leur corps est enfermé dans un pantalon large, très-court, fendu sur les côtés, de telle sorte que leurs jambes sont presque à découvert. Les étoffes dont ces vêtements sont faits sont très-belles et de couleurs voyantes. La toilette, du reste, absorbe presque tout le temps de ces créatures désœuvrées. Elles se lavent jusqu'à quatre fois par jour ; elles se chargent de pierreries, de diamants, de pièces d'or ou d'argent enfilées l'une à l'autre comme des perles, et rendant à chaque mouvement qu'elles font un bruit métallique qui semble leur plaire beaucoup. Leur cou, leurs bras, leurs doigts, leurs jambes et leurs pieds sont ornés de rivières de diamants et de bijoux, parmi lesquels les bagues et les bracelets jouent le principal rôle. Ces malheureuses femmes, n'ayant d'autre but que d'attirer à soi, souvent au détriment d'une rivale, et de conserver les bonnes grâces du maître, ont recours à des excitations plus funestes que favorables à la volupté. Il en résulte que leur dépravation est extrême, et que leur désir excessif de plaire, impuissant devant des sens blasés, au lieu d'éveiller les passions, n'engendre que le dégoût.

Inutile de dire que les femmes sont plongées dans la plus crasse ignorance. Aucune d'elles ne sait lire, et toutes dédaignent le travail des mains. La confection des sorbets, des sirops et des confitures, compose toutes leurs occupations. Elles aiment aussi beaucoup le café, qu'elles préparent elles-mêmes, et les liqueurs. Elles ne dédaignent pas non plus de fumer.

Peu de plaisirs viennent charmer leur éternel esclavage. Leurs plus grandes distractions consistent dans l'arrivée de la colporteuse juive qui, en retirant de sa hotte les bijoux et les étoffes, objets de leur convoitise, trouve toujours l'occasion de leur peindre la flamme d'un amant, quelquefois réel, souvent imaginaire. Aux colporteuses succèdent les almées, dont elles adorent les danses obscènes et les contes indécents, et enfin les montreuses de lanternes magiques ou d'ombres chinoises. Le sentiment même de la pudeur n'existe pas dans cette société voluptueuse. Je doute qu'un homme bien élevé en France pût voir, sans dégoût, les scènes ignobles qui font pâmer d'aise toutes ces belles odalisques et dont on n'a pas même la précaution d'exclure les enfants.

La réclusion des femmes est complète; celles qui ont pour maris des hommes imbus des idées nouvelles et confiants vont quelquefois se promener en voiture avec les stores baissés, et flanquées de deux eunuques, l'un à côté du cocher et l'autre sur le siége de derrière; elles ont aussi la chance d'aller aux bains publics et aux pèlerinages à la mode auprès d'un marabout fameux. Les autres, et c'est le plus grand nombre, vivent dans une étroite captivité; elles ne paraissent dans la rue qu'une fois dans leur vie, pour aller de la maison de leur père à celle de leur époux.

Je me souviens à ce sujet que, étant un soir à Constantine en train de manger pour mon souper un plat de couscoussou fait pour moi dans une famille indigène, j'entendis une musique arabe passer sous mes fenêtres; j'interrompis mon repas, et je vis se dérouler devant moi un long cortége d'hommes, mêlé de quelques enfants. En tête marchaient les musiciens, suivis de quatre Nègres portant sur leurs épaules un grand panier d'osier, appuyé sur deux longues barres; puis venait la foule. Chacun des assistants tenait un objet à la main, au bras ou sur l'épaule. Je questionnai un voisin, et j'appris que c'était le défilé d'une noce musulmane. Dans le panier était la mariée, invisible à tous les yeux. Quand on fut arrivé au seuil de la maison de l'époux, on s'arrêta; la musique devint silencieuse, le maître du logis se présenta. Alors le panier fut mis à terre; la femme en sortit, voilée à l'excès, et fut par son père présentée au mari, qui la reçut et la remit aux mains des servantes pour être conduite dans son appartement. Chaque homme du cortége, parent ou ami, vint à tour de rôle offrir son cadeau à l'époux qui le reçut avec de grandes protestations d'amitié, accompagnées d'un grand nombre d'embrassades. Tous les présents donnés et reçus, la porte se ferma, et le cortége, musique en tête, ramena le père à sa maison. Il arrive souvent que la femme ne connaît pas celui qui doit être son maître ; mais il arrive toujours que l'époux n'a pas vu celle qui doit être la compagne de sa vie. Il la prend de confiance sur des rapports que des matrones lui ont faits de sa beauté, de sa grâce et de sa bonté. S'il est trompé, si celle qu'il a épousée a quelque défaut de conformation ou de caractère, en un mot quelque vice rédhibitoire, il en sera quitte pour la rendre au père et perdre une partie de l'argent qu'il a donné pour l'avoir.

Le mariage dont les chrétiens ont fait un sacrement, ce lien mystérieux qui, censé fait par Dieu, est indissoluble chez les catholiques, et très-rarement rompu chez les protestants, le mariage, dis-je, n'est le plus souvent chez un musulman que le résultat de son caprice et le moyen de satisfaire à une de ses fantaisies. On s'engage dans ses nœuds avec d'autant plus de légèreté qu'on est sûr de pouvoir les briser, quand la lassitude a succédé à l'amour. Sans parler des cas nombreux de divorce prévus par le Coran, quelques coups reçus par la femme, quelques injures proférées par elle, suffisent au cadi pour rompre des liens désagréables ou gênants pour l'un des conjoints. J'ai vu sur ce point des choses incroyables et qui prouvent le peu de cas que cette société corrompue fait de la pureté de la femme. J'ai vu un cadi séparer de son mari une Négresse, attachée comme servante à l'hôtel de France, pour quelques taloches qu'elle avait bien méritées. On sait cependant que, dans cette classe où la dignité personnelle n'existe pas, les coups n'ont d'importance que par le mal qu'ils font. Or, ma servante, une heure après la correction reçue, sans en garder la moindre trace, lavait, comme à l'ordinaire, les dalles de marbre et les murs de brique de mon salon. Elle paraissait enchantée. Son mari sans doute partageait sa joie, et je n'aurais pas été surpris d'apprendre que, dans la même journée, ils s'étaient remariés, chacun de leur côté.

On est précoce en Orient; l'enfance y est courte. Il n'est pas rare de voir des maris de quatorze ans et des femmes de onze. L'épouse, prise dans ces conditions, ne peut pas avoir l'espoir de rester la seule compagne de son mari. Flétrie avant l'âge par le climat et par l'hygiène qu'elle suit, elle touche à la vieillesse quand l'homme est dans la force de l'âge. Cette déchéance, que les femmes d'Europe n'acceptent jamais, est supportée par celles de l'Orient avec une résignation admirable. L'épouse âgée cède, sans luttes, le pouvoir à l'épouse jeune et pourvue des charmes qu'elle a perdus. De maîtresse souveraine elle devient, sans murmure, intendante de la maison et gouvernante des enfants.

Le Coran n'a nulle part ordonné la polygamie; il l'a seulement tolérée. C'est dans cette imprudente tolérance que réside le germe de mort qui doit emporter l'islamisme. Je répète, sans hésiter, que c'en est fait de lui si un réformateur ne vient d'une main hardie couper le membre infecté, avant que le mal ait gagné tout le corps. Si encore la polygamie procurait à l'homme le bonheur qu'elle lui fait espérer! Mais, hélas! rien de plus décevant. Les quelques agréments qu'elle donne sont cruellement expiés par les ennuis, les troubles, les malheurs, les crimes qu'elle engendre. Quelque terrible que soit la sévérité du mari, quelque indomptable que soit son énergie, quelque grande que soit son impartialité, il ne préviendra jamais et ne réprimera que difficilement les querelles que l'amour-propre froissé, l'intérêt et la passion, feront naître entre les favorites de la veille et celles du lendemain. Les enfants nés de différents lits prendront toujours fait et cause pour leur mère, et leur intervention accroîtra la gravité de ces dissensions domestiques. Dieu seul connaît le nombre des drames sinistres qui se déroulent sous ces toits où vivent des personnes dont les passions sont si ardentes et les intérêts si opposés. Que d'enfants morts avant de naître! que d'autres dont les jours sont livrés aux barbares exigences d'une impitoyable marâtre! Que de femmes sacrifiées à l'orgueil d'une rivale ou à l'avidité d'enfants issus de plus anciens mariages! Par bonheur le seuil d'une maison est sacré en terre musulmane. Si la police avait le droit d'y mettre le pied, elle serait épouvantée des scènes horribles qui, chaque jour, se passent dans les plus humbles chaumières, comme dans les plus splendides palais.

Tout moraliste doit détester la polygamie, non-seulement à cause des désordres et des crimes qu'elle engendre, mais surtout parce qu'elle a la triste propriété d'avilir la femme et d'énerver l'homme. L'habitude de se livrer en commun et au milieu des lumières à des actes qui exigent la solitude et les ténèbres fait perdre aux deux sexes tout sentiment de pudeur et toute idée de dignité. Au lieu d'une compagne donnée par Dieu à l'homme pour le soutenir dans l'épreuve et l'aider à supporter le fardeau de la vie, la femme n'est plus qu'un instrument de plaisirs qu'il ne reste plus qu'à briser quand il est devenu inutile. De son côté, elle n'a que du mépris pour un être qui, lui devant la vie, paye par une noire ingratitude le plus grand de tous les bienfaits. Aussi évite-t-elle souvent tout commerce avec lui, et la méfiance et les récriminations viennent-elles troubler cette harmonie du ménage indispensable au bonheur.

A Tunis, le jour est consacré aux affaires et aux distractions de la rue. Après le coucher du soleil, la nuit venue, un indigène n'a plus le droit de franchir le seuil de sa maison. Le chrétien seul peut descendre dans la rue; le musulman, trouvé par la patrouille, serait pris et jeté en prison. Enfermé donc chez lui par les mœurs et par la loi, il ne peut trouver que dans son harem les plaisirs dont il est si avide, et c'est au kif, ou, si vous aimez mieux, à l'orgie qu'il va les demander.

On appelle kif une sorte de tabac à fumer fait avec des feuilles de chanvre. Ce tabac a la propriété d'engourdir comme l'opium, et de faire naître des rêves voluptueux comme le hachich. On a donné par corruption à ces fêtes nocturnes le nom de l'objet qui y joue le principal rôle; ce sont en général les jours de fête qui sont choisis de préférence. Toutes les femmes, vêtues de leurs costumes les plus riches et les moins convenables, parées de bijoux en or et en argent, étincelantes de diamants, se réunissent dans une vaste pièce, toute pavée de coussins et d'oreillers. On a eu soin de répandre sur le sol de la poudre de henné, dont la vertu aphrodisiaque est extrême. On fume le kif dans de grands narguilhés; on mange des gâteaux, des fruits ou des sorbets; on rit et on chante, si on ne fait pire; on boit de l'opium, du vin, de l'eau-de-vie, jusqu'à ce que l'on tombe ivre mort, l'un sur l'autre. Les eunuques et les servantes, qui suivent d'une pièce voisine les phases de l'orgie, arrivent alors, emportent chacun dans son lit, éteignent les bougies, et préparent les choses pour qu'on puisse recommencer cette belle vie le lendemain.

Le plus souvent le kif se fait hors du ménage; ce sont alors les almées ou étéraï qui remplacent les femmes de la maison. Presque tous les jeunes musulmans riches ont une villa dans la campagne de Tunis qui ne sert pas à autre chose. Quelques-uns, moins scrupuleux, ne craignent pas de profaner le toit domestique, et les femmes, reléguées dans le harem, ignorent ou feignent d'ignorer les scènes immorales qui se passent à côté d'elles et sous leur toit.

En Europe, nous invitons nos amis à un dîner, à un bal, à un concert, à une partie de jeux. A Tunis, on ne connaît que le kif. Si vous désirez faire une politesse à trois ou quatre amis, vous les réunissez le soir. Les pipes abondent et les rafraîchissements. A un moment donné entrent les almées, toujours en nombre égal à celui des convives. Elles commencent par boire et fumer, pour se mettre à l'unisson des hommes. Une fois exaltées, elles content des histoires scandaleuses, et chantent des chansons érotiques en s'accompagnant du tambour de basque. Elles finissent par la danse. Peu à peu, au moyen de contorsions, sans être aidées de leurs mains, elles se trouvent dépouillées de tout vêtement; elles continuent cependant à s'agiter, et, quand elles sont surexcitées outre mesure, écumantes et domptées par la lassitude, elles se jettent au cou d'un des convives qui devient aussitôt leur proie. Chaque almée est censée choisir celui vers qui son goût l'a portée. Le maître de la maison règle d'avance tout ce qui doit être fait; et c'est le personnage le plus important de la réunion, celui auquel on désire faire honneur, qui voit la plus belle et la plus habile des danseuses se passionner pour lui.

A Tunis du reste, comme à Athènes et à Rome, ce métier n'a rien de déshonorant, s'il est fait avec tact et si l'on évite tout commerce avec les chrétiens. Les almées musulmanes, comme les almées juives, une fois enrichies, trouvent facilement des époux et sont bien accueillies des familles auxquelles leur fortune apporte le bien-être et trop souvent la considération.

Telles sont les habitudes du plus grand nombre; mais la vérité m'oblige à dire que, à côté de ces représentants du passé, existe un parti considérable et puissant, qui, tout en restant strictement attaché aux principes de sa religion, travaille à la régénération du peuple, et cherche courageusement à faire cesser des abus que le Coran ne tolère pas, mais qu'il n'a pas assez sévèrement condamnés. Ce parti, qui est celui de l'avenir, dont le général Kérédine est le chef, et qui domine dans le divan du Bardo, est monogame. La femme que ces hommes ont choisie pour la compagne de leur vie, et dont Dieu a fait la mère de leurs enfants, règne en maîtresse souveraine dans l'intérieur de la maison. Comme elle est plus douce, plus soumise, plus attentive à plaire et non moins belle, non moins sagace et non moins ferme dans ses volontés que la femme d'Europe, elle acquiert sur son mari une influence immense. Celui-ci, qui n'est distrait ni par les affaires, ni par les plaisirs qu'on trouve en si grand nombre dans notre société, loin du foyer domestique, subit complétement l'ascendant qu'exerce sur le cœur de l'homme une femme jeune, belle et aimée. Aussi n'y a-t-il nulle part de meilleurs ménages que parmi les musulmans éclairés. Ce parti, qui a le prestige de la vertu, de la puissance et de la fortune, voit chaque jour augmenter le nombre de ses adhérents. Nul doute qu'il ne finisse par dominer et soumettre à ses principes la société tout entière. Quand ce jour sera arrivé, les scènes ignobles que j'ai été obligé de rapporter, parce qu'elles ont encore lieu chaque jour, ne se passeront plus que dans les rangs infimes de la société, ou chez des hommes déclassés, et la polygamie disparaîtra des mœurs des musulmans comme elle a disparu de celles des juifs. Quoique Salomon ait eu plus de femmes que Mahomet, il n'y a, sur aucun point du monde, d'israélite honnête et convaincu qui crût pouvoir garder plusieurs femmes sous son toit, sans outrager en même temps la morale et la religion; avant un siècle, il en sera de même chez les musulmans. Le bey de Tunis et le sultan de Constantinople n'ont aujourd'hui qu'une femme dans leur harem désert. Tout grand seigneur qui épouse une princesse de sang royal renonce par ce fait au droit d'avoir d'autres femmes ou des concubines. L'exemple part de trop haut pour qu'il ne soit pas suivi des classes moyennes et du peuple. Du reste, toutes les sociétés, à l'origine, ont été polygames. La monogamie est le premier sacrifice, plus apparent que réel, comme je l'ai dit déjà, que la civilisation exige de l'homme; et si les mahométans n'étaient pas décidés à le faire, il faudrait les chasser des magnifiques pays qu'ils habitent, et les refouler dans les steppes de l'Asie ou dans les sables de l'Afrique. Mais ces violences seront inutiles; ils ont vu notre civilisation; ils en sont avides et jaloux; ils savent qu'ils ne la posséderont que lorsqu'ils en seront dignes. Aussi ne reculeront-ils devant aucun effort pour arriver à ce but.

CHAPITRE XVI.

Coutumes.

Pour maintenir l'ordre avec les causes de désordre qu'engendre la polygamie, le père de famille est obligé de s'armer d'une sévérité qui nous est inconnue. Aussi est-il plutôt pour les siens un chef redouté qu'un père aimé; et, pour rester dans les attributions de son rôle, en garde contre les élans de son cœur, vit-il, autant que possible, isolé des siens, dans des appartements séparés. Il mange seul, il travaille seul, il prie seul, enfin il ne se mêle que le plus rarement possible à la vie commune.

C'est la religion qui fait les hommes. L'islamisme, cent fois préférable aux sectes idolâtres qu'il a remplacées et qui lui disputent encore certaines parties de l'Afrique et de l'Asie, est destiné à faire de grandes conquêtes dans ces deux parties du monde. Il faudrait du reste être bien injuste pour ne pas reconnaître la sublimité de la morale du Coran. Nulle part, même dans la Bible, la grandeur, la bonté, la puissance, la colère, la majesté de Dieu, ne sont plus clairement ni plus magnifiquement exprimées et reconnues ; nulle part le respect, l'amour, la soumission absolue qui lui sont dus ne sont ordonnés avec plus de persévérance et plus de sévérité. On reconnaît dans Allah le Jéhovah de nos Livres saints, le Dieu unique de Jacob, de Moïse et de Daniel, le Dieu terrible qui avait armé le bras d'Abraham, le Dieu fort qui poussait et soutenait les Machabées dans les combats, le Dieu sage qui guidait la voix d'Élie, enfin le maître honoré et redouté des patriarches et des prophètes. Le fatalisme même des musulmans, si critiqué par nous, n'est pas sans analogie avec le dogme de la grâce sur lequel Calvin a établi son Église. Il est évident que, mal comprise et poussée à l'extrême, cette doctrine détruit toute activité et brise toute initiative. Bien comprise et maintenue dans de sages limites, elle inspire au fidèle une résignation sublime, un admirable détachement des choses de ce monde, et un mépris de la vie qui le pousse, à un moment donné, à des actes d'héroïsme.

On ne peut nier que l'islamisme, affaissé sur lui-même, n'ait plus cette puissance entraînante et cet attrait fascinateur qui ont rendu ses débuts si brillants et si menaçants. Mais qu'on se figure ce que serait devenu le christianisme, enfermé dans la lettre, dominé, absorbé par les prêtres romains, courbés eux-mêmes devant les verges des inquisiteurs, si la réforme n'était venue briser toutes les entraves, et, rendant à l'homme son initiative, sa liberté d'action, sa responsabilité devant Dieu, n'eût doublé son énergie, surexcité son enthousiasme, épuré ses sentiments, et enfin fait du chrétien la créature humaine la plus vaillante, la plus digne, la plus intelligente, en un mot la plus rapprochée de Dieu dans ce monde. Peut-être qu'un réformateur sorti du rang des imans, en portant le fer et le feu sur les parties malades de ce corps affaibli, mais non détruit, lui rendra non-seulement la santé, mais lui donnera sa force primitive d'attraction et d'expansion. Tel doit être le vœu de tout ami sincère de l'humanité. En effet, si l'islamisme ne conduit pas ses néophytes à la pure lumière de la vérité, il n'est pas moins vrai qu'il a arraché des populations entières à l'idolâtrie et aux sacrifices humains, et que, leur apportant une civilisation relative, il leur a donné, avec plus de bien-être, une plus juste idée de leurs droits et de leurs devoirs, et surtout une connaissance plus exacte du prix de l'honneur et de la vie d'un homme.

Revenons au père de famille musulman. Il est armé par la loi de l'autorité nécessaire pour châtier l'insubordination des enfants et l'infidélité des femmes. Il n'est pas, comme à Rome, le propre juge et le bourreau des siens; mais il trouve toujours dans le magistrat auquel il s'adresse un complice de ses projets de vengeance. Jusque dans les premières années de ce siècle, l'adultère, dans tous les pays musulmans, était puni de mort. On ne différait que sur la manière dont le châtiment était infligé. A Alger et dans le Maroc, la femme était décapitée. A Constantine, le supplice était plus barbare; la femme coupable, après avoir été promenée toute nue à travers la ville, montée à califourchon et à rebours sur un âne ridicule, était conduite sur la place de la Casbah, dont l'extrémité domine le gouffre où se perd le Rummel. Le bourreau, après avoir descendu la victime de sa monture, et lui avoir bandé les yeux, la poussait, au moyen d'un trident de fer, du côté de l'abîme. La malheureuse, s'efforçant de rester immobile, ne faisait un pas en avant que vaincue par la douleur. Souvent l'instinct de sa conservation, plus puissant que les efforts des chaouchs, la ramenait au point du départ. Cette scène ignoble offrait de singuliers attraits à ses barbares spectateurs ; leur agitation et leurs cris de joie féroce ne cessaient que lorsque, le sol se dérobant sous les pieds de la suppliciée, elle était précipitée dans le torrent qui devait lui servir de tombe. A Constantinople, elle était cousue dans un sac de cuir, comme à Rome, et jetée dans le Bosphore. A Tunis, elle était étouffée dans les boues puantes du lac de Baheirah. Les bourreaux la maintenaient sous l'eau avec des piques jusqu'au moment de la mort. Inutile de dire que ce déploiement d'atrocités ne prévenait aucun désordre. Ce n'est que le sentiment de sa dignité et l'instinct de la pudeur qui maintiennent une femme dans le devoir ; autrement le danger même qu'elle court lui sert plutôt d'aiguillon que de frein. L'exil aux îles Kerkennah, au milieu des voleurs et des prostituées, qui menace encore aujourd'hui la femme adultère à Tunis, ne diminue pas le nombre des pécheresses. Du reste, c'est la sévérité des maris qui a faibli plutôt que le libertinage des femmes. L'affaissement des caractères se fait partout sentir. On ne rencontre plus d'Othellos, même en Afrique. Le plus souvent les maris trompés, trouvant le châtiment trop terrible pour la faute, au lieu de s'adresser au bey, se chargent, au moyen d'une bastonnade bien appliquée, de venger eux-mêmes leur honneur outragé.

L'année musulmane est divisée, comme la nôtre, en douze mois. Le premier mois, nommé moharem, est le mois sacré. C'est le temps de la mansuétude, du pardon des offenses. Une expédition guerrière, entreprise à cette époque, aurait une issue malheureuse. Hossein, fils d'Ali, très-saint personnage, est mort dans ce mois, et sa fête se célèbre tous les ans avec une grande pompe. La naissance de Mahomet donne le signal des réjouissances pendant le troisième mois, qu'on appelle babi-el-ewel. Mais c'est le ramadan qui est le vrai mois des fêtes, des prières et des jeûnes. On s'abstient de tout aliment pendant le jour. Il est vrai que, la nuit venue, on se rattrape en se livrant à des festins qui dégénèrent en orgies. C'est le carnaval des musulmans. La ville, sombre d'ordinaire, est éclairée de mille fanaux. Les jongleurs et les chanteurs frappent leurs tambours de basque pour attirer et conserver la foule groupée autour d'eux. Les places et les carrefours abondent de marchands de gâteaux et de bonbons. C'est un tumulte et un vacarme effrayants. Tout le peuple est en liesse, et cela pendant trente jours consécutifs, d'une lune à l'autre. Le dernier mois, le hadja, est consacré aux pèlerinages. Après avoir prié, l'on se réunit et l'on banquette à la porte des marabouts. C'est le temps des aventures galantes, parce que c'est celui où les femmes ont la chance de sortir de leur captivité. Les campagnes sont alors sillonnées de pèlerins, allant à la Mecque, à Kairouan, ou dans quelque autre ville sainte, et de pèlerines se rendant à un marabout célèbre.

CHAPITRE XVII.

Du gouvernement.

En Afrique et surtout en Asie, le voyageur qui traverse une de ces vastes plaines, aujourd'hui muettes et dépeuplées, mais qui, autrefois encombrées d'hommes et chargées de moissons, faisaient l'ornement et la richesse de ces grands empires dont l'histoire nous a transmis les splendeurs, aperçoit quelquefois dans le lointain, tout à l'horizon, une ville entière s'élevant des flancs d'une colline. Dômes, minarets, tourelles, remparts, jusqu'aux palmiers des jardins, rien ne manque. A la pensée de jouir de toutes ces merveilles, il presse le pas; mais, à mesure qu'il avance, les murs de cette ville fantastique disparaissent comme des nuages agglomérés qu'a frappés un coup de vent. Arrivé au but, au lieu d'une capitale, il ne trouve que quelques cabanes de chevriers adossées à des ruines. Ce phénomène qui grossit et crée des objets s'appelle le mirage. L'Europe a été, pendant des siècles, à l'endroit des empires barbaresques, sous le coup d'un pareil prestige. Épouvantée de la mort de saint Louis, de la défaite de Charles-Quint et de la disparition du roi Sébastien, elle a conservé de la puissance de ces États une idée tout à fait exagérée. Ses terreurs qu'elle ne savait pas dissimuler enflaient du même coup la bourse et l'orgueil de ces barbares. C'était venu à ce point que, à Tunis, Hamouda Pacha, à la fin du siècle dernier, recevant l'envoyé de Gênes, lui disait avec insolence, dans le patois italien dont on se sert pour le commerce, qu'il fallait chez lui « *mangiare merda e scrivere bene.* » Si les représentants des souverains étaient traités de la sorte, quels égards devait-on avoir pour de simples particuliers? Malgré les menaces des consuls, leurs jours étaient constamment en péril. L'on m'a assuré que lorsque les femmes du bey allaient en promenade, un eunuque, jouant de la trompe, précédait les porteurs de chaises. Tous les chrétiens à ce bruit devaient tourner la tête contre le mur, et celui qui aurait jeté sur le cortége un regard furtif aurait été décapité sur place par les chaouchs. Tout cela a changé depuis 1830, et aujourd'hui les Européens jouissent, dans toute l'Afrique, non-seulement d'une sécurité absolue, mais encore de la suprématie qui est due à leur supériorité.

Le souverain porte le titre de bey, bacha de Tunis. Le gouvernement est absolu, dégagé même des apparences d'institutions qui existent dans les autres pays musulmans. Cela vient de ce que, autrefois, le dey, chef militaire nommé par la Porte, se plaisait à gouverner par le sabre, dédaignant envers des populations vaincues et méprisées les formes civiles et régulières. Le prince rend lui-même la justice, recrute, paye et dirige l'armée, fixe l'impôt, promulgue ou abroge les lois; tout enfin vient de lui, se fait par lui et pour lui.

Il est maître absolu de la vie, de la fortune, de l'honneur de tous ses sujets. Le premier ministre, soumis à tous ses caprices, n'a pas plus le pouvoir de s'y soustraire que le dernier des juifs. Il élève et abaisse tour à tour l'objet de son affection ou de sa haine. Il peut d'une main reprendre ce qu'il a donné de l'autre, et l'on a vu des ministres des finances disgraciés, après avoir disposé de toute la fortune de la Régence, demander l'aumône dans les rues de la capitale.

Cette exagération de pouvoir en une seule main est tellement contraire aux idées de notre siècle ; elle met une barrière si forte au développement de la richesse, de la dignité et du bonheur d'une nation, que le bey, d'après les conseils de M. Roches, renonçant à l'autorité absolue et sans bornes exercée par ses ancêtres, accorda, en 1861, une constitution politique où tous les grands principes de 89 étaient reconnus et proclamés, et dont le peuple de l'univers le plus jaloux de ses droits, le plus amoureux de son indépendance, se serait trouvé satisfait. Il n'en fut pas de même à Tunis, où elle eut la chance de déplaire à tout le monde, aux indigènes qui se méfiaient de son origine chrétienne, et aux Européens qui s'étaient accoutumés à voir dans ceux-ci des subalternes, plongés dans la servitude et indignes, par leur nature même, d'acquérir des droits et des priviléges, réservés seulement aux hommes de leur race. Aussi son apparition causa-t-elle dans ce pays d'apathie, d'indifférence, d'immobilité, assez d'émotion pour faire accourir à Tunis de tous les points de la Régence une foule d'hommes animés d'intentions malveillantes. Les émeutiers donnaient pour prétexte de leur soulèvement le départ de quelques bâtiments chargés de grains, vendus imprudemment, dans un moment de disette, à des juifs de Marseille. Mais la cause réelle de cette agitation populaire était tout simplement une protestation contre la révolution pacifique que le bey venait d'accomplir au détriment de son autorité, et au profit de la dignité et du bien-être de ses sujets. Le khaznadar, qui avait voulu haranguer les rebelles, avait été contraint de rentrer au Bardo, sans avoir pu se faire entendre. Le bey fut plus heureux; il parvint à convaincre et par la persuasion à ramener dans le devoir ces hommes, égarés par les prédications fanatiques des ulémas, mais toujours dévoués et portés par les principes de leur religion à une obéissance aveugle et à une résignation absolue.

Jusqu'en ces derniers temps, on croyait en Europe qu'un pacha n'est qu'un chef idiot et féroce, abruti par les plaisirs de son harem et toujours avide du sang de ses subalternes. Le pal et la potence servaient à la répression de la moindre faute commise. Depuis que la facilité des transports nous a permis de connaître l'Orient autrement que par les contes des écrivains voyageurs, nous voyons que jamais idée préconçue n'avait été plus fausse. J'ai vu éclater à Tunis l'insurrection de 1864; je l'ai vue agir et réprimer ensuite, et je dis hautement que le gouvernement le plus paternel d'Europe aurait pu prendre au Bardo des leçons de modération et de mansuétude. Le bey, qui n'avait cessé d'être le plus fort, avait fait saisir les plus mutins. Parmi eux se trouvait un grand nombre de soldats, jetés dans l'émeute de colère et de désespoir, parce qu'on venait de les licencier après trente ans de service, et de les renvoyer sans indemnité dans leurs tribus, d'où leur famille avait disparu, et où la misère les attendait infailliblement, parce que le maniement des armes, après un si grand laps de temps, les avait déshabitués des travaux des champs, et qu'ils étaient trop âgés pour pouvoir les reprendre. Le bey, après avoir reproché à ces hommes, chargés naguère de la police de ses États, de s'être mêlés aux perturbateurs de l'ordre public, reconnut ensuite l'ingratitude de ses ministres envers de vieux serviteurs, et, pardonnant à ces derniers une faute qu'il affecta d'attribuer à un moment d'égarement, au lieu de les frapper quand ils étaient à sa merci, il les exonéra très-généreusement, pendant toute leur vie, de la capitation, impôt très-lourd qui pèse sur tous les habitants de la Régence.

Ces événements se passaient en novembre 1861. Après trois ans d'incubation, la même cause a produit des résultats encore plus déplorables. Les anciens émeutiers, rentrés dans leurs douars, sur les excitations de leurs marabouts en sont sortis de nouveau et ont repris les armes, plus nombreux et plus menaçants qu'au premier soulèvement. Ils ont demandé l'abrogation de la nouvelle constitution, dont ils ne comprennent pas les sages et libérales dispositions, et à laquelle ils attribuent des maux qu'elle n'a pu faire cesser. Les ministres qui l'avaient laissé octroyer sont devenus l'objet de leur animadversion. Les rebelles ont exigé qu'ils fussent exclus des conseils de leur souverain. Celui-ci, toujours bon, a préféré compromettre l'existence même de sa dynastie que de sacrifier à des clameurs sans cause et à des haines injustes des hommes dont il avait apprécié le mérite et le dévouement ; mais, quand il s'est agi d'éviter un sanglant conflit entre les habitants d'une même patrie, il a été beaucoup plus conciliant ; au lieu de soldats, il a envoyé des parlementaires dans le camp des insurgés. Pendant que les négociations se poursuivaient, l'effervescence populaire se calmait, et la réflexion succédait à la passion. L'Arabe est turbulent et emporté, mais subtil et judicieux. Le bey a fait comprendre facilement aux chefs qu'une servitude chrétienne, en cas de triomphe des tribus, serait la conséquence fatale de cette guerre fratricide ; que Tunis, tombée entre les mains des rebelles, serait délivrée par une puissance chrétienne, qui, intervenant dans la lutte sous prétexte de protéger ses nationaux, ne voudrait plus lâcher sa proie et gouvernerait en souveraine, comme la France à Alger. Il leur a appris qu'il y avait à leur porte, dans le gouvernement de l'Algérie, un parti nombreux qui poussait à l'annexion de la Tunisie, afin que la France possédât, en Afrique, toute l'ancienne colonie de Rome, et que ce parti n'attendait qu'une occasion favorable à l'exécution de ses sinistres projets ; que, de son côté, Victor-Emmanuel, depuis qu'il était maître des côtes de Sicile, jetait un regard d'envie sur les plaines de la Régence ; qu'il désirait que son royaume, assez fort désormais pour figurer parmi les grandes puissances, eût des colonies comme la France et l'Angleterre, et qu'il ne laisserait pas échapper l'occasion de faire de Tunis une Algérie italienne.

Ces raisons, excellentes du reste, ont calmé l'effervescence des émeutiers, bien mieux que n'auraient pu faire des coups de canon; les chefs, comprenant toute l'imprudence et même toute l'indignité de leur conduite, sont restés à une distance respectueuse de la capitale, évitant tout conflit avec les troupes du bey. Enfin, las et honteux de leur triste rôle, ils n'ont demandé, pour rentrer sous leurs tentes et dans leurs tribus, que l'assurance de l'impunité de leurs fautes. Mohammed-el-Sadak a promis de jeter un voile sur le passé, d'oublier jusqu'au souvenir de ce temps malheureux, et de ne voir encore à l'avenir que des enfants dans tous ses sujets. Comme on sait que le bey est esclave de sa parole et que la violence répugne à son angélique bonté, l'ordre a été rétabli après quelques échauffourées insignifiantes, et d'une manière aussi satisfaisante pour l'amour-propre du prince que pour la sécurité des rebelles. Le khaznadar a conservé la direction des affaires, et le chef de l'insurrection, prévoyant un abandon des siens et tremblant pour sa vie, a accepté avec reconnaissance l'arrêt indulgent, qui ne punissait que de l'exil la plus grave de toutes les fautes.

Il en est d'une vieille société comme d'une vieille maison; quand, pour la restaurer, on y porte le marteau, il arrive souvent que l'édifice s'écroule tout entier, et qu'il faut, sous peine de rester sous les ruines, le rebâtir à nouveau. Toutes les coutumes d'un peuple, ses mœurs, ses lois, ses abus même, ont une raison d'être; et l'on ne peut faire aucun changement sans porter atteinte à sa religion, sans blesser la morale qu'il s'est faite, ou sans déranger ses habitudes. C'est pourquoi le rôle des princes novateurs est si dangereux. Tout souverain qui, dominé par les circonstances ou entraîné par son bon cœur, entre dans cette voie périlleuse, risque fort, s'il n'a pour lui l'audace, la fermeté, la persévérance, le bon sens, enfin toutes les qualités qui sont l'attribut du génie, de périr en route, emporté par la tempête qu'il aura provoquée.

Je crois inutile d'analyser ici la constitution de 1861. Qu'il suffise de savoir que la justice enlevée au bey, au caïd et au scheick, c'est-à-dire à un seul homme plus sujet à l'erreur, plus accessible à la crainte et à la corruption, était remise à des juges régulièrement nommés, recevant des salaires assez importants pour être indépendants et honnêtes, groupés en corps, et formant plusieurs degrés de juridiction. Enfin des tribunaux étaient formés, pareils aux nôtres et donnant les mêmes garanties. Le pouvoir, qui était auparavant tout entier dans les mains du souverain, était partagé entre lui et le peuple, qui choisissait parmi ses pareils les hommes les plus capables d'exercer ces hautes et délicates fonctions. Un conseil d'État élaborait et promulguait les lois. Le sentiment de l'honneur, si affaibli sous l'influence du despotisme, était relevé aussi haut que possible, puisqu'il était considéré comme le premier des biens, et censé plus cher que la vie au cœur de l'homme. Aussi les peines corporelles qui dégradent étaient-elles rayées du code tunisien, où elles jouaient auparavant un si grand rôle.

C'est à tort que l'on a considéré cette constitution comme une ingénieuse et magnifique utopie, tout à fait impropre au génie du peuple auquel elle était destinée ; elle était seulement trop libérale. Le prince, suivant trop impérieusement les élans de son cœur, n'a eu que le tort de distribuer ses bienfaits avec trop de profusion. Les réformes qu'il proposait et qui auraient été accueillies avec des transports d'enthousiasme par des hommes à moitié libres n'ont excité que la méfiance de gens plongés encore dans la servitude; et l'existence éphémère de ce nouveau code n'a pas pu résister à l'insurrection de 1864. En effet le prince qui l'avait octroyé, devant ce déchaînement de l'opinion publique, s'est cru obligé, sinon de le retirer, au moins d'en suspendre les effets. Ç'a été un malheur et une faute. Une bonne loi peut être meilleure pour tel peuple que pour tel autre; mais elle ne peut pas être bonne pour l'un et mauvaise pour l'autre. Les résultats utiles qu'elle doit produire, pour être tardifs, n'en sont pas moins certains. Quiconque voudra se faire une idée de l'esprit de justice, de la largeur de vues, du désintéressement et de la loyauté de Mohammed-el-Sadak, n'a qu'à lire cette charte fameuse qui figure dans les notes placées à la fin de ce volume. La gloire éternelle du bey est d'avoir mis son nom au bas des magnifiques doctrines contenues dans ces belles pages, et c'est à désespérer de l'humanité, si de pareils bienfaits n'éveillent dans le cœur de ceux qui les reçoivent, au lieu de la reconnaissance et de l'amour, que de la haine et de la colère. Il est vrai que le bey, vainqueur chaque fois de l'émeute par le prestige de la bonté et de la puissance, a ramené des sujets égarés à la raison et au devoir; mais il n'est pas moins vrai que sa généreuse initiative a fait naître un orage dans lequel a failli s'abîmer un des gouvernements les plus anciens du monde, et qui paraissait établi sur les bases les plus solides.

Ce sont les cœurs les plus généreux qui sont les plus sensibles aux mauvais procédés des ingrats. La leçon a été trop cruelle pour n'avoir pas produit une vive et durable impression sur l'esprit de ceux qui l'ont reçue. Mohammed-el-Sadak, rendu plus circonspect à l'avenir, laissera le char de l'État rouler plus lentement, mais plus sûrement, dans les vieilles ornières tracées par la routine et par le fanatisme. Le régime du bon plaisir, si fort apprécié des Tunisiens, ne paraîtra que plus agréable au maître. Nul doute qu'il ne fleurisse sur les débris de la constitution avec plus d'éclat que jamais. Mais que ces bonnes gens ne s'en prennent qu'à eux si leurs têtes ne sont pas plus solides sur leurs épaules, ni leurs écus plus en sûreté dans leur bourse !

Déjà, pour leur prouver que l'on était bien décidé à revenir aux anciens errements, des chefs arabes, qui étaient restés obstinément sous les armes et menaçants, après l'édit de pacification, ont été condamnés à recevoir mille coups de bâton ; et tous ces malheureux sont morts avant la fin de leur supplice. Il est possible que ce sanglant retour vers les barbares usages du passé ait été vu de bon œil à Tunis ; mais par contre il a ému et épouvanté l'Europe. Que l'on sache bien à Tunis que la mesure violente, par laquelle on a doublé tout d'un coup des impôts déjà trop lourds, n'a pas moins contribué que la nouvelle législation au mécontentement qui a enfanté la révolution de 1864 ; que l'on n'oublie pas non plus que ce qui doit être durable ne se fait qu'avec peine, et que tout enfantement cause des douleurs. Espérons donc que la constitution n'est que suspendue et non détruite, et que Mohammed-el-Sadak, qui a eu la gloire de la promulguer, aura le bonheur de l'imposer encore à ses sujets, qui, revenus de leurs erreurs et de leurs préjugés, accueilleront avec des sentiments de gratitude et de reconnaissance les plus grands bienfaits que des hommes civilisés puissent recevoir d'un prince éclairé.

L'opinion publique, en Europe, a été vivement préoccupée des derniers événements de Tunis ; mais l'émotion a été plus vive encore à Constantinople qu'à Paris. Le sultan, usant de l'influence immense que, comme successeur de Mahomet et son représentant sur la terre, il exerce sur tous les fidèles, est intervenu dans la lutte, mais d'une façon toute loyale et désintéressée, non point pour agrandir une autorité qui suffit à sa dignité, mais pour prévenir l'effusion du sang entre des hommes qui lui sont également chers. Le khaznadar, qui connaissait la pureté de ses intentions, a accueilli favorablement Haïder Effendi, envoyé par son divan à Tunis ; et l'étendard vert de Turquie a flotté dans le port de la Goulette comme au temps de la domination des deys. Qu'y avait-il, au fond, de plus simple ? Si le sultan, satisfait de la fidélité du bey, ne voulait rien changer à l'ordre de choses établi, il voulait encore moins qu'une puissance étrangère, sous prétexte d'une intervention amicale, profitât de ces fâcheux événements, et que, acceptée comme protectrice, elle se crût, après le service rendu, être en droit de parler et d'agir en maîtresse. Personne mieux que lui, ou plutôt personne autre que lui, n'avait le droit de suivre les phases de la révolution, et d'aider le prince à la vaincre et à la réduire à l'impuissance. Cependant des esprits inquiets et méfiants ont vu, dans cette démarche dictée par la prudence et le bon sens, des projets machiavéliques. Ils ont prêté au sultan la coupable pensée de vouloir chasser les Hossein de Tunis, comme autrefois les Karamanli de Tripoli, et de transformer un beylik indépendant en une province turque gouvernée par un pacha. Ce qui donnait de la consistance à ces chimériques soupçons, c'est que la révolution, faite dans un but religieux, était favorable aux Turcs, jadis persécutés par les beys. Le vieux parti musulman, celui qui dominait dans l'insurrection, croyait protester avec plus d'énergie contre les innovations impies introduites dans la constitution de 1861, en prononçant le nom d'Abdul-Azis, le souverain pontife de l'islamisme. La meilleure preuve de la bonne foi de la Porte, c'est qu'au lieu de faire tourner ces sentiments à son profit, en les surexcitant, elle a mis tous ses efforts à les combattre, à calmer l'effervescence des esprits et à ramener les rebelles sous l'autorité de leur souverain légitime. La conduite d'Haïder Effendi a été constamment loyale et énergique, conforme enfin à la politique du grand empire qu'il représentait.

On l'a si bien compris à Tunis, que le général Kérédine est allé, à travers les batteries tout en feu d'un vaisseau de guerre, qui voulait s'opposer à son départ, à Constantinople, exprimer au sultan les sentiments de gratitude dont son maître est animé. Nul doute que ces événements ne rendent plus solides les liens qui unissent Tunis à la sublime Porte, et qui, jusqu'à ce jour, ont résisté aux coups d'État les plus tragiques et aux révolutions les plus radicales. C'est qu'aux yeux des vrais croyants (et qui ne l'est pas dans ce pays?) le sultan est et sera toujours le successeur des califes, et, à ce titre, le prince proclamé et reconnu par le Coran, le grand chef religieux qui de Stamboul règne, par l'esprit du moins, sur tous les sectateurs du prophète, quel que soit le coin de terre où la main de Dieu les a établis.

Les beys, redoutant l'esprit turbulent, inquiet et dominateur des janissaires, après s'être servis d'eux pour renverser les deys, ont brisé sans pitié les dangereux instruments de leur élévation. Faisant appel aux haines de race, les plus enracinées dans le cœur de l'homme et les plus implacables, ils ont ameuté contre ces vieux serviteurs des tourbes de Kabyles et de Bédouins, en si grand nombre que ces malheureux ont été sinon anéantis, du moins très-amoindris et réduits à l'impuissance. Les rois de France, obéissant aux mêmes sentiments, se sont servis des ligueurs pour exterminer les protestants, et du bas peuple pour ruiner et énerver la noblesse. Les rois de France ont réussi tout aussi bien que les beys de Tunis, et le trône, resté debout sur les ruines de l'aristocratie, a été plus élevé et a paru même un instant plus solide. Mais cet instant a été court. Les petites gens sont versatiles, envieux, emportés et cruels. Lorsque les mauvais jours sont venus, ils se sont lâchement tournés contre leurs souverains qui cependant, en récompense des services rendus, les avaient émancipés; et ceux-ci, privés de l'appui des nobles rendus par eux impuissants, ont été emportés par la tempête. A Tunis, on a reconnu de même que, si les janissaires étaient parfois de dangereux amis, ils étaient aussi le plus souvent d'utiles auxiliaires, et que leur énergie, leur intrépidité et leur bon sens était le meilleur rempart contre l'esprit frondeur, versatile et destructeur des Arabes. Aussi suis-je convaincu que les rapports établis entre le divan de Stamboul et celui du Bardo seront excellents à l'avenir; que l'on se contentera de part et d'autre de la situation honorable que les événements ont faite, et que la diplomatie a reconnue; que l'on ne recherchera plus un agrandissement de pouvoir qui ne pourrait survenir qu'à la suite d'un coup de main, entaché de violence et de perfidie; enfin que le désintéressement et la loyauté succéderont à ces habitudes de méfiance et de ruse qui faisaient autrefois le fond de la politique de tous les gouvernements du monde et surtout des gouvernements orientaux.

CHAPITRE XVIII.

Du bey et de ses ministres.

Le bey régnant, Sidi Mohammed-el-Sadak, est un homme de quarante-six ans environ, de taille moyenne, ayant une chevelure abondante, très-noire, mais qui grisonne. Il est gros et un peu lourd ; il porte toute la barbe ; ses traits sont un peu forts, mais il a des yeux charmants, remplis d'une expression douce et méditative. Enfin, l'ensemble de sa personne, qui trahit un peu de fatigue et de mélancolie, offre un aspect majestueux ; on devine aisément un souverain. A une grande intelligence et à une aptitude extrême pour les affaires il joint un esprit de suite et une énergie incomparables ; il a dans la révolution fait preuve d'un sang-froid et d'un courage admirables, sans que son excessive bonté se soit démentie un seul instant. C'est un des signes du temps que de voir les princes ottomans, autrefois célèbres par leur férocité, devenus d'une douceur évangélique. Ce sont des éperviers changés en colombes. M. de Lamartine voyait dans Abdul Medjid l'ange de la bonté. En effet, ce prince clément n'a jamais voulu signer une condamnation à mort, pas même celle des misérables qui avaient osé attenter à sa noble vie. Mohammed-el-Sadak a presque autant que lui l'horreur du sang. Comme lui, il est éclairé et exempt de fanatisme. Homme de tact et de cœur, il a conçu pour l'Empereur Napoléon III un dévouement et un attachement sans bornes; et lorsque ce prince, quittant la France, est allé visiter son royaume d'Afrique, le bey, faisant céder les règles de l'étiquette à l'entraînement de son cœur, est allé, à la tête des princes de sa famille et des dignitaires de sa cour, à Alger grossir le nombre des chefs indigènes qui venaient saluer leur maître, et, comme eux, l'assurer de l'attachement qu'il avait voué à sa dynastie, et de l'admiration que lui inspiraient son courage, sa bonté et surtout son génie. L'arrivée de Paris d'un beau portrait de l'Empereur, présent de ce monarque, fut la cause d'une très-vive émotion au Bardo. Malgré les scrupules de son entourage et les clameurs des imans voyant dans le portrait d'un homme un acte d'idolâtrie et une infraction aux préceptes du Coran, qui défend de reproduire des traits que Dieu seul a le pouvoir d'animer de la vie et de la pensée, non-seulement il fit mettre le cadeau reçu dans le salon d'honneur du palais, mais il fit faire par M. Moynier, peintre français d'un vrai mérite établi à Tunis, son propre portrait dans les mêmes dimensions et dans le même style, et le plaça en pendant sur le même panneau, comme pour avoir constamment devant les yeux un visage aimé et redouté.

Dans ce pays de préjugés et de routine, où le Coran, le seul livre qu'il soit permis de lire, sert non-seulement de code civil, mais de règle de foi et de conduite, la moindre innovation, accueillie toujours avec méfiance par des gens passionnés, peut faire naître de fâcheux événements. Qui croirait que le désir, exprimé par le bey d'assister au bal donné en 1861 par le consul de France au prince Napoléon, causa chez les imans et, grâce à eux, chez tout le peuple une émotion extraordinaire? Un bey assister à une fête chrétienne, mêlé à des gens de toutes conditions et de tous cultes, et à des femmes qui non-seulement n'étaient pas voilées, mais décolletées ! On n'avait jamais commis pareille impiété, ni vu pareil scandale. A quoi servait-il donc de lire et de commenter les Livres saints? Mohammed-el-Sadak, insensible à toutes les menaces et à toutes les malédictions, fit répondre à la gent dévote qu'il ne reviendrait pas sur une décision prise après de mûres réflexions; qu'il était bien décidé à sortir de l'ornière où s'étaient traînés ses prédécesseurs, et à ne plus subir le joug que, sous prétexte de piété, certaines gens imposaient au chef de la nation; que, par égard pour de vieilles coutumes, il se bornait, pour cette fois, à aller au consulat de France, mais qu'à la première occasion il ferait danser les infidèles dans une des salles du Bardo. Faire faire son portrait, aller au bal, rien ne semble plus simple et plus naturel à Paris; à Tunis, c'est de la part du prince un acte de fermeté et d'audace.

J'ai eu l'honneur d'être présenté au Bardo le 8 novembre 1861 par M. Rousseau, qui faisait les fonctions de consul pendant l'absence de M. Roches. Le bey a daigné me faire asseoir (les gens de sa maison étaient debout); il m'a interrogé sur le résultat de mes explorations à Carthage, et m'a donné quelques excellents conseils pour conduire des fouilles projetées. Son grand bon sens et sa rare bonté éclatent dans ses paroles et dans son regard. Il ne parle pas français, et je parle trop médiocrement l'italien pour être à même de poursuivre avec le prince une longue conversation. C'est M. Rousseau, à qui l'arabe est familier, qui a bien voulu nous servir d'intermédiaire.

Le bey avait à côté de lui sidi Mustapha, appelé le khaznadar, autrement dit le trésorier. C'est l'homme important de la Régence. Au ministère des finances il réunit dans ses mains ceux de l'intérieur et du commerce. L'Orient est le pays de l'imprévu et du merveilleux. Rien de plus extraordinaire et de plus dramatique que la vie du premier ministre. Pris enfant par des corsaires sur les côtes de Grèce, né de parents chrétiens et dans une condition élevée, il échut au souverain, lors du partage du butin. Élevé dans le sérail, il s'est fait remarquer, par sa grâce et son intelligence, d'Ahmed-Bey qui, du jeune esclave ayant fait son ami, lui fit franchir avec une rapidité excessive tous les degrés qui séparent ce poste infime de celui de khaznadar. Si les élévations sont souvent rapides et sans cause, de même les chutes sont imprévues et imméritées. Il est rare que le favori d'un bey ne disparaisse pas avec son maître. Le khaznadar, par un prodige d'habileté, a su conserver sous trois princes différents cet emploi si éminent et dès lors si envié. Son autorité n'a même fait que s'accroître à chaque changement de règne, et il est plus puissant sous le maître actuel qu'il n'a jamais été. A ce propos, je dirai que je n'ai rien vu de plus touchant que l'affection que Mohammed-el-Sadak porte à son premier ministre, et qui se trahit dans tous ses actes et dans tous ses mouvements. Non-seulement il ne prendrait pas une décision sans l'avoir consulté ; mais il ne l'appelle que son fils, quoiqu'il soit de son âge, et ne le perd pas de vue un instant. Il lui a donné une de ses sœurs pour femme, et lui a permis de faire une grande fortune.

Après le khaznadar vient le général Kérédine, qui était ministre de la marine à mon passage à Tunis; mais, depuis cette époque, ayant remis son portefeuille au bey, il a cessé d'être son conseiller officiel, sans rien perdre de la grande importance qu'il doit à son haut mérite et à son caractère chevaleresque. L'histoire du général se rapproche de celle du khaznadar. Né en Circassie, pris tout enfant par des corsaires et vendu comme Joseph, il a dû sa liberté et sa fortune à Ahmed-Bey. Le général Kérédine, âgé de quarante ans à peine, grand, bien fait, robuste, doué d'une belle figure, est un des hommes les plus remarquables que j'aie vus en Orient. Envoyé à Paris à la poursuite de Ben-Aiad sans connaître un mot de français, il est reparti, après un séjour de trois mois, parlant notre langue comme un Parisien. A une capacité hors ligne il joint une bonté extrême et une obligeance à toute épreuve. Il vient d'épouser la fille du khaznadar. Cette union, qui ne peut que resserrer les liens qui rapprochent ces deux personnages, aura l'influence la plus heureuse sur l'avenir de la Tunisie. Jamais du reste deux hommes d'État ne se sont mieux complétés l'un par l'autre. Si le général a de l'initiative, de l'audace, une profonde connaissance des affaires d'Europe, et, comme sectateur fervent de l'Islam, une influence immense sur l'esprit des masses, de son côté le khaznadar a de la souplesse, de la finesse, une perspicacité qui depuis trente-cinq ans ne s'est jamais trouvée en défaut, enfin un désintéressement et une loyauté d'autant plus remarquables qu'ils ont été plus rares chez les hommes investis avant lui de ses fonctions. Du jour où ces deux hommes auront mis toutes leurs qualités en faisceau, on pourra tenter toutes les réformes, sans craindre de nouveaux déchirements intérieurs.

A ces deux individualités, les plus grandes et les plus remarquables du royaume, il faut joindre l'aga, Mohammed Khaznadar, commandant général des troupes et ministre de la guerre, et le ministre des affaires étrangères, qui a succédé à M. le comte Raffo. Ce dernier, fils d'un horloger génois, est né à Tunis. Entré dans la maison du bey et resté longtemps dans un poste subalterne, il a été fait ministre d'État par l'influence d'une sœur devenue l'épouse d'un prince hosseinite. Arrivé au pouvoir par un hasard heureux, il s'y est maintenu par une grande activité d'esprit et une remarquable aptitude aux affaires; comme la plupart des Italiens, il aimait peut-être un peu trop le bruit et la pompe; mais ces petits défauts étaient largement rachetés par une grande affabilité de manières et par un grand zèle à soutenir les intérêts de son maître. Prodigue de croix avec les ministres des diverses cours d'Europe, il a été payé de la même monnaie, de sorte qu'il y avait peu de personnages dont la poitrine fût aussi chamarrée et chargée d'ordres que la sienne. Resté chrétien et dès lors sujet sarde, il a été fait comte par Charles-Albert après quelques services rendus à des compatriotes. Le magnifique Ahmed-Bey, en lui faisant présent des deux madragues établies pour la pêche du thon, l'avait mis à même de se procurer l'argent nécessaire pour soutenir son nouveau rang de gentilhomme. Les princes d'Orient, maîtres uniques de la richesse publique, n'ont qu'une idée incomplète de la valeur de l'argent. Aussi gaspillent-ils avec une facilité incroyable des trésors qui leur paraissent inépuisables. Ils l'étaient en effet autrefois, attendu que, en envoyant le cordon à la personne qui avait été l'objet de libéralités excessives et dont on se repentait, on rentrait à l'instant dans des présents souvent grossis par l'épargne. Il n'en est plus de même aujourd'hui. Un ministre, pour être condamné à mort, doit être réellement coupable. Le comte Raffo, quoique tombé en disgrâce à la fin de sa vie, a touché constamment et a pu transmettre à son fils les deux cent mille francs de revenus que valent ces madragues, données étourdiment dans un moment d'abandon et de joyeuse humeur.

Quand j'étais en Afrique, M. Raffo vivait noblement dans sa belle villa de la Marsa et dans son hôtel de Tunis des libéralités de ses maîtres. Je l'ai vu pour la première fois à l'enterrement du fils de M. de Taverne. C'était un homme qui m'a semblé âgé de 70 ans. Il avait les cheveux très-blancs, assez épais et plats; sa moustache abondante et taillée en brosse lui donnait un aspect guerrier; il avait un faux air de ressemblance avec le maréchal Pélissier, que je venais de voir à Alger. Comme lui, il avait le teint coloré, l'œil vif, et, quoique un peu voûté, la démarche alerte et ferme. Sa charpente osseuse et robuste semblait avoir été épargnée par les années; je le croyais destiné à vivre longtemps encore; la Providence en avait décidé autrement. Il est mort six mois après mon départ de Tunis.

Au même rang que les ministres se trouve le doulatli, autrement dit le dey. Il doit être Turc de nation, et représente le sultan. Il siége au divan parmi les ministres, et, comme eux, il a le titre d'Excellence. Au siècle dernier encore, son pouvoir, en apparence du moins, égalait celui du bey; à la cérémonie du baisemain (1), il avait un siége à la gauche du prince,

---

(1) Le docteur Frank, qui a assisté à cette antique cérémonie sous Hamouda-Pacha, en donne les détails suivants qui sont pleins d'intérêt et font parfaitement connaître les mœurs et les habitudes de la Régence, il y a un demi-siècle :

« A l'époque du grand et du petit Beyram, les consuls et les négociants européens vont, les uns par devoir, les autres par convenance, visiter et féliciter le bey. Ils obtiennent alors de ce prince la faveur insigne de lui baiser la main, cérémonial auquel j'ai voulu assister deux fois, afin de pouvoir en bien connaître toutes les particularités. Je me suis donc rendu à l'endroit désigné à cet effet, et là je trouvai, groupés dans un coin du pattio, tous les consuls, en grand uniforme, entourés de plusieurs Européens qui attendaient patiemment l'heureux instant du baisement de main.

« Les consuls défilèrent l'un après l'autre devant le souverain avec les négociants de leur nation, et baisant la main présentée, à peu près comme les dévots qui à la messe vont baiser la patène, en se présentant à l'offrande, et les surpassant encore par leur air d'humilité et de componction...

« Lorsque la cérémonie du baisement de main est terminée, une musique turque très-bruyante se fait entendre, et, pendant sa barbare exécution, la fête se termine par un singulier spectacle. Deux hommes, qui n'ont d'autres vêtements qu'une culotte de peau, et dont la partie supérieure du corps est entièrement nue et frottée d'huile, se présentent devant le bey, et, après une profonde salutation, luttent ensemble en sa présence, jusqu'à ce que la supériorité de la force et de l'adresse de l'un des deux soit évidemment constatée. Après ces premiers lutteurs, huit autres athlètes, dans le même costume, se présentent successivement deux à deux et se livrent tour à tour à ce combat gymnastique. . . . .

« Après s'être exercés pendant quelque temps devant l'assemblée, les deux lutteurs traversent la ville en continuant leurs combats et tâchent de mettre à contribution les chrétiens et les juifs qu'ils rencontrent. Lorsque

tout à fait pareil, et recevait les mêmes honneurs. Seulement son tour venait après celui du bey. Depuis la révolution qui a rendu le trône héréditaire dans la famille Hossein, le dey, conservé par scrupule religieux, n'a gardé de son ancienne autorité que quelques fonctions de police. Il est gouverneur de Tunis, et, pour se faire obéir, il dispose de cinquante et un hambas commandés par un bach-hamba, de cinquante-cinq kobdjas et de onze chaouchs. Il a les clefs des portes, et sous ses ordres l'aga de la Kasbah, qui fournit les hommes nécessaires pour les patrouilles de nuit.

En 1861, le doulatli s'appelait Sidi Sélim. C'est un homme de bonne mine, grand, gros, taillé en hercule. J'ai eu l'honneur de le voir chez le général Kérédine qui, après son départ, m'a raconté sur lui l'anecdote suivante.

Sidi Sélim se promenait un jour à cheval autour de la ville. Tout à coup sa bête s'arrête, levant les oreilles, tremblant de tous ses membres, trahissant enfin une grande terreur. Sélim, tiré de ses rêveries, voit, derrière un buisson, flamboyer les yeux d'une panthère. Il n'avait point d'armes; il descend de cheval, espérant que la bête fauve s'attaquera à sa monture, et qu'il aura le temps de se sauver, pendant qu'elle dévorera sa proie. Par malheur c'est le contraire qui arriva. La panthère, laissant le cheval en pleine liberté, se jeta sur l'homme; Sélim, résistant à cette attaque,

---

ces derniers font quelque résistance, les lutteurs se vengent en les embrassant étroitement, corps à corps, et en salissant ainsi leurs habits de l'huile dont ils sont enduits. » (*L'Univers pittoresque*, Tunis, par Marcel, pag. 91 et 92.)

saisit l'animal à bras le corps, le terrassa, et, malgré les cruelles blessures qu'il en recevait, le maintint sous lui jusqu'à ce qu'un chaouch, qui le suivait à distance respectueuse, fût accouru, et eût mis fin à la lutte en plongeant son yatagan dans le cœur de la bête.

Tels sont les hommes à qui Dieu a confié les destinées de ce pays. La plupart sont des esprits d'élite, et tous des hommes de bonne volonté. Voyons si les résultats ont répondu à leurs intentions, je dirai même à leurs efforts.

Il est évident que si nous venons en Tunisie avec des idées européennes, et que nous comparions le pays que nous parcourons à celui qui nous a vus naître, nous trouverons entre eux une grande différence; nous serons tout surpris de voir que, faute de routes, les voitures ne peuvent circuler qu'autour de la capitale et dans un rayon très-restreint; qu'il faut saisir une caravane au passage pour faire parvenir une lettre dans une ville de l'intérieur; qu'aucun bateau ne va régulièrement d'un point de la côte à un autre, et que Tunis même, où séjournent vingt-cinq mille Européens, est sale, infecte et mal éclairée; qu'il n'y a point de libraire, et qu'on n'y trouve qu'avec peine ces petits objets de luxe dédaignés des barbares, mais qui sont indispensables à l'homme civilisé. En avançant dans l'intérieur, nous verrons avec douleur des plaines fertiles laissées incultes, des mines inexploitées, des villages en ruine et des cantons dépeuplés. Si, au contraire, nous avons perdu l'Europe de vue et que nous venions du Maroc, ou de la régence de Tripoli, nous constaterons avec joie que la Tunisie est entrée d'un pied ferme dans la véritable voie du progrès.

C'est d'autant plus méritoire aux hommes d'État qui la gouvernent qu'elle sort à peine d'une crise où elle aurait pu périr. En effet la suppresion de la course, ordonnée en 1816 par Mahmoud-Bey, a fait subir à l'état social des Tunisiens une transformation complète. On ne connaissait autrefois dans la Régence que la profession de corsaires. Le commerce était négligé et l'agriculture abandonnée. Tout homme, suivant qu'il était plus ou moins riche, avait plus ou moins de vaisseaux qui allaient sur tous les points du monde tenter l'aventure et chercher fortune. Les marchandises volées et les hommes enlevés appartenaient régulièrement au forban qui n'avait pas le plus souvent d'autres moyens pour faire vivre sa famille. Le gouvernement lui-même tirait ses revenus de la même source. Il avait droit à une part du butin, et le faisait vendre pour son compte dans les bazars de la ville.

Ces ressources aléatoires et peu honorables ayant disparu, il fallait en demander au commerce et à l'agriculture de plus stables et de plus honnêtes. Ce n'était pas une petite affaire; mais ce qui était encore plus difficile, c'était de changer ces écumeurs de mer, ces hommes adonnés à des métiers violents et indélicats en des citoyens paisibles et laborieux. Tel a été pendant un demi-siècle le but des efforts du gouvernement, et je dis hardiment que ce but a été atteint. La campagne est cultivée avec soin, avec intelligence, en beaucoup d'endroits, surtout aux abords des villes, et les transactions ont augmenté, dans d'immenses proportions, de nombre et d'importance. Le fait est qu'autrefois le gouvernement était riche, et les particuliers pauvres. Aujourd'hui le gouvernement est obligé pour vivre d'avoir recours à des emprunts, et des fortunes privées surgissent de tous côtés et dans tous les rangs de la société. N'est-ce pas là la preuve la plus certaine d'une honnête et habile administration ?

Le gouvernement est animé des meilleures intentions; je l'ai déjà dit et je le répète sans crainte d'être contredit; mais il lui est plus difficile qu'à tout autre de faire le bien; voici pourquoi. Des capitulations, signées le plus souvent après des désastres et à une époque où les Barbaresques, considérés comme des pirates, étaient mis au ban des nations, créent à chaque instant aux ministres de graves embarras. Trop souvent des officiers européens, après un bombardement, par abus de la force et sous le coup de la terreur, imposaient aux princes des conditions exorbitantes. Leurs consuls, qui n'avaient pour mission que de protéger leurs nationaux et de présider à la loyauté des transactions commerciales, étaient non-seulement transformés en hommes politiques, mais ils puisaient dans leurs priviléges le droit de s'ingérer dans les affaires intérieures du pays. Ce qu'il y avait de plus funeste encore, c'est que les avantages, accordés à une nation chrétienne, éveillaient les susceptibilités et la jalousie des consuls des nations rivales, qui exigeaient aussitôt pour leurs compatriotes des conditions aussi bonnes, sinon meilleures, et ne s'abstenaient de menaces et de tracasseries qu'après les avoir obtenues. Croirait-on que, pendant ces derniers événements, le consul d'une grande nation, en vertu d'un de ces traités surannés, ait osé exiger du bey le renvoi d'un ministère qui avait sa confiance? Le bey a résisté aux prières comme aux menaces. Il a déclaré qu'il périrait sous les décombres de sa capitale bombardée plutôt que de se soumettre à des exigences qui le déshonoreraient vis-à-vis de ses sujets. Le bey avait mille fois raison, et le consul n'aurait pas eu tort, si les capitulations sur lesquelles il appuyait ses prétentions, sans être abrogées, n'étaient pas tombées en désuétude. Aujourd'hui que la course est abolie, que, chez les Barbaresques comme chez nous, les souverains sont assez bien intentionnés pour respecter, et assez forts pour faire respecter tous les chrétiens qui vivent sous leur protection, ces monuments du passé, qui n'ont plus de raison d'être depuis la disparition des causes qui les ont engendrés, devraient être considérés comme lettre morte, et relégués au fond des archives des ministères. La France et l'Angleterre, oublieuses du passé, devraient signer avec Tripoli, le Maroc et Tunis, des traités analogues à ceux qui les lient avec les puissances européennes de second ordre. Tout le monde gagnerait à faire oublier des souvenirs qui rappellent des temps de ténèbres et de violences.

CHAPITRE XIX.

Le bey du camp et les impôts.

Le trône de Tunis est héréditaire depuis près de deux siècles et occupé par la même famille. Le mode de succession chez les princes musulmans n'est pas le même que chez les chrétiens. Il ne se règle pas par ordre de primogéniture entre les enfants du souverain, mais par rang d'âge, parmi tous les membres de la famille royale, de telle sorte que le prince est remplacé le plus souvent par un frère ou par un cousin germain, mais très-rarement par un enfant. Autrefois, dans des époques de violence, ce système a donné naissance à des crimes monstrueux. Des souverains ont fait égorger tous les mâles de leur famille pour assurer le pouvoir à leur fils. Aujourd'hui, où l'on ne verse plus, même en Orient, que le sang des criminels, cet usage qui prévient les minorités, toujours aussi funestes aux États qu'aux princes, est moins défectueux que le nôtre; et les peuples sont assurés d'avoir à leur tête un chef qui, à défaut de mérite, a l'expérience que donne l'âge.

L'héritier du trône a le titre de bey du camp ; celui d'aujourd'hui s'appelle Sidi Hamouda ; c'est le plus âgé des frères de Mohammed-el-Sadak, qui n'a pas d'enfants. Il est de règle que le bey du camp soit étranger à toutes les affaires et n'ait aucune influence. Dans ce but, on le tient presque toujours éloigné de la capitale, occupé du commandement des troupes chargées de la perception de l'impôt. Il fait pour cette besogne deux expéditions par an, l'une en hiver et l'autre en été. Il part accompagné d'un certain nombre de dignitaires et de soldats. Plus le cortége est grand, plus les charges sont lourdes, attendu qu'il est d'usage que, outre les impôts, les tribus fassent des présents à la suite du prince. Indépendamment de ces cadeaux, les frais de route sont si considérables, et les suivants du bey si rapaces, qu'il n'entre au trésor guère plus d'un tiers des sommes perçues. On considère comme un grand avantage d'être admis à faire partie de ces expéditions. Un homme a sa fortune faite quand il obtient deux fois cette faveur. Si la promenade du bey est toujours lucrative, elle est rarement agréable. Sans parler des fatigues qui peuvent être excessives dans ces climats brûlants, dépeuplés et privés de route, il faut souvent faire le coup de feu avec des tribus révoltées, et qui ne livrent leur or que devant la force. La rentrée du bey du camp à Tunis donne lieu toujours à des fêtes populaires. Son cortége est acclamé, et la voix stridente des femmes se fait jour à travers leur triple voile.

La politique des gouvernements musulmans était basée sur la méfiance. Telle est l'influence funeste du despotisme que la vie de personne n'est en sûreté, pas plus celle du maître que des serviteurs. En effet, dans un pays où il n'y a ni caste ni famille, le vizir, ne tenant son pouvoir que de son emploi, est à la merci du prince qui, l'ayant par un caprice tiré du néant, peut l'y replonger sans plus de raisons. Le prince de son côté, n'ayant point de noblesse sur laquelle il puisse s'appuyer, est à la merci des soldats chargés de sa garde. Qu'un homme intrépide, adroit et ambitieux se trouve dans les rangs de ces cohortes privilégiées, qu'il ait l'audace d'organiser une conspiration de palais et l'habileté de la faire réussir, et cet homme, obscur la veille, disposera le lendemain du sort de l'empire, tandis que le maître déchu expirera, comme le dernier des esclaves, sous le lacet des eunuques. La puissance des janissaires était si grande qu'on a vu à Tripoli un simple négociant, après avoir gagné par des présents la garde d'un Karamanli, l'égorger et le remplacer sur son trône.

Cette terrible éventualité, dont le prince était menacé sans cesse, le rendait soupçonneux à l'excès, faux et souvent cruel. Toujours en garde contre les menées d'un ambitieux, il sacrifiait souvent un serviteur fidèle à de chimériques suppositions ou à de perfides délations. Aussi rarement le ministre favori laissait-il à ses enfants la fortune qu'il avait amassée. Plus le père avait été puissant, plus on voulait que ceux-ci fussen faibles, pour faire voir que tout venait du maître e devait retourner à lui. Il ne fallait pas non plus que le peuple s'accoutumât à des marques de soumission et de respect envers une même famille. A plus forte raison, la méfiance s'étendait-elle aux princes du sang. Encore aujourd'hui, il y a à Tunis une quinzaine de beys. Aucun d'eux n'a et ne peut avoir de fortune personnelle; ils vivent tous d'une rente qui varie de cinquante mille à soixante mille francs, à laquelle ils n'ont aucun droit par leur naissance, et qui dépend complétement du chef de famille qui peut à sa guise l'augmenter, comme l'amoindrir et même la supprimer. Les beys, avec cet argent, peuvent se vêtir de beaux habits brodés, se promener en voiture, et faire venir à leurs kifs les juives et les Mauresques les plus célèbres de Tunis. Mais leur puissance ne franchit pas le seuil de leur harem, et le gardien des pipes du bey a certes plus d'influence que le plus capable et le plus aimé des princes hosseinites.

Ahmed-Bey était sans aucun doute un grand prince. Venu à la cour de Louis-Philippe, il s'est montré si généreux, il a eu de si grandes manières, son tact a été si sûr, et ses reparties si heureuses, qu'il a été supérieur même à la bonne opinion que l'on avait conçue de lui. Par malheur, Ahmed-Bey, fastueux et prodigue, ne savait pas comprimer les élans généreux mais imprudents de son cœur. Des présents trop fréquents et toujours trop magnifiques, et sa prétention d'avoir une armée régulière, comme un prince européen, le jetaient sans cesse dans des embarras financiers d'où il ne pouvait sortir qu'en pressurant son peuple. C'est dans un de ces moments extrêmes qu'il avait confié la perception des impôts à Ben-Aiad. Cet homme, qui avait le génie de la fiscalité, avait toujours dans un coin de son coffre-fort assez d'or pour parer à la détresse de son maître. Comment se le procurait-il? En attirant à lui par la ruse ou par la violence tous les revenus de la Régence. On était arrivé au point que, pour payer.

l'impôt, la récolte ne suffisait plus, et qu'il fallait vendre les bœufs qui avaient servi à la produire. Ben-Aiad, assuré que tous ses actes auraient l'approbation du maître que, comme créancier, il tenait à sa merci, se livrait à son humeur fiscale avec cette âpreté et cette témérité qui faisaient le fond de son caractère. Il ne permettait à personne de se soustraire à la dure loi qu'il avait faite. Les beys et les ministres étaient soumis aux mêmes charges que les simples paysans; elles étaient à la fin devenues si lourdes que les populations, désespérées, se voyant réduites à mourir de faim, préféraient mourir sans rien faire qu'en travaillant; toutes les terres peu à peu retournaient en friche; les Européens émigraient faute de commerce; les indigènes passaient la frontière et s'établissaient en Algérie. Quelques années de plus de ce régime, et la Régence était perdue sans ressources. On s'est arrêté à temps heureusement.

L'impôt principal consiste en une capitation annuelle, qui a été abaissée dernièrement de trente-six piastres à vingt. La dîme, qui se prélève sur les récoltes de grains brutes, et le camoun, qui regarde spécialement les oliviers, viennent en second lieu. Chaque arbre est taxé d'après les fruits qu'il est censé donner. Chaque pied d'olivier paye cinq sous en moyenne. On prélève aussi un impôt sur les boutiques, louées pour vendre au détail. Cet impôt se porte environ au quart du loyer. Les ventes des bestiaux, chevaux, bœufs, ânes ou moutons, sont soumises à une redevance qui varie d'après le prix de la transaction. Tels sont les impôts principaux et avouables; viennent ensuite ceux qui se perçoivent sous le manteau;

et qui donnent naissance à de nombreux abus, comme celui, par exemple, qui frappe les courtisanes.

Les juifs et les Européens sont traités en étrangers ; n'ayant droit à aucune des faveurs du gouvernement, ils ne sont obligés de supporter aucune de ses charges. Le principe est faux. Les uns et les autres devraient payer au moins les dépenses faites pour leur donner la sécurité. Il est question de soumettre les juifs d'abord, les Européens ensuite, à la capitation ; ce sera de toute justice, et je ne doute pas que les consuls eux-mêmes n'approuvent cette sage mesure.

Malgré ce luxe d'impôts, le gouvernement est pauvre et a été contraint de recourir à des emprunts. C'est que l'argent perçu est gaspillé, et qu'on ne songe jamais aux recettes, avant de faire les dépenses. Le bey précédent, Mohammed, avait neuf cents femmes, et l'entretien de son harem coûtait plus cher que celui de ses armées. Généreux comme Ahmed-Bey, il comblait de présents toutes les personnes de son entourage. A sa mort, les diamants se sont vendus pour rien dans la Régence ; des laveuses de vaisselle en apportaient aux bazars de pleines jattes.

Sous la sage et habile administration du khaznadar, ces habitudes de prodigalité tendent tous les jours à disparaître. Avant lui, le revenu des impôts était vendu au plus offrant et dernier enchérisseur. Chaque province était mise en adjudication, et le pays tout entier était la proie de quelques familles opulentes, qui pressuraient le peuple avec d'autant plus de violence et de dureté qu'ils en avaient payé le droit plus cher. Quelques-uns de ces personnages, se rendant dans les contrées qui allaient être le théâtre de leurs exactions, déployaient un luxe que leur souverain n'aurait pas osé se permettre. Plusieurs, sans compter leur harem et les serviteurs qui y étaient attachés, avaient une escorte de cent Nègres, vêtus d'étoffes si précieuses, de turbans avec aigrettes en diamants si splendides, montés sur des chevaux si magnifiques et si richement caparaçonnés, que la fourniture de chaque homme était estimée à plus de cent mille francs. Mustapha khaznadar, en établissant le système européen, a fait disparaître ces fermiers généraux, plus opulents et non moins insolents que ceux de notre ancien régime. Il a mis à leur place des espèces de receveurs généraux, ayant sous leurs ordres plusieurs percepteurs. Tous sont fonctionnaires de l'État et ont un salaire déterminé. Dès lors les exactions sont très-difficiles et ne peuvent être commises qu'au mépris de la loi et au détriment de l'honneur, c'est-à-dire qu'il n'y a plus de connivence avec le gouvernement, qui a le droit et le pouvoir de châtier les coupables. Que le khaznadar reste encore quelque temps au pouvoir, et je ne doute pas que l'on n'ait en Tunisie un budget régulier comme en France, où toutes les dépenses seront prévues et réglées à l'avance. En attendant, l'extrême opulence des grands et l'excessive misère des petits empêchent les uns et les autres de connaître le véritable prix de l'argent. Tous le gaspillent; ceux-ci, parce qu'ils n'ont pas l'espoir d'amasser jamais une fortune; ceux-là, parce qu'ils sont sûrs de ne pas la perdre. Que les idées de liberté et d'égalité continuent à prévaloir dans la Régence, et la prévoyance des riches, comme l'activité des pauvres, s'accroîtra, et ces deux précieuses qualités contribueront au bien-être des uns et des autres.

CHAPITRE XX.

Agriculture.

La meilleure manière d'avoir une idée de l'état de l'Europe au quinzième siècle, c'est d'aller parcourir la régence de Tunis. En 1523, Gustave Wasa, voulant partager entre ses créatures les biens confisqués au clergé, leur prouvait, le code scandinave à la main, que tout le sol appartenait au roi ; que les propriétaires nouveaux que ses libéralités allaient faire, de même que les anciens, n'avaient sur leurs domaines qu'un droit d'usufruit, et qu'il pouvait reprendre les terres possédées ou plutôt confiées à tous ceux qui n'auraient pas soin de les bien cultiver. La situation est aujourd'hui, à Tunis, la même qu'au seizième siècle en Suède. Le bey, en principe, est le seul légitime propriétaire de tout le sol. Un prince pieux a pu permettre que des mosquées, des marabouts, des zaouias, des villes saintes, telles que la Mecque et Médine, possédassent des habous ; mais c'est par tolérance. Ces établissements religieux n'étaient point propriétaires en vertu de titres réguliers, et pouvaient, du soir au matin, être dépossédés.

Dans ces derniers temps, de grands personnages ont acquis ou plutôt reçu en présents de vastes domaines. C'était le premier pas fait dans une voie nouvelle. Depuis la Constitution de 1861, les juifs et les chrétiens sont autorisés à bâtir dans l'enceinte des villes. Vienne un moment de pénurie, et le bey vendra régulièrement des fonds de terre. Alors le sol fera partie, comme chez nous, de la fortune privée. Ce sera le seul moyen d'en arracher les immenses trésors qu'il renferme. Limité au bey, il ne peut être que mal ou point cultivé. Il ne sera l'objet d'un travail actif et continu que lorsque l'agriculteur aura les chances de l'avenir pour combattre les incertitudes du présent. Rien de plus défectueux du reste que le système de fermage en usage, et rien de plus propre à détruire toute émulation, et à entretenir l'état de marasme où se trouvent les paysans de la Régence. Chaque année, au milieu d'octobre, des gens du bey vont s'établir dans les villages, et louent à la bougie, aux enchères, les terrains occupés par la tribu. Si les preneurs manquent, ce qui arrive souvent, les champs restent en friche. S'il s'en trouve au contraire, ils sont cultivés, mais mal, parce que le fermier, n'étant assuré que d'une année, ne fait ni les fumures ni les assolements qu'exigent tous les terrains du monde et même celui d'Afrique, malgré son étonnante fertilité. Si encore on suppléait par de bons outils à ce système défectueux; mais, dans bien des endroits, on ne se sert que de charrues de bois; celles qui sont en fer sont d'ailleurs trop faibles, et impuissantes à percer, avant l'époque des pluies, le sol durci par un soleil brûlant. Il résulte de tout cela que les champs ne donnent pas de revenus. Le prix de ferme d'une macchia, soit onze hectares, ou plutôt l'espace de terre que peut cultiver une paire de bœufs, varie de soixante à soixante-dix piastres (1). Faute de fermiers à prix d'argent, on emploie les colons partiaires. Le maître fournit les bestiaux et la semence; le cultivateur fait les travaux, et reçoit pour ses peines le cinquième ou le quart de la récolte.

Le blé et l'orge sont cultivés sur une grande échelle dans les vastes plaines de la Régence. Rien de plus primitif que cette culture. Le sol, devenu dur comme de la pierre, n'est ouvert qu'après les pluies de novembre. Huit jours après cette opération, il reçoit la semence. La récolte se fait au mois de juin; le blé et l'orge sont foulés sur une aire sous les pieds des chevaux. Des champs cultivés de la sorte donneraient à peine en France deux fois la semence reçue; en Tunisie, chaque grain en moyenne en rend de seize à vingt. Si, malgré ces résultats, le prix des fermes se maintient si bas, c'est que le commerce, inactif et pauvre, laisse le plus souvent les grains se pourrir dans les silos, et que le fisc impitoyable est toujours là, prêt à s'emparer de ce qui a échappé à la destruction.

Après le grain et l'orge viennent le maïs, le haricot, et surtout le pois-chiche. Ce dernier légume est excellent et très-abondant. Comme en Espagne, on le fait griller, et on le mange en bonbons; ce sont les dragées du peuple. On cultive aussi, avec succès, le lin, le chanvre, l'indigo, le carthame et la garance. Au moyen âge, le coton et la canne à sucre y fleurissaient; aujourd'hui ces cultures sont abandonnées.

(1) La piastre vaut quatre-vingt-cinq centimes environ de notre monnaie.

Le climat de Tunis ressemble en bien des points à celui du Bas-Languedoc et de la Provence. Le ciel, le sol et les horizons sont les mêmes, et jusqu'aux coutumes des habitants. J'ai retrouvé chez les Arabes de vieux usages, des préjugés, des superstitions qui existent dans nos villages. Un homme du midi est tout à fait surpris des affinités constantes et frappantes qui existent entre nos paysans et ceux de l'Afrique. Il est évident pour moi que Charles Martel n'a pas exterminé les Sarrasins établis dans nos plaines; que le plus grand nombre de ces vaincus a fait le signe de la croix pour sauver sa vie, et, devenu chrétien, a fait souche d'une nombreuse population qui a conservé beaucoup d'analogie avec la postérité de ceux qui, plus fanatiques et plus insoumis, sont retournés, à travers la Méditerranée, au berceau de leurs pères.

J'ai trouvé à Tunis tous nos fruits et tous nos légumes méridionaux. Il n'est pas jusqu'aux gibiers et aux poissons qui n'aient la forme et le goût des nôtres. La contrée où je suis né ressemble cent fois plus à la Tunisie qu'à un des départements situés au-delà de Lyon. Dans un village de l'Artois, je me sens beaucoup moins chez moi que dans une ferme africaine. Vous me direz que Tunis produit des oranges et des dattes, tandis que le Bas-Languedoc n'en a produit et n'en produira jamais. Ce n'est pas qu'il fasse moins chaud qu'à Tunis en été; et l'oranger prospérerait chez nous, comme sur les côtes de Provence, si nous n'étions pas enserrés par les Alpes et les Cévennes, régions élevées, neigeuses et venteuses, et qui, pendant l'hiver, causent dans nos vallées des froids très-courts, il est vrai, mais excessifs et dès lors funestes aux plantes du midi.

Les fruits sont à Tunis très-beaux et excellents. Ils sont très-recherchés des Maures et forment une partie de la nourriture. C'est par les fruits achetés au marché qu'on reconnaît l'opulence d'une maison.

Les dattes viennent du sud de la Régence. Les orangers décorent et embaument tous les jardins de Tunis. On les arrose avec des norias. Les néfliers, les jujubiers, les grenadiers et les alisiers sont très-communs et donnent d'excellents fruits. J'étais ravi de retrouver auprès de moi ces savoureux produits de l'automne qu'en Languedoc je cueillais et dérobais, enfant, dans les vergers de mon père et que je préfère à tous les autres. Les oliviers sont aussi très-abondants et cultivés comme chez nous. On luchette et l'on fume le pied de chaque arbre, tous les deux ans. Dans les endroits en pente, les Arabes, au moyen de rigoles, attirent et retiennent l'eau de la pluie au-dessus des racines de l'arbre. J'ai vu des oliviers superbes, très-bien tenus, et donnant de beaux fruits. Quant à l'huile, elle se prépare absolument comme chez nous, et les moulins sont faits sur le modèle des nôtres; mais la récolte se ramasse d'une façon différente. Chez nous, on cueille l'olive avec la main, et l'on ne mêle jamais le fruit pris sur l'arbre avec celui qui est tombé à terre. A Tunis, on l'abat à coup de gaules, puis on ramasse et on mêle tout. Les essences des bois sont les mêmes que dans le Gard. L'yeuse y domine; après elle, le cornouiller, le summaque, le genévrier et tous les arbres qui abondent dans nos contrées. Il y a de plus l'aloès, la figue de Barbarie, et d'autres plantes grasses que notre bise détruit.

Dans ces climats salubres et sur ces champs fertiles, les hommes sont grands et vigoureux, et tous les animaux participent aux avantages physiques que Dieu a donnés à leurs dominateurs. Les bœufs y sont aussi grands et aussi forts que dans notre grasse Normandie ; les moutons d'une taille gigantesque et décorés d'une queue énorme, pesant jusqu'à vingt livres quelquefois, et les chameaux plus sauvages et plus robustes que dans nos possessions. De même des poissons. J'ai vu pêcher des thons vraiment monstrueux. Les crevettes sont aussi fortes que nos petites langoustes, et les rougets aussi lourds que les merlans des côtes de Provence. Mais c'est dans les légumes, comparés aux nôtres, que cette différence se fait sentir surtout. Les radis sont aussi gros que nos carottes, les carottes que nos betteraves, les aubergines que nos potirons, et ainsi de suite. C'est à se croire dans la terre de Chanaan. Aussi les Romains préféraient-ils à toutes les autres parties de l'Afrique l'ancien royaume de Carthage, et y ont-ils laissé de plus grandes et de plus nombreuses traces de leur domination.

CHAPITRE XXI.

L'armée.

C'est sous les murs d'Alger que les Français ont montré aux princes musulmans terrifiés la supériorité des armées européennes. Ceux-ci, toujours suffisants, n'ont attribué ces succès qu'à la force matérielle; ils sont restés convaincus qu'avec des soldats habillés et manœuvrant à la française ils seraient capables de nous tenir tête. L'expérience leur a prouvé qu'il faut quelque chose de plus que l'uniforme et l'exercice pour former une vaillante armée; ce n'est en effet que par la régénération d'un peuple qu'on acquiert ce quelque chose d'impalpable qui ne semble rien et qui cependant est tout, puis qu'il fait l'homme.

Ahmed-Bey était un prince guerrier; il se plaisait au maniement des armes et aimait le soldat. Une querelle engagée avec le roi de Sardaigne, et qui faillit amener un conflit entre ces deux princes, le décida à former une armée sur le modèle de la nôtre, et sous la direction de nos généraux. Les costumes furent faits en France, de même que les armes, et les soldats furent instruits par des sous-officiers tirés de nos régiments.

Par malheur, toutes ces choses ne s'improvisent pas; elles ne peuvent se faire que lentement, sinon elles sont entachées d'impuissance et de ridicule. Ces bonnes gens, à qui l'on arrachait le burnous et le turban, pour les revêtir de vestes étriquées et de pantalons collants, pour les chausser de souliers de cuir noir, et les coiffer de checchias à glands bleus, avaient un air gauche et emprunté qui prêtait à rire à leurs compatriotes autant qu'à nous. Quant à moi, j'avoue qu'un des spectacles qui m'a le plus diverti dans mon voyage a été, à mon entrée dans la Régence, la rencontre d'une patrouille dans les rues de la Goulette. Parmi les cinq guerriers qui la composaient, accroupis à l'ombre d'un mur, deux dormaient, deux autres jouaient aux cartes; le caporal faisait au tricot la coiffe qui se met sous la checchia, pour empêcher que les cheveux soient en contact avec la laine. Les fusils traînaient un peu partout, de même que les souliers, dont on avait eu soin de se débarrasser pour être plus à l'aise. Ceci n'est que ridicule; ce qui est déplorable, c'est que le soldat, accoutumé aux corrections corporelles, n'a pas le sentiment de sa dignité. J'ai vu des Européens qui, trouvant la rue obstruée par une patrouille, frappaient les pauvres diables qui la composaient à coups de pied pour se frayer un passage, et ne recevaient pas même une observation de ces hommes qui cependant étaient en nombre et avaient des armes à la main.

L'effectif réglementaire de l'armée constituée par Ahmed-Bey était de vingt-cinq mille hommes. Il n'a pas été conservé longtemps à ce chiffre élevé, parce que les dépenses que son entretien entraînait étaient trop considérables et disproportionnées aux services qu'elle pouvait rendre. En effet, la Régence n'a que deux voisins à redouter : d'un côté, les Français, maîtres de l'Algérie, et que ces vingt-cinq mille soldats n'arrêteraient pas une heure ; de l'autre côté, les Tripolitains, qui sont gouvernés par un pacha envoyé par la Porte, et qui songe bien moins à agrandir les États qu'il administre qu'à bien vivre et à amasser une fortune à ses enfants. Or l'armée, impuissante ou inutile contre les agressions du dehors, est trop considérable, s'il s'agit seulement de châtier les brigandages, ou de prévenir les révoltes. M. de Taverne, chargé de la direction de l'École militaire, prépare sur ce point de très-sages réformes (1). L'armée sera réduite à vingt mille hommes ; dix mille seront sous les armes, et dix mille dans leurs foyers, prêts à être levés à la première réquisition. Le général Kérédine est à la tête de la cavalerie. A côté des troupes nouvellement organisées existent les débris des régiments turcs, ayant conservé leurs costumes et leurs armes, et se composant environ de trois mille hommes, disséminés dans les différentes forteresses de la Régence. Ces représentants du passé diminuent chaque jour et ne tarderont pas à disparaître.

Les tribus de l'intérieur, essentiellement guerrières et se livrant entre elles des combats réguliers et

---

(1) Depuis lors, M. de Taverne est mort, emporté par une fièvre d'Afrique. C'était un excellent homme et un officier distingué. Il avait pris à cœur son école militaire. Ses cours, faits en arabe, étaient très-remarquables. C'est une perte que le gouvernement sentira longtemps ; il sera bien heureux s'il parvient un jour à la réparer.

souvent très-meurtriers, pourraient, dans un moment de danger, fournir au bey un contingent considérable. Mais, je l'ai déjà dit, le bey ne peut être attaqué que par la France et par la Porte, et, dans ces cas, toute résistance serait inutile.

La conscription a été établie par la constitution de 1861 ; elle a eu l'existence éphémère du code de lois qui l'avait fait naître. On suivra donc à l'avenir les errements du passé, c'est-à-dire que des racoleurs parcourront le pays et prendront tous les jeunes gens qui leur paraîtront bien faits et de qui les parents auront négligé de faire les présents d'usage. Du reste, point de sécurité. Un homme, laissé par les racoleurs de cette année, peut être pris par ceux de l'année suivante. Le temps du service n'est pas réglé. On peut être contraint de rester sous les drapeaux toute sa vie, comme aussi pendant un temps très-court ; cela dépend des besoins du moment et des bonnes dispositions des chefs. La paye est minime. Le soldat touche quatre piastres par mois, le capitaine trente, et le colonel deux cents. Il est vrai que l'uniforme et la nourriture sont payées.

Tunis avait, au seizième siècle, une puissante marine. Les luttes de Barberousse et de Doria sont restées célèbres. Plus tard, les forces navales du gouvernement ont beaucoup diminué ; mais, à côté des beys, il y avait des corsaires qui étaient très-redoutables, et qui, dans un moment donné, mettaient à la disposition du maître les navires qu'ils possédaient, de sorte que Tunis avait, jusqu'en ces derniers temps, conservé un nom redoutable. Depuis l'abolition de la course, toute sa marine est devenue marchande. Le gouvernement ne possède plus que quelques rares vaisseaux de guerre dans un état médiocre, et, parmi eux, un magnifique bateau à vapeur, présent du roi Louis-Philippe à Ahmed-Bey. Le général Kérédine est le ministre de la marine. Il habite un magnifique palais à la Manouba; mais, pour être à portée de la Goulette, où sont ses affaires, il a fait construire à Carthage, sur l'emplacement du *Cothon*, un château où il réside pendant les chaleurs.

Pour être impartial, il faut, à Tunis, juger toujours les choses et les hommes au point de vue africain, et jamais au point de vue européen. L'armée tunisienne, qui m'a semblé grotesque, est admirable de tenue et de discipline, comparée à celle de l'empereur du Maroc, du pacha de Tripoli, et même du vice-roi d'Égypte.

Avant 1830, il n'y avait pas de troupes régulières et permanentes. Quelques fantassins turcs et quelques cavaliers arabes, enrégimentés tant bien que mal, composaient toutes les forces militaires de la Régence. Ces hommes, qui étaient plus tôt des bandits que des soldats, n'avaient ni costumes, ni armes uniformes; les grades n'étaient pas nettement déterminés, et la solde n'était pas fixe. On n'était payé que lorsqu'on faisait partie du voyage du bey du camp; et, après un coup d'éclat, de soldat on passait général. Lorsqu'il fut question de confier les beyliks de Constantine et d'Oran à deux princes de la famille hosseinite, devenus vassaux de la France, le consul général Matthieu de Lesseps fit comprendre à Hossein-Bey que Sidi Mustapha et Sidi Ahmed ne seraient à la hauteur des fonctions qu'ils briguaient que lorsqu'ils commanderaient à des hommes capables de défendre contre les

Algériens les territoires qui seraient confiés à leur garde. C'est sous l'impression de ces conseils que fut organisée la première mission militaire à Tunis; tout était à refaire. Aussi les débuts furent-ils pénibles et n'amenèrent-ils que de minces résultats. Ce ne fut que plus tard, lorsque le colonel Walsin Esterhazy, aujourd'hui général de division, remarqué à Paris par Ahmed-Bey, eut été prendre la direction de cette mission, que l'œuvre de 1830, stationnaire jusqu'à ce jour, prit son essor, et réalisa enfin les espérances qu'elle avait fait naître. Dans ce nouvel emploi, le colonel Walsin Esterhazy déploya l'esprit d'initiative, de suite et d'ordre, la fermeté, l'audace, la loyauté, enfin toutes les qualités qui composent le fond de son caractère, et font de lui un des plus brillants officiers de l'armée française. M. de Taverne a maintenu l'œuvre dans l'état de prospérité où l'avait laissé M. Walsin Esterhazy. Aujourd'hui, le poste est vacant; espérons que l'officier qui sera appelé à le remplir saura se mettre au niveau de ses braves et intelligents prédécesseurs.

CHAPITRE XXII.

La justice.

Le roi Salomon rendait la justice à Jérusalem, et plusieurs de ses arrêts sont restés célèbres. Saint Louis avait aussi son tribunal établi sous les chênes de Vincennes, et encore aujourd'hui la justice, en France, se rend par les magistrats au nom de Napoléon III, empêché par d'autres affaires. Dans tous les pays et dans tous les temps, le droit de justice a été l'apanage de la royauté; et Tunis, immobile, a conservé les usages établis en Asie dans l'antiquité, et en Europe dans le moyen âge.

Les caïds et les cadis, aux mains de qui passent toutes les affaires, retiennent par-devers eux les causes misérables; les crimes, les délits et les conflits entre grands personnages, et où sont engagés de graves intérêts, sont renvoyés au tribunal du bey. Il n'y a pas, à Tunis, de code civil. Le bey tranche toutes les questions d'après son bon sens et sa clairvoyance. Mais l'habitude et la connaissance des hommes ont bientôt rendu son jugement prompt et sûr. Le tribunal du bey fonctionne trois fois la semaine, de dix heures à midi; et tous les souverains, comprenant l'importance de ces fonctions qui mettent à leur discrétion l'honneur, la liberté et la vie de tous leurs sujets, y ont porté constamment un grand zèle et une vive attention. Quand j'ai eu l'honneur d'être reçu par Mohammed-el-Sadak, au Bardo, après ma visite je suis allé voir la salle de justice. Elle est grande, spacieuse et richement ornée. Le fond est taillé en rotonde dans le mur. C'est là qu'est établi le trône du juge. De vastes rideaux en brocart, qui se lèvent ou s'abaissent à volonté, séparent tour à tour le prince du public ou le mettent en contact avec lui.

La justice a besoin de s'entourer d'une certaine pompe. Le bey, se rendant à son tribunal, passe à travers une haie de châtres, commandés par un Turc. Il est précédé d'un crieur qui l'annonce, et escorté des plus grands personnages de sa cour. A sa droite, sur des siéges moins élevés et moins élégants, se placent le bey du camp et d'autres princes de sa famille; à gauche, le khaznadar et les ministres. Dans un cas critique, le bey peut consulter son entourage; mais c'est lui seul qui rend l'arrêt. Le crieur qui précède le bey récite à voix haute les passages du Coran d'après lesquels le juge suprême est invité à chasser de son cœur toutes passions, toutes rancunes, à se montrer clément et impartial, et à ne pas oublier qu'il paraîtra à son tour devant Dieu, qui lui tiendra compte des jugements qu'il aura rendus. Les châtres, le sabre au poing, se tiennent au pied du trône. Un d'eux, dès que la séance est ouverte, retire les pantoufles des pieds du bey. En Orient, la tête est toujours couverte; c'est en se déchaussant qu'on témoigne de son respect pour un lieu saint : le fidèle laisse ses souliers dans un endroit réservé, avant de franchir le seuil d'une mosquée (1) ; de même le magistrat se déchausse, avant de prononcer un arrêt d'où peut dépendre la vie d'un homme.

L'audience est publique; le mendiant en haillons a la première place, quand il arrive avant l'aga de la Casbah ou l'iman de la mosquée de l'Olivier. Le plaignant est conduit par le maître des portes (bach-bab-ouad) et par un chaouch. Il expose sa cause le premier. L'accusé se défend, et l'écrivain public, qui joue le rôle du procureur impérial, et qui le plus souvent a préalablement entendu les parties, résume les débats, les éclaircit et donne son avis motivé. C'est après ses conclusions que le bey rend son arrêt. On voit, en assistant à une audience de ce tribunal, sur quels principes égalitaires est établie la société musulmane. Un laboureur, un mendiant aura à se plaindre de la brutalité ou de la rapacité d'un fonctionnaire éminent; il le traînera à la barre, et lui dira durement tout ce qu'il a sur le cœur. Le bey l'écoutera patiemment, l'interrogera même, et prendra part à ses infortunes comme à celles d'un courtisan. J'ai été surpris de voir combien les Arabes avaient la parole facile, et comme les petites gens étaient à l'aise et sur le pied de la familiarité avec les grands seigneurs. La séance finie, le bey se retire avec le même cérémonial. Quand le souverain n'habite pas le Bardo, on improvise un tribunal

---

(1) Jusqu'au commencement de ce siècle, les Européens ne pouvaient être admis auprès du bey qu'après avoir enlevé leurs chaussures et mis des pantoufles, placées pour cet usage dans l'antichambre. Le consul de France était seul soustrait à cette humiliante formalité.

au lieu où il se trouve, et c'est là qu'il rend ses arrêts. Mohammed-Bey, qui a précédé au trône Mohammed-el-Sadak, rendait la justice le plus souvent à la Marsa sous une tente.

J'ai déjà dit que tous les beys ont attaché une grande importance à leurs fonctions de juge. Plusieurs les ont recherchées avec passion, entre autres Hamouda-Pacha et Ahmed-Bey. Le docteur Frank, dont les notes ont servi à M. Marcel pour sa description de la régence de Tunis, qui vivait sous Hamouda-Pacha, nous a transmis quelques arrêts qui donnent une juste idée de la perspicacité et de la finesse de ce prince. Un Maure, ayant perdu sa bourse, la fit publier par le héraut dans les rues de Tunis. Celui qui l'avait trouvée vint aussitôt la rapporter ; mais le perdant, qui était un fripon, voyant qu'il avait à faire à un homme riche, refusa de la reprendre, sous le prétexte qu'elle ne contenait plus l'argent qu'il y avait déposé. La somme primitive, prétendait-il, avait été réduite de cent sequins à vingt-cinq. De là contestation et comparution devant le bey. Hamouda, fort embarrassé, demanda la bourse ; l'ayant en main, il se fit apporter cent sequins, et essaya de les y introduire. Il ne put en faire entrer que cinquante. La friponnerie du plaignant était manifeste. Outre les coups de bâton de rigueur, il fut obligé de laisser son argent entre les mains de celui qui l'avait trouvé, en dédommagement de l'atteinte portée à son honneur.

Une autre fois, un joaillier de Tunis avait reçu de Constantinople dix bagues montées en rubis. Le soir, le joaillier les avait comptées et enfermées dans un secrétaire à double clef, avant de se coucher. Le lendemain, il n'en avait plus trouvé que neuf. Le marchand n'avait avec lui que sa fille âgée de douze à treize ans et un vieux serviteur. Eux seuls avaient pu entrer dans l'appartement. Plainte est portée au bey qui ne savait que dire et que faire, attendu que l'accusé avait été jusqu'à ce jour un brave homme dont la vie était irréprochable, et que l'accusateur était incapable de se plaindre faussement. Condamner sur un simple soupçon, c'était grave ; acquitter quand l'objet avait bien certainement disparu, c'était délicat. Le juge eut l'idée de faire donner cent coups de bâton à chacune des parties, par série de cinquante. Le serviteur fut battu le premier. Quand le tour du maître vint, après quelques coups reçus, la petite fille vint en sanglotant remettre la bague, qu'elle avait volée, la veille, dans un but de coquetterie. Le bey avait, à certain embarras, soupçonné l'enfant, et c'était pour lui faire avouer sa faute qu'il avait eu recours à ce stratagème.

L'arrêt prononcé est de suite exécuté. Cette justice expéditive n'est pas sans inconvénients et donne lieu à des actes souvent très-regrettables. M. Moynier, peintre du bey, m'a raconté le fait suivant qui a eu lieu sous Mohammed-Bey et dont il a été témoin.

A la Marsa, à la porte du palais du prince, trois jeunes gens, pris de vin, après s'être bruyamment querellés, avaient terminé leur rixe à coups de fusil. L'un d'entre eux avait été grièvement blessé. Deux de ces tapageurs nocturnes qui avaient osé troubler le sommeil du souverain, pris sur le fait par ses gardes, furent, au matin, conduits à sa barre. Le bey avait mal dormi, mal déjeuné, et se trouvait de plus sous le coup de sinistres préoccupations. Ces désordres d'ailleurs se reproduisaient trop fréquemment ; il fallait un exemple, et cet exemple fut terrible. Les perturbateurs, couverts du sang d'un ami, furent, *ab irato,* condamnés à la peine de mort, et, d'après l'usage, décapités immédiatement par les chaouchs. Le sang venait de couler, lorsqu'un des officiers du prince que le hasard avait, pendant la nuit, rendu témoin de la querelle, ignorant que la sentence venait d'être exécutée, intervint en faveur de ces malheureux, déclarant que le blessé, qui était absent, homme méchant, querelleur et débauché, avait été la cause de tout le mal, et que ses compagnons n'avaient eu que le tort de répondre à ses violences et à ses provocations. Le bey se reprochait déjà ce jugement prononcé dans un moment d'humeur et d'emportement ; à ces révélations, ses regrets se changèrent en remords ; il déplorait la précipitation de ses gens, lorsque la porte s'ouvrit, et que le bach-bab-ouad introduisit une veuve, venant demander justice des blessures faites à son enfant. Celui-ci, appuyé sur des béquilles, se traînait tant bien que mal, en gémissant, à la suite de sa mère. Le bey, regardant le plaignant d'un air sévère, lui reprocha d'être enclin à l'ivrognerie et à la paresse, d'être un rôdeur de nuit et d'avoir provoqué les scènes dont il avait été la victime ; il ajouta que les blessures qu'il avait reçues n'étaient pas un châtiment suffisant de sa faute ; qu'il avait été la cause de la mort de deux hommes moins coupables que lui, et qu'il devait partager leur sort. Un instant après, sa tête, tombée sous le sabre d'un chaouch, était réunie à celle de ses infortunés compagnons. Mais ces faits sont rares, et la justice du prince, en général très-douce, est recherchée de tout le monde ; on la préfère à celle des subalternes, et ce n'est que contre sa volonté qu'on a affaire à un autre juge.

Malgré trois audiences par semaine très-rondement menées, le bey ne peut suffire à toute la besogne. Aussi tous les caïds et tous les cadis de la Régence joignent-ils à leurs fonctions celles de juge. Le caïd, qui est le premier magistrat d'un outhan, reçoit toutes les plaintes. Il garde, comme je l'ai dit plus haut, par-devers lui toutes les causes trop embrouillées ou trop minimes, et n'adresse au bey que celles qu'il croit dignes de fixer son attention. Sous le caïd fonctionne le cadi, qui s'occupe plutôt des querelles domestiques et des cas de divorce. Les jugements des caïds et des cadis sont soumis au mufti, juge religieux qui peut les casser, s'il y trouve une infraction à quelque article du Coran. Les arrêts seuls du bey sont définitifs et sans appel.

Les scheiks rendent aussi la justice ; ce sont les administrateurs des bourgs et des villages. Ils sont nommés par le bey sur la présentation du caïd. Ils jugent les délits commis en l'absence du caïd ou du cadi. L'amine est aussi le juge naturel de toutes les contestations survenues parmi les membres d'une même corporation ; seulement il renvoie au bey ou au cadi les affaires qui sont au-dessus de ses attributions.

Les peines diffèrent d'après les crimes. La peine de mort, les galères à temps ou à vie, l'exil, les amendes et la bastonnade, tels sont les châtiments infligés aux coupables. La peine de mort varie d'après le rang du condamné. Les Turcs et les Coulouglis ont l'insigne honneur d'être étranglés avec une corde imbibée de savon. La chose se passe ordinairement dans une des salles basses de la Casbah, à Tunis. Les Maures ont droit à être décapités avec le yatagan. Les hommes de la campagne, les étrangers et les petites gens des villes sont pendus. Le lieu de l'exécution est à Bab-el-Suec, qui est une des portes de Tunis, dans le quartier haut. Le patient, après avoir été promené dans la ville et avoir demandé pardon à Dieu et au peuple de ses fautes, est conduit par les bourreaux au sommet des remparts. La corde, attachée à un anneau de fer fixé aux créneaux, est passée autour du cou du condamné dont le corps, jeté dans l'espace, va lourdement battre les murs des remparts. Un des bourreaux, descendant le long de la corde, vient piétiner les épaules du condamné, et, de là glissant le long du corps jusqu'aux pieds, y reste suspendu, tant qu'il n'est pas assuré que la vie ait cessé. D'après la loi, les dépouilles du supplicié appartiennent aux exécuteurs ; mais, comme un préjugé existe chez le peuple que les vêtements des pendus portent bonheur, une partie de la foule se précipite sur ces guenilles, les déchire et s'en partage les lambeaux, tandis que le reste des spectateurs oblige, à coups de pierre, les bourreaux de se retirer.

Les soldats sont fusillés, et les juifs jusqu'en 1818 ont été brûlés sur un bûcher, revêtus d'une chemise goudronnée. Aujourd'hui ils sont pendus. Au moyen âge on empalait, et dans le siècle dernier encore l'on faisait mourir sous le bâton. Mais à présent tous ces supplices sont presque abandonnés. Le bey seul a le droit d'infliger la peine de mort.

Le bagne de Tunis est à la Goulette. Il est peu nombreux ; les hommes dangereux pour la société et point assez coupables pour être mis parmi les forçats sont exilés aux îles Kerkennah, où ils vivent en plein air, et cultivent les champs. C'est le Botany-Bay de Tunis.

L'amende doit être payée de suite, et l'on ne sort de prison qu'après s'être acquitté; elle est du reste proportionnée aux ressources du condamné. La bastonnade est aussi appliquée, séance tenante. L'exécuteur, pendant l'opération, doit tenir un pain sous le bras, afin de ne pas avoir toute sa liberté de mouvement, et de ne pas frapper trop fort. Si le pain tombe, le patient est libéré, et l'exécuteur reçoit les coups qui restaient à donner. La condamnation à mille coups était considérée comme un arrêt de mort, attendu que le patient avait toujours expiré avant la fin du supplice.

Les juifs, pour leurs affaires intérieures, sont jugés par les rabbins. Le caïd ou le bey n'intervient que lorsqu'une des parties est musulmane.

Les chrétiens sont aussi justiciables d'un magistrat de leur religion. Dans chaque consulat existe un tribunal qui juge au civil et au criminel, et devant qui doivent paraître toutes les personnes d'une même nation. Quand les contestations s'élèvent entre des hommes de nation différente, on compose un tribunal mixte formé de compatriotes de l'une et de l'autre partie. En 1844, un Maltais, qui avait assassiné en pleine rue, sans provocation, un musulman, fut livré au bey par le consul d'Angleterre. Le crime était évident, la condamnation inévitable, et le magistrat anglais avait été bien aise de la laisser prononcer par un autre; néanmoins tous les consuls protestèrent, de crainte qu'on ne vît dans cet acte une restriction fâcheuse à d'antiques priviléges, sanctionnés par de nombreuses capitulations, et qui enlevaient à la juridiction du bey toutes les contestations où se trouvaient mêlés des Européens.

CHAPITRE XXIII.

Le Bardo.

Le Bardo est la ville officielle. C'est le Versailles de notre ancienne monarchie. Il est situé à cinq kilomètres de Tunis, au milieu d'une vallée gracieuse, fertile et traversée par un aqueduc qui date de la conquête espagnole, et qui fait un effet très-joli et très-pittoresque. Il n'y avait dès le principe que l'habitation du souverain; mais la vie d'un prince musulman est organisée de telle sorte qu'il lui faut presque une ville pour le loger. Au Bardo, le sérail est sur le premier plan. C'est le palais où le sultan vit pendant le jour, où il reçoit les étrangers, où il travaille avec ses ministres, où demeurent les principaux personnages de sa maison civile et militaire. Le palais, spacieux et vaste, offre au regard un aspect imposant. L'architecture, qui n'a pas d'époque déterminée et qui n'offre rien de remarquable au point de vue de l'art, n'est pas sans originalité et dès lors sans mérite. La façade principale qui donne sur la grande route, l'unique peut-être qui existe dans toute la Régence, est peinte en jaune et en rouge à la mode italienne.

L'intérieur du palais est, comme toujours en Orient, plus soigné que l'extérieur. L'escalier d'honneur qui conduit au pattio, flanqué de huit têtes de bêtes sauvages, est tout en marbre et d'un aspect imposant. Le pattio, orné au milieu d'une fontaine d'eau jaillissante, est entouré d'un vaste péristyle, soutenu par des colonnettes de marbre de différentes couleurs, et surmontées de chapiteaux sculptés dans le style byzantin. Les appartements de réception, les salons de gala sont très-beaux; celui dans lequel le bey nous a reçus, meublé dans le style Louis XVI, a une belle vue sur la campagne. Ce qui m'a le plus frappé, c'est la quantité de glaces suspendues contre les murs. Le plafond lui-même était formé de morceaux de glaces en losange retenus par des cadres en bois doré. Ce genre d'ornementation répand dans l'appartement une grande gaieté et produit un effet charmant. Au sérail est adossée une série de palais composant le harem. La rareté des croisées, très-étroites et garnies de doubles grilles, donne à ces bâtiments un aspect lugubre. Le harem est aujourd'hui vide et silencieux, le bey n'ayant qu'une femme au moins de son âge. Son prédécesseur en avait neuf cents et pouvait les loger à l'aise. Vous jugerez par là du nombre et de la dimension de ces divers palais, attendu qu'on n'entasse pas des odalisques comme des soldats dans les salles d'une caserne.

Un mot d'ailleurs sur le sérail de Mohammed-Bey. Il avait en effet neuf cents femmes, mais, parmi elles, trente ou quarante au plus, épouses ou concubines, servaient à ses plaisirs. Le reste était employé à des ouvrages serviles. Dans un harem de grand seigneur bien tenu et bien organisé, chaque épouse et chaque favorite a sa maison particulière, ses coiffeuses, ses baigneuses, ses couturières, ses repasseuses, ses cuisinières, et enfin tous ces êtres inutiles qui composent les légions de domestiques que l'on possède en Orient. A côté des serviteurs vivent les enfants et les eunuques, de façon que chaque odalisque a besoin pour elle seule d'un palais tout entier. De plus, dans ces pays d'immobilité, où l'on a l'horreur du changement, les domestiques qui entrent enfants dans une maison n'en sortent guère qu'avec la vie. Aussi dans tout harem un peu nombreux y a-t-il une masse de pauvres femmes vieillies et devenues infirmes en remplissant les fonctions les plus viles, que le maître connaît à peine de nom, qu'il n'a peut-être même jamais vues. Elles ne comptent pas moins au nombre de ses femmes, et sont à sa disposition tout aussi bien que les jeunes et les jolies; et si, dans un moment de joyeuse humeur, celui-ci découvre à une laveuse de vaisselle des charmes qui fassent naître en lui quelque désir, il n'a qu'à dire un mot, qu'à faire un geste, et cette malheureuse fille, accoutumée à voir en son maître un homme d'une caste supérieure, se prêtera avec ivresse à un rapprochement qui flatte sa vanité et qui peut améliorer sa position. Si cette fantaisie n'a pas de suite, cette sultane d'un moment retombera dans l'abjection où elle a été prise. Si le prince au contraire revient à elle, elle sort avec fracas de son obscurité; elle se couvre d'étoffes de brocart, se pare de diamants, et se compose une maison. On passe du reste avec autant de facilité de l'office au salon qu'on retourne du salon à l'office; aussi ces chutes et ces élévations, dont on est témoin tous les jours, n'étonnent-elles personne, et les hommes, comme les femmes, tirent toute leur considération de la position qu'ils occupent. Je suis convaincu de la vérité de la légende qui montre Bélisaire demandant l'aumône dans les rues de Constantinople; de même, à Tunis, on a vu cent fois des favorites, chassées après la mort de leur maître, remplir, pour vivre, les plus vils et les plus pénibles métiers.

Autour du bey sont venus se grouper les ministres et toutes les personnes qui sont sous leurs ordres, ou qui vivent de leurs libéralités. Les membres de la famille régnante qu'on veut avoir sous la main, dont on désire connaître tous les actes, sont logés dans des palais voisins, de même que les serviteurs et les fournisseurs de tous ces personnages. Avec ces divers éléments il s'est formé une petite ville de quinze cents à deux mille habitants, entourée de remparts, avec créneaux, machicoulis, portes à ponts-levis s'ouvrant avec le jour et se fermant avec la nuit, enfin avec l'attirail dont le moyen âge avait garni les forteresses.

Pour être la ville des beys et des ministres, il ne faut pas croire que le Bardo ne soit composé que de maisons splendides. Les marchands qui y demeurent ont des boutiques sombres et étroites, taillées dans le mur comme des antres de bêtes fauves, et fermées avec un luxe de cadenas qui prouve avec évidence que les voleurs auprès du bey sont aussi à redouter que dans les bazars de Tunis. Les riches y attirent les pauvres; tout autour du palais, jusque sur l'escalier de marbre, vous voyez une variété de gueux bien remarquable : aveugles, culs-de-jatte, manchots, rien n'y manque. En Europe, les serviteurs du plus petit château ne souffriraient pas que l'œil de leur maître fût affligé d'un si dégoûtant spectacle. En Orient, l'extrême misère coudoie l'extrême opulence. L'une s'étale et vit auprès de l'autre. J'ai compris, en visitant le Bardo, la parabole du mauvais riche; et je suis convaincu qu'il pouvait y avoir en Judée, du temps de Jésus, des mendiants rôdant, comme nos chiens, autour des tables des grands seigneurs et se nourrissant des miettes tombant de leurs festins. Des Arabes en guenilles, venus du désert pour porter plainte au bey, pour lui exposer un différend, quelquefois pour lui demander conseil ou protester seulement de leur fidélité, bavardent, mangent et dorment à la porte même du sérail, attendant leur moment d'audience; on a même eu la précaution de répandre des bancs un peu partout, pour aller au secours de leur nonchalance.

Toutes les maisons du Bardo appartiennent au bey; raison de plus pour qu'elles soient mal entretenues par ceux qui les habitent. Aussi les ruines abondent-elles, comme dans les plus pauvres quartiers de Tunis. Qu'une tempête ou un incendie attaque une maison, elle croule; celui qui l'habitait se réfugie dans une autre, et personne n'a l'idée de relever ou même de déblayer ces ruines. En face de la fenêtre du salon d'honneur habité par le bey, et d'où l'œil peut voir le plus charmant panorama, j'ai vu une maison frappée de la foudre; ses toits étaient effondrés, ses croisées déformées, ses murs noircis par le feu, lézardés et ruinés. Ce spectacle, qui m'a navré, n'a jamais attiré l'attention du bey ou de ses majordomes. C'est que l'Orient est le pays des contrastes; d'ailleurs, la misère est si répandue qu'elle se montre partout et ne choque personne; et puis nos délicatesses, nos raffinements sont tout à fait étrangers à ces populations, qui ne font pas de cas de notre bien-être, et dont les grands seigneurs ont imité notre luxe, sans se défaire de leurs habitudes barbares. On ne croira jamais que le palais du souverain est inabordable après un orage; grâce à l'inégalité des terrains et à l'obstrusion des fossés, il se forme devant la porte d'entrée une espèce de lac qu'il est impossible de franchir, sans prendre le parti héroïque de se mouiller les pieds. Étant en voiture, je me trouvai à l'abri de ces inconvénients; mais, sous une voûte, je fus tout inondé d'eau. Le toit en mauvais état laissait, à travers les pierres, filtrer la pluie, qui tombait par larges gouttes dans le chemin. L'action de l'eau avait déjà détaché quelques lambeaux de mortier. Qu'une pierre tombe, et la voûte toute entière croulera. Une poignée de chaux préviendrait ce désastre. Bah! on n'a pas tant de prévoyance à Tunis; on avisera, quand la voie sera tout à fait fermée. Aujourd'hui l'on passe, et cela suffit.

Ce contraste entre le laid et le beau, entre le luxe et le dénûment, qui est plus remarqué au Bardo, se retrouve partout. Je me souviens être allé visiter un jour un palais délicieux qu'un grand seigneur du pays a fait bâtir au milieu d'un bosquet d'orangers, de grenadiers et de palmiers. C'est un lieu d'enchantement; des norias inépuisables, mises en mouvement par d'infatigables chameaux, arrosent des champs littéralement couverts de fruits et de fleurs. Le palais, construit dans le pur style byzantin, est féerique. En entrant dans ces Hespérides, j'eus le cœur soulevé par une odeur fétide, je jetai avec anxiété les yeux autour de moi, et je vis, à quelques pas de la porte d'entrée, dans le fossé de ceinture des jardins, les débris d'une charogne d'âne. Les membres, à moitié dévorés par les chiens et les bêtes fauves, étaient répandus çà et là dans un petit espace. Le maître de céans avait à son service plus de cent domestiques; il passait au moins deux fois par jour par cette porte, et il n'avait pas eu même l'idée de faire enlever cette cause permanente d'infection et de danger. Cette bête morte était, d'après le Coran, la proie naturelle des animaux carnassiers. L'on se faisait scrupule, en l'enterrant, de la soustraire à leur voracité.

Quelques chrétiens vivent au Bardo. Ce sont des fils d'esclaves devenus libres, mais qui restent volontairement dans la situation très-douce que leur avait faite l'esclavage. L'usage veut que le premier médecin du bey soit chrétien. C'est aujourd'hui un Génois, nommé Costa (1), qui remplit avec distinction ces importantes fonctions. Le gardien de l'eau du bey était aussi chrétien et doit l'être toujours. C'est un poste de confiance, très-lucratif et très-important. L'étiquette veut qu'il en soit de même du garde-pipes et souvent du cuisinier.

Le Bardo, ville exceptionnelle, a une physionomie toute particulière. Elle est plus mal percée que le plus affreux quartier de Tunis. Il y a plus d'impasses que de rues, et il est impossible à un étranger de s'y reconnaître. Les bêtes, si nombreuses à Tunis, y sont très-rares ainsi que les voitures. En revanche, on y

---

(1) J'ai appris depuis qu'il était mort.

rencontre beaucoup de piétons. La foule des solliciteurs et des curieux est très-compacte à certains jours et à certaines heures. Elle est grossie par les habitants du Bardo, la plupart désœuvrés et n'en sortant jamais. On y coudoie tous les princes de la famille régnante, qui sont tous très-hospitaliers, et pour qui la visite d'un étranger est une interruption de la monotonie de leur triste vie. Je me souviens d'avoir, un jour, rencontré au Bardo Namyn-Bey, frère d'Ahmed et cousin-germain du prince régnant. Comme un simple bourgeois de Tunis, il se chauffait au soleil sur le seuil de sa porte. A ma vue il témoigna une vive joie, et, après plusieurs embrassades, il me fit entrer dans son palais, où une collation, composée de fruits exquis et de vins de France, nous fut servie. Son salon, meublé à l'européenne, était pavé de tapis de Nîmes et garni de meubles d'Aubusson. Contre les murs étaient fixés, malgré les prescriptions du Coran, plusieurs tableaux représentant tous l'empereur Napoléon III sous divers costumes et dans diverses attitudes. Namyn-Bey, qui a voué à ce monarque une espèce de culte, connaît tous les détails de sa vie glorieuse et romanesque. J'étais tout surpris de voir combien les moindres faits de notre histoire nationale lui étaient familiers, surtout ceux qui se rapportaient au souverain. L'état de captivité où il vivait, comme tous les princes du sang, ne lui était, disait-il, si pénible que parce qu'il l'empêchait d'aller à Paris apporter à son héros le juste tribut de son admiration. A deux pas de notre table, dans le salon, assis par terre, à la mode de nos tailleurs, travaillaient une douzaine de jeunes brodeurs juifs, occupés à décorer des vestes d'enfants. D'ordinaire, Namyn-Bey présidait en personne à ces travaux, guidait la bande et prenait l'aiguille au besoin. Voilà cependant la vie abrutissante que la méfiance du gouvernement a faite à un homme distingué, né sur les marches du trône, dont il n'est séparé que par quelques têtes, et qui y montera, si sa vie se prolonge au-delà de celles de ses agnats.

Le souverain doit habiter le Bardo; mais c'est un principe auquel on déroge souvent, attendu qu'il existe un sot préjugé d'après lequel le nouveau bey ne peut, sans courir risque d'un malheur, demeurer sous le toit où est mort son prédécesseur. Ahmed-Bey préférait la Mohamédié, qui fut abandonnée pour la Marsa par Mohammed-Bey son successeur. Mohammed-el-Sadak est rentré au Bardo, qu'il ne quitte presque jamais; le Bardo est du reste, dans tous les cas, la ville des affaires et des réceptions. Les beys ne vivent ailleurs qu'en villégiature. Toutes les cérémonies les rappellent au Bardo, d'où ils ne peuvent jamais s'éloigner beaucoup.

Les musulmans ne savent pas conserver. Une maison qui n'est plus habitée devient en peu de temps une ruine. Tel a été le sort du beau palais de la Mohamédié. Tel eût été celui de la Marsa, si elle n'était devenue la villa du consul d'Angleterre. Le bey possède aussi dans Tunis un palais où il séjourne, quand il vient en ville. Mais il n'y couche presque jamais. Le palais est surtout destiné aux princes européens qui viennent visiter la Régence.

CHAPITRE XXIV.

Abrégé chronologique des deys de Tunis.

1° IBRAHIM RODESSELI-DEY,

Ainsi nommé parce qu'il était né à Rhodes, fut élu à la suite d'une révolte militaire triomphante ; épouvanté des dangers d'une situation encore plus précaire que brillante, il demanda au divan qu'il présidait l'autorisation d'aller faire un pèlerinage à La Mecque. C'était un prétexte honorable de se défaire d'un pouvoir qu'il n'avait pas la force de conserver. Il ne reparut plus à Tunis ; il consacra au recueillement et à la prière des jours qu'il sentait impropres au commandement. (De 1590 à 1592.)

2° MOUSSA-DEY

Abandonna de même un sceptre trop lourd pour ses faibles mains. (De 1592 à 1593.)

3° KARA OTHMAN-DEY

Dompta le divan et les janissaires, créa les charges

de bey administrateur et commandant des tribus, et celle de captan ou chef de la marine, accueillit les Maures chassés d'Espagne par Philippe III, fonda les villes de Zaoughan, Soliman, Testour et Tébourda, reçut la fameuse ambassade conduite par le comte Savary de Brèves, et mourut le 30 septembre 1610. (De 1593 à 1610.)

4° Yousouf-Dey,

Soldat de fortune, favori d'Othman, bâtit la belle mosquée de Tunis qui porte son nom, mourut le 30 novembre 1637. (De 1610 à 1637.)

5° Ousta Mourad-Dey,

Corsaire célèbre par ses exploits et ses richesses acquises dans la course, agrandit Porto-Farina. (De 1637 1640.)

6° Ahmed Khodja-Dey,

Né à Sinope, organisa les smalas, sorte de milice mobile composée d'Arabes. (De 1640 à 1647.)

7° Hadj Mohammed Laz-Dey

Permit l'ouverture d'une chapelle catholique à Tunis; jusque-là, le service ne s'était fait que dans l'île de Tabarque. (De 1647 à 1653.)

8° Hadj Moustapha Laz-Dey

Envoya à la cour de Louis XIV son favori, Sidi Ramdan, chargé de magnifiques présents pour ce souverain, fut obligé, pour obtenir l'éloignement de l'amiral anglais, Robert Black, qui avait détruit huit bâtiments de guerre, démoli le fort de Porto-Farina, et s'apprêtait à commettre d'autres dégâts, de rendre la liberté à tous les prisonniers anglais et hollandais qui gémissaient dans les bagnes de la Régence, construisit le fortin que l'on voit dans l'île de Chikli, au milieu du lac de Baheirah. (De 1653 à 1665.)

9° Hadj Moustapha Karakous-Dey,

Fameux par sa cruauté, fut renversé par le peuple réuni aux janissaires en révolte, et assassiné dans sa propre demeure, où il avait été renvoyé après sa chute. (De 1665 à 1667.)

10° Hadj Oghli-Dey,

Ancien corsaire, déposé à cause de son imbécillité. (De 1667 à 1669.)

11° Hadj Chaban-Dey

Signa avec le marquis de Martel un traité par lequel les sujets du sultan, chrétiens grecs, étaient mis sous la protection du consul de France, fut déposé et interné à Zaoughan, où il mourut bientôt après. (De 1669 à 1672.)

12° Hadj Mohammed Mentéchali-Dey,

Faible et incapable, est renversé par les janissaires soulevés. (De 1671 à 1673.)

13° Hadj Ali Laz-Dey,

Comme ses prédécesseurs, victime des intrigues des beys dont le pouvoir grandissait chaque jour, est assiégé dans Tunis par Mourad-Bey, et déposé après un règne de quelques mois. (1673.)

14° Hadj Mohammed Djemal-Dey

Reçut la visite du marquis d'Humières, ne régna qu'au milieu des troubles suscités par les beys, et fut déposé. (De 1673 à 1676.)

15° Hadj Mohammed Bichara-Dey,

Renversé par Mohammed-Bey, est mis à mort. (De 1676 à 1677.)

16° Hadj Mohammed Djemal-Dey

Remonte sur le trône, mais il est déposé encore l'année suivante et étranglé. (De 1677 à 1678.)

17° Ouzoun Ahmed-Dey,

Après un règne de trois jours, est étranglé par les ordres d'Ali-Bey. (1678.)

18° Mohammed Tabak-Dey

Forma les régiments de hambas, sorte de gardes du corps du souverain, qui existe encore, ne cessa de lutter contre les beys Mohammed et Ali, enfin fut arrêté au Bardo, déposé, envoyé en exil à Porto-Farina et étranglé en route. (De 1678 à 1682.)

19° Ahmed Chéléby-Dey

Signa avec le maréchal d'Estrées (30 août 1685) un traité de commerce très-favorable aux résidents français, fut renversé par les beys Mohammed et Ali, déposé et mis à mort. (De 1682 à 1686.)

20° Hadj Mohammed Baktache-Dey

Assiste aux querelles des deux beys qui se partagent la Régence, et meurt au milieu des troubles qu'il n'a ni l'adresse de prévenir ni la force de dompter. (De 1686 à 1688.)

21° Ali-el-Raïs-Dey

Vit son règne marqué par la peste, la famine et la guerre civile. Désespérant de gouverner un pays en proie à l'anarchie et frappé des plus terribles fléaux, il s'échappa clandestinement de son palais, et se réfugia en Europe. (De 1688 à 1694.)

22° Ibrahim Khodja-Dey

Ne régna que quelques mois, pendant lesquels il fut constamment en guerre avec les Algériens. Il ne sut pas défendre Tunis, qui fut assiégée et prise par Mohammed-ben-Cheker. Il fut déposé et exilé à Soussah où il finit ses jours. (1694.)

23° Mohammed Khodja Ier-Dey,

Créature de ben-Cheker, fut nommé par son influence, et déposé après trois jours de règne. (1694.)

24° Mohammed Tatar-Dey

Vit son règne inauguré par le pillage de Tunis tombée au pouvoir des Algériens commandés par le dey lui-même, Hadj Chaban, fut obligé d'avoir recours à la violence contre les chrétiens et les juifs, pour satisfaire aux exigences des vainqueurs, ne vécut que dans le désordre et dans l'anarchie, et, voyant sa cause perdue, fit piller sa capitale par ses soldats. (De 1694 à 1695.)

25° Yakoub-Dey

Fut nommé à la place de Mohammed enfermé dans la Casbah, força ce dernier à se rendre, lui accorda la vie sauve, et lui permit de se retirer dans un marabout. Mais le peuple, toujours impitoyable pour les faibles et les vaincus, envahit le sanctuaire où il s'était retiré, le massacra, plaça sa tête au bout d'une pique, et la promena dans les rues de Tunis. Des Européens prétendirent que plusieurs de ces cannibales s'étaient repus des lambeaux de chair de ce maître redouté. Yakoub n'était que la créature de Mohammed-Bey, qui le déposa après cinq mois de règne. (1695.)

26° Hadj Mohammed Khodja II-Dey.

L'autorité des deys diminue chaque jour et s'efface devant le pouvoir croissant des beys. Mohammed Khodja n'est que le spectateur des conflits sanglants qui s'élevèrent entre Ramdan-Bey et son neveu Mourad. L'histoire de Tunis n'est qu'une série de drames qui feraient merveille sur un des théâtres du Boulevart. Ramdan-Bey, excité par son favori Mazoul, renégat florentin, fait saisir et enfermer son neveu dans une prison du Bardo. Surpris au moment où il allait s'évader, ce jeune prince est condamné à perdre la vue. Un chirurgien français, nommé Carlier, est désigné pour l'exécution de cette cruelle sentence. Soit qu'il fût ému de pitié, soit qu'il fût gagné par les amis du prince, le fait est qu'il agit avec tant d'adresse qu'il conserva la vue au condamné, tout en paraissant l'avoir aveuglé. Dans cet état, le prisonnier fut envoyé à Soussah. Comme on le croyait incapable de nuire, il fut mal surveillé par l'aga du château à qui sa garde avait avait été confiée. Il put donc s'enfuir dans la montagne, et faire de là appel à ses partisans. Sa jeunesse, ses malheurs, son courage intrépide, son éloquence, avaient favorablement disposé les populations guerrières, remuantes et passionnées, parmi lesquelles il s'était réfugié. Des milliers de combattants vinrent se ranger sous ses drapeaux. En vain son oncle essaya-t-il de le refouler dans le désert; vaincu en bataille rangée, il fut saisi à Soussah, d'où il comptait s'enfuir à Alger, et étranglé. Son neveu Mourad, âgé de dix-huit ans seulement, fut proclamé bey à sa place. Mohammed Khodja partagea la fortune de Ramdan-Bey; élevé par lui, il fut déposé après la chute de son protecteur. (De 1695 à 1699).

27° DALI MOHAMMED-DEY

N'est qu'un serviteur de Mourad-Bey qui envahit l'Algérie, et va mettre le siége devant Constantine; il échoue devant cette place réputée imprenable et ne ramène à Tunis qu'une faible partie de son armée ; irrité de son échec, il fait à son retour déposer le malheureux dey qui n'avait eu que le tort de ne s'être pas opposé à sa folle entreprise. (De 1699 à 1701.)

28° Kahouadj Mohammed-Dey

Était un ancien cafetier que Mourad-Bey éleva sur le pavois. Son protecteur ayant été assassiné avec tous ses parents par ses soldats en révolte sur les bords de l'Oued-Zerga, il fut renversé par Ibrahim-el-Chérif, le vainqueur de Mourad-Bey, déposé et remplacé par (de 1701 à 1702).

29° Kara Moustapha-Dey.

Le pouvoir de ce dernier ne fut qu'éphémère. Ibrahim-el-Chérif concentra dans ses mains les triples fonctions de dey, de bey et de pacha. (1702.)

30° Ibrahim-el-Chérif-Dey

Clôt la liste des deys souverains de Tunis ; il fit la guerre aux Tripolitains et assiégea en vain leur capitale. Son règne fut affligé par la peste. On dit que quarante-quatre mille personnes furent victimes du fléau dans les murs seuls de Tunis. Le père Parfait, préfet apostolique, succomba, bien qu'il eût pris la précaution de ne pas entrer dans le Fondoug où étaient soignés les Français malades, et qu'il n'écoutât leurs confessions qu'à travers un grillage placé devant la porte d'entrée. Les Algériens, non moins impitoyables, envahirent la Régence, et, secondés par des tribus en révolte, battirent, à pleine couture, près du Kef, Ibrahim-Dey qui fut fait prisonnier avec son frère. Il périt bientôt après sous le poignard des sicaires de Hossein-ben-Ali. Avec lui finit misérablement la triste dynastie des deys. Les beys dont ils étaient devenus les serviles instruments obtinrent officiellement le pouvoir souverain qu'ils exerçaient de fait depuis plus d'un quart de siècle. (De 1702 à 1705.)

CHAPITRE XXV.

Abrégé de l'histoire de Tunis

DEPUIS LA CHUTE DES DEYS JUSQU'A LA MORT D'HAMOUDA-PACHA.

Hossein-ben-Ali,

Fils d'un renégat grec, est nommé bey héréditaire. Mohammed Khodja-el-Azéar, élevé au titre de dey, n'est plus qu'un serviteur qui sera renversé et décapité, dès qu'il voudra revendiquer ses droits et les faire respecter (1706).

Les Algériens, qui avaient envahi la Régence et réussi à mettre le siége devant Tunis, sont défaits, et leur retraite est désastreuse. Hossein signe de nouveaux traités avec la France (1710) et avec les États de Hollande (1713). Resté sans enfants, il désigne et fait élire, comme bey du camp, son neveu Ali qu'il affectionnait. L'arrivée d'une jeune esclave génoise, élevée au rang d'épouse, et qui le rend dans sa vieillesse père de deux garçons (1), jette le trouble dans l'union qui existait entre l'oncle et le neveu, et change en haine farouche leurs sentiments d'affection. Ali était

---

(1) Elle lui donna aussi deux filles.

audacieux, énergique et ambitieux. Le vain titre de pacha qui, sur la demande de son oncle, venait de lui être accordé par la Sublime Porte, ne pouvait satisfaire son ambition, surexcitée par la perspective d'un trône. Alléguant l'origine chrétienne de la mère et son obstination à repousser l'islamisme, il ne reconnaît pas aux enfants du prince qu'il traite de bâtards le droit d'entrer dans la famille hosseinite, lève l'étendard de la révolte, mais il est battu et contraint de se réfugier à Alger, où Abdi-Dey, refusant de le mettre à mort, s'engage à le maintenir en prison, hors d'état de nuire, moyennant une rente de dix mille sequins. Bientôt après Abdi, séduit par son prisonnier, met à sa disposition une armée considérable pour la conquête de la Tunisie. Hossein-Bey accourt au-devant de son neveu ; mais, à Smendja, trahi par des tribus qu'il avait crues fidèles, il est défait et obligé de s'enfuir à Kairouan, où il est rejoint par ses fils Mohammed et Ali-Beys. (De 1705 à 1735.)

Ali-Pacha,

Proclamé bey, fait son entrée triomphale à Tunis, ayant à ses côtés son fils Sidi Younès-Bey qui, par son courage et son habileté, avait grandement contribué à sa victoire. Hossein résista, pendant cinq ans, à son neveu avec des chances alternées de succès et de revers; enfin, assiégé dans Kairouan, réduit à la dernière extrémité, il essaya en vain de fuir; il fut fait prisonnier par son petit-neveu Younès qui prit un barbare plaisir à trancher la tête de ce vieillard distingué qui non-seulement était le chef de sa famille, mais le fondateur d'une dynastie.

Ali-Pacha, enorgueilli par ses succès, contraignit M. Gauthier, consul de France, à lui baiser la main, marque de vassalité dont lui seul, dans la Régence, était exempt (1). L'année suivante, son fils Younès s'em-

(1) Voici comment s'accomplit ce grave événement. Il nous apprendra quelle était la situation précaire des Européens que l'amour du lucre ou la passion des aventures poussait dans les royaumes barbaresques.

En 1740, Ali-Pacha, ayant fait venir au Bardo le drogman du consul de France, lui déclara qu'il trouvait étrange que son chef, admis à l'honneur de le voir, se refusât à lui baiser la main, et ajouta d'un ton impératif qu'il espérait que ce scandale cesserait à l'avenir, et que le consul de France, imitant ses collègues, rendrait au souverain du pays qu'il habitait l'hommage qui lui était dû, et auquel personne autre que lui n'avait jamais songé à se soustraire. Le drogman ayant voulu invoquer la tradition et citer les capitulations où ce privilége était accordé à la France, le bey répondit avec colère qu'il ne reconnaissait à personne le droit de lui désobéir, ou de lui faire la loi dans ses États; qu'il avait du reste la volonté et le pouvoir de faire cesser tout usage imprudemment établi par ses prédécesseurs et portant atteinte à l'autorité qu'il avait reçue de Dieu et au prestige qui lui était nécessaire pour l'administration de ses peuples, et finit par dire au drogman épouvanté qu'il déclarerait la guerre à la France, si son représentant refusait de se soumettre à l'étiquette acceptée par tout le monde, même par les princes du sang.

Les exigences du bey furent à peine connues du consul qu'il réunit les négociants français et demanda leur avis dans cette difficile conjoncture. Le conseil eut le courage de décider unanimement qu'il fallait résister aux prétentions d'Ali-Pacha, et délégua deux notables pour apporter au Bardo la cause motivée de leur résistance. Le bey était altier, opiniâtre, rempli d'amour-propre et d'orgueil. Il avait mis son point d'honneur à sortir triomphant de la lutte qu'il avait engagée; aussi fit-il répondre aux deux députés qu'il maintenait sa volonté, et qu'il était résolu, coûte que coûte, à la faire prévaloir. Malgré ces menaces, le conseil décida que son chef devait s'abstenir de se rendre au Bardo, le jour de la réception, et eux quitter la Régence plutôt que de renoncer à un privilége qui établissait, en faveur de leur nation, une sorte de suprématie sur toutes les autres. Le bey, accoutumé à voir tout plier devant lui, s'indigna de tant de fermeté, et, oubliant toute prudence, il fit cerner le fondouq français par ses janissaires. Leur chef, introduit auprès du consul, le met dans l'alternative ou d'obéir ou de périr sous le glaive des chaouchs. Le caractère entier, téméraire et cruel du bey ne laissait aucun doute sur l'issue tragique de cette affaire. M. Gauthier, dont le cœur était à la hauteur de ces éminentes fonctions, était décidé à sacrifier sa vie à son devoir, et il ne consentit à aller au Bardo (14 mai 1740) s'incliner devant ce barbare et lui baiser la main, que pour prévenir la ruine des hommes dont il était le chef et le protecteur.

para de l'île de Tabarque (1741), appartenant aux Lomellini de Gênes, mais placée sous la protection de la France. L'officier de marine, Saurins, essaye de reconquérir Tabarque; mais il est trahi, défait, fait prisonnier, et sauvé de la mort par la généreuse intercession de Sidi Younès-Bey, émerveillé du courage chevaleresque et de l'héroïque résignation de cet homme de guerre. Ali-Pacha, jaloux de la grande autorité d'Younès-Bey, dont il connaît l'audace et l'ambition, et craignant pour son pouvoir, prête l'oreille aux suggestions de son second fils Mohammed-Bey, et résout, de concert avec lui, la perte de son fils aîné. Younès apprend un jour, au milieu de son harem, qu'il a à choisir entre l'exil et la mort. Il opte naturellement pour l'exil; il devait partir le lendemain; il feint, le soir, d'aller dîner à la Manouba, comme il avait coutume de faire; mais, quand il est hors de la vue des sentinelles du Bardo, il rebrousse chemin, et, gagnant par des sentiers détournés la ville de Tunis, y pénètre en massacrant le gardien d'une des portes, soulève les soldats de la Casbah travaillés par des émissaires, se fait proclamer bey, résiste pendant deux mois contre les forces envoyées par son père et ses frères (1752), et enfin, voyant sa cause perdue, se réfugie à Constantine. Mohammed-Bey, débarrassé d'Younès, devint jaloux de Soliman, son plus jeune frère, et le fit empoisonner. Ces crimes furent commis en vain; la main de Dieu arrêta ce monstre sur le seuil du trône, où il n'aurait monté qu'à l'aide de deux fratricides. Le bey de Constantine, ayant envahi le territoire de la Régence, trouva à chaque pas des soldats qui vinrent s'enrôler sous sa bannière. Le bey et son fils, devenus odieux par leur férocité et leur perfidie, réduits à un noyau de partisans, ne purent se défendre et contre leurs peuples soulevés et contre leurs ennemis du dehors. Saisis tous les deux après la prise de Tunis, ils eurent la tête tranchée, subissant ainsi le châtiment qu'ils avaient infligé à tous les membres de leur famille, et que Dieu leur avait réservé, malgré l'éclat de leur rang et l'étendue de leur pouvoir. (De 1735 à 1756.)

Mohammed-Bey

Monta sur le trône dont il était, comme fils de Hossein-ben-Ali, le légitime héritier. Une querelle survenue entre Ali-Bey, frère de Mohammed, et Hossein, bey de Constantine, mit le nouveau souverain à deux doigts de sa perte. Tunis, qui était encore au pouvoir des Algériens, fut pillée par eux sans merci. Le consulat de France ne fut pas épargné ; tout l'or qu'il contenait fut enlevé, et les archives déchirées ou brûlées. Mohammed, assiégé dans le Bardo, allait tomber à la merci de ces dangereux protecteurs, devenus tout à coup d'impitoyables ennemis, lorsqu'il fut délivré par son frère, Ali-Bey, venant de Sfax, où son courage héroïque et son éloquence avaient attiré sous ses drapeaux de nombreux et vaillants partisans. Les Algériens, battus plusieurs fois par le prince dans la plaine qui sépare Tunis du Bardo, menacés dans la capitale et par les habitants indignés et par les tribus campées aux pieds des remparts, ne pouvaient résister longtemps. Néanmoins Mohammed, qui était dans le principe de faire un pont d'or à l'ennemi qui fuit, cherchait toutes les occasions propres à hâter leur départ. Dans ce but, quoique vainqueur, mais en reconnaissance des services rendus, il s'engagea à payer annuellement à l'odjak d'Alger deux chargements d'huile. Seulement, pour ménager l'amour-propre des beys et enlever à ce présent tout caractère de tribut, il fut déclaré que l'huile de Tunis serait exclusivement consacrée à alimenter les lampes sacrées qui brûlaient dans les mosquées d'Alger.

Mohammed-Bey, qui à la bonté joignait la fermeté, la prudence et l'habileté, semblait promettre un règne heureux à la Régence, décimée et ruinée par la guerre civile. La mort de ce jeune prince, arrivée subitement après moins de trois ans de règne, plongea dans la tristesse la population de Tunis, avec d'autant plus de raison que, en présence d'un oncle habile et ambitieux et de deux neveux orphelins, on voyait se rouvrir la source de malheurs et de désastres qui avait affligé les deux règnes précédents. (De 1756 à 1759.)

Ali-Bey

Succéda à son frère Mohammed; mais il ne fut investi du pouvoir par le divan qu'après avoir pris l'engagement de céder le trône au fils aîné du prince défunt, Mahmoud, lorsque celui-ci aurait atteint sa majorité. Ali-Bey renouvela (1760) les anciens traités avec la Hollande, reçut la visite de lord Cléveland, ministre plénipotentiaire anglais, qui refusa de se soumettre (1) à l'humiliante formalité du baisement de main et du

---

(1) On eut recours à un stratagème pour ménager l'orgueil de l'ambassadeur anglais et l'amour-propre du bey. Il fut convenu que lord Cléveland serait reçu, non pas officiellement dans la grande salle du Bardo, mais amicalement dans un pavillon dépendant du palais.

changement de pantoufles, et celle du chevalier de Bompart qui arriva dans le mouillage de la Goulette avec une escorte imposante, composée de sept vaisseaux de ligne et d'un chebeck, signa avec M. de Saizieu (1768), consul de France, un traité qui assurait à la compagnie française d'Afrique le droit exclusif de la pêche du corail. Des prisonniers corses, faits pendant la guerre de l'indépendance, et qu'Ali-Bey refusa de mettre en liberté après l'annexion de l'île à la France, furent la cause d'une guerre assez vive entre la Régence et sa plus ancienne et meilleure alliée. Le comte de Broves, commandant de l'escadre, bombarda Porto-Farina, Bizerte, Soussah et Monastir. Un ministre de la Porte, envoyé auprès du bey pour réclamer le contingent de troupes qu'il devait fournir au sultan dans sa guerre contre les Russes, se fit le négociateur de la paix, qui fut signée, au nom du roi, par M. de Saizieu, en 1770. Ibrahim Khodja, esclave géorgien devenu premier ministre et gendre du bey, alla à Versailles apporter à Louis XV de magnifiques présents de la part de son maître. Ali-Bey, sage et ferme, avait fait parvenir la Régence à un point de prospérité depuis longtemps inconnu. Il n'avait été parjure qu'à la promesse faite à son neveu Mahmoud de lui céder le trône à sa majorité. Celui-ci, qui avait hérité de la grande capacité de Mohammed-Bey, avait au cœur cette légitime ambition qui ne fait jamais défaut à un homme qui a la conscience de sa valeur. Il voyait avec un profond regret le trône illustré par son père et auquel Dieu l'avait destiné, occupé par un étranger. Mais comme il savait que tous ses actes étaient épiés, toutes ses paroles commentées, et que le dernier supplice suivrait inévitablement toute tentative entreprise pour la revendication de ses droits, il sut faire plier ses passions devant la dure loi de la nécessité. Aussi, tant que vécut son oncle, parut-il satisfait de vivre au second rang. A sa mort, il s'effaça devant son cousin, Hamouda-Pacha, qui, investi du titre de bey du camp du vivant de son père, fut, à sa mort, appelé à remplir le trône. (De 1759 à 1782.)

Hamouda-Pacha.

L'antagonisme inévitable du bey et du dey était pour la Régence une cause permanente d'agitation et de désordre. Le règne d'Ali-bey et celui de son fils Hamouda-Pacha vont nous montrer combien l'unité de pouvoir est utile à la prospérité d'un État, au bien-être du peuple comme à la sécurité du souverain. Hamouda-Pacha, du reste, avait toutes les qualités et même tous les défauts qui font un grand prince musulman. A une clairvoyance excessive il joignait une inébranlable fermeté. Toujours en quête de présents auprès des consuls étrangers, il était cependant, avec les souverains dont il recherchait l'amitié et avec ses ministres dont il voulait récompenser le zèle et l'habileté, d'une générosité sans égale(1). Inflexible dans ses arrêts et parfois cruel jusqu'à la férocité, il apportait

(1) Hamouda-Pacha était à l'apogée de la puissance, lorsque Chateaubriand, au retour de Jérusalem, vint se reposer à Tunis et visiter les ruines de Carthage. Chateaubriand, assez loquace en général, est silencieux et d'une réserve excessive au sujet de ce prince remarquable qu'il n'a pas même vu probablement : « Le bey actuel est un homme habile... Il parle italien, cause avec esprit et entend mieux la politique de l'Europe que la plupart des Orientaux. » Voilà tout; c'est bien peu pour un écrivain de tant d'imagination.

dans ses fonctions de juge une impartialité et une perspicacité remarquables. Sa sévérité n'a jamais effrayé un innocent ; et plusieurs de ses sentences, devenues célèbres, fournissent le sujet de piquantes anecdotes. Téméraire à l'occasion, il était prudent d'ordinaire et circonspect. Fastueux, altier, dominateur, il savait être économe, faire plier son orgueil devant la nécessité et supporter la contradiction de la part d'un ministre, dont il avait reconnu le dévouement et la perspicacité. Il avait de la fermeté, un grand esprit de suite et du zèle pour la religion ; enfin il savait s'entourer de cette pompe tragique et mystérieuse, si convenable au chef couronné de forbans qui étaient, depuis des siècles, la terreur de la chrétienté. Hamouda-Pacha, mécontent du gouvernement de Venise qui refusait de payer une indemnité à des marchands de Sfax dépouillés sur un vaisseau portant le pavillon de la République, enjoignit (22 janvier 1784) au chevalier Quérini de quitter, lui et les siens, les États de la régence en vingt-quatre heures. A la suite de cet acte de violence, le chevalier Émo, si redoutable sur toutes les côtes de Barbarie, parut (1ᵉʳ septembre 1784) dans les eaux de Tunis, à la tête d'une escadre composée de trois vaisseaux de ligne, d'une frégate, de deux chebecks, de deux bombardes et d'une demi-galère, bombarda la ville de Soussah, qui fut à moitié détruite, Sfax, et la Goulette. L'attaque sur ce dernier point fut si vive et si habilement dirigée que les défenseurs du fort, croyant tout perdu, avaient abandonné la place et s'étaient enfuis à Tunis. L'amiral, qui n'avait pas l'ordre d'aller plus avant, fut satisfait de la terreur qu'il avait causée, et se retira à

Malte. Il reparut en mars 1786, incendia Sfax et Bizerte, qui furent entièrement détruits. Sur ces entrefaites, le chevalier Émo mourut à Malte, et le bey, qui n'avait jamais voulu traiter avec un homme qu'il considérait comme son ennemi personnel, accepta les propositions de paix qui lui furent faites par son successeur, le commandant Condulmer.

En janvier 1791, l'amiral de Brueys vint annoncer au bey la chute de la royauté absolue et apporter à M. de Château-Neuf, consul de France, les instructions du nouveau gouvernement.

Cependant la sévérité chaque jour croissante d'Hamouda-Pacha faillit lui devenir funeste. Trois mamelouks géorgiens, attachés à son service particulier, résolurent de se défaire d'un maître qui était devenu pour eux un despote insupportable. Ayant pénétré pendant la nuit du 8 au 9 février 1791 dans la chambre où il dormait, l'un d'eux s'était approché du lit à tâtons dans l'obscurité, avait saisi le prince par la barbe et allait le frapper, lorsque celui-ci, réveillé en sursaut, non-seulement détourna le bras de son agresseur, mais, dans une lutte engagée entre eux, le renversa par terre. Un complice, accouru à ce bruit et frappant dans l'ombre, atteignit le bey à la gorge et à la main. Nul doute qu'il n'eût péri sous le poignard de ces sicaires, si le sahab-et-taba, qui couchait dans la pièce voisine, ne fût accouru au secours de son maître. Pendant que les meurtriers tournaient leur rage contre le nouveau venu qui tombait à leurs pieds avec les reins fracassés d'un coup de pistolet, le bey put gagner un cabinet de toilette et refermer sur lui la porte à clef. Le troisième assassin qui était resté aux aguets, sans prendre part au combat, eut beau dire mielleusement au bey de sortir ; que ses meurtriers s'étaient retirés ; celui-ci, méfiant et clairvoyant, ne vit qu'un mensonge dans ces paroles et ne songea qu'à protéger avec des meubles la porte qui le séparait de ses meurtriers, et que ceux-ci, après avoir employé vainement la ruse, attaquaient avec l'acharnement et la fureur du désespoir. Cependant tous les serviteurs du bey, réveillés par le tumulte, étaient accourus sur le théâtre du combat, et les mamelouks, se voyant perdus, se firent sauter la cervelle pour éviter le supplice auquel ils n'avaient aucune chance d'échapper. Cette leçon terrible fut profitable au bey, en tempérant l'emportement et la cruauté de son caractère. Le sage Mohammed Khodja, dont le crédit déclinait, reprit dans les conseils sa salutaire influence, et les jeunes mignons du bey, dont les avis commençaient à prévaloir dans le divan, furent relégués dans l'antichambre d'où ils n'auraient jamais dû sortir.

Le vieil Ali Karamanli, chassé du trône de Tripoli par un aventurier turc, nommé Ali Borghoul, fut accueilli au Bardo et replacé sur le trône, l'année suivante, par les armées triomphantes d'Hamouda-Pacha.

Ismaïl-Bey, fils d'Younès, petit-fils d'Ali-Pacha, convaincu d'entretenir des relations criminelles avec les Algériens, fut saisi dans son palais du Bardo et étranglé.

La déclaration de guerre que la Porte se crut obligée de nous faire au moment de l'expédition d'Égypte altéra les bons sentiments d'Hamouda-Pacha envers la France ; mais, loin d'imiter le dey d'Alger, qui à ce sujet avait fait mettre aux fers M. Moltède et nos nationaux, il laissa M. Devoize parfaitement tranquille à Tunis, et fit protéger par ses soldats le fondoug des Français contre les fureurs de la populace qui, fanatisée par les marabouts, traitait de guerre sainte la levée de boucliers de la Porte contre le général Bonaparte.

Moustapha Khodja avait été envoyé auprès du Directoire; Moustapha Arnaout fut envoyé auprès du premier consul, nommé à vie. Hamouda-Pacha, désireux de s'attirer les bonnes grâces du jeune et brillant capitaine dont il pressentait la prodigieuse et glorieuse destinée, lui envoya, en gage d'amitié et en témoignage d'admiration, des armes et des étoffes magnifiques, et surtout de superbes lions, des autruches et des gazelles. Le premier consul, devenu empereur, conserva toute sa vie de la sympathie pour le prince africain qui, si loin du théâtre de ses exploits, avait deviné si juste, et ne laissa échapper aucune occasion de lui témoigner l'estime qu'il avait de sa rare prévoyance, de son extrême bon sens, de son caractère ferme et de son courage intrépide.

L'asile et la protection accordés par Hamouda-Pacha à certaines tribus vassales du bey de Constantine, et fuyant pour se soustraire au châtiment dont les menaçait un maître courroucé, servit de prétexte à une guerre sanglante entre les régences de Tunis et d'Alger (1806). Elle dura trois ans avec des alternatives de succès et de revers. Constantine assiégée faillit tomber au pouvoir des généraux d'Hamouda-Pacha. Elle résista cependant; mais l'issue de la lutte fut favorable au bey de Tunis, puisque, dans le traité de paix qui suivit cette campagne, il fut dispensé de donner au gouvernement d'Alger les deux chargements d'huile qu'il devait lui fournir annuellement pour l'éclairage des mosquées de la ville.

Ali-Bey, père d'Hamouda-Pacha, était un prince guerrier; il nourrissait des projets de conquête, de tous côtés, sur tous ses voisins; dans ce but il avait rempli les cadres de son armée de soldats turcs dont la supériorité était incontestable sur les Arabes. Hamouda-Pacha, enclin au despotisme et à la méfiance, n'avait jamais vu qu'avec regret les avantages immenses que son père, pour s'attirer leur dévouement et leur affection, avait prodigués à ces prétoriens turbulents et audacieux; et, depuis son avénement au trône, il n'avait jamais laissé échapper une occasion de leur enlever quelques-uns de leurs priviléges; les janissaires, de leur côté, n'avaient pas cessé de protester contre le coup d'État qui, en supprimant l'élection du dey et en rendant héréditaires dans une famille les fonctions de bey, avait détruit toute leur importance. La persistance que le prince mettait à leur arracher chaque jour les quelques prérogatives qui avaient échappé à son humeur inquisitoriale et tranchante, poussa à des actes désespérés les chefs de ces fameuses milices. Un conflit était devenu inévitable; mais, comme la lutte était inégale, les plus faibles eurent recours à la ruse. Une conspiration fut organisée. Il fut convenu, entre les conjurés, que la moitié d'entre eux se précipiterait sur le bey quand il serait en prières dans la mosquée, un jour de grande fête, et l'assassinerait avec tous les gens de sa suite, tandis que l'autre moitié, restée au Bardo, égorgerait jusqu'au dernier tous les princes hosseinites, ferait proclamer dey celui d'entre eux que le sort aurait désigné, et établirait un gouvernement en tout pareil à celui d'Alger. Le jour avait été choisi. C'était le vendredi (10 chaban 1225 de l'Hégire), 30 août 1811. La mosquée, c'était celle de Djama-ez-zitoun. Les conjurés étaient à leur place, en nombre, armés et décidés à frapper. Soit par hasard, parce qu'il était indisposé, soit à dessein, parce qu'il avait été prévenu, Hamouda-Pacha ne parut pas au service divin. Les conjurés, se croyant trahis et résolus au combat, rejetèrent avec joie leur rôle de renards pour prendre celui de lions qui convenait bien mieux à leur intrépide et énergique nature.

La nuit venue, ils sortirent en tumulte de leurs casernes, pillèrent les plus belles boutiques, envahirent le quartier des juifs où ils se livrèrent aux plus coupables excès, de là se rendirent à la Casbah dont la garnison, composée de gens initiés au complot, leur ouvrit la porte, procédèrent à la nomination du dey qui devait remplacer Hamouda, dont la déchéance fut prononcée, tirèrent le nombre de coups de canon qui annonçaient autrefois au peuple l'élection du souverain, et envoyèrent des émissaires dans les forts de la Goulette, du Kef, de Bizerte et de Soussah, pour faire connaître à leurs camarades le succès de leur entreprise. Par bonheur pour le bey, les forts de Tunis, garnis de Maures, de Coulouglis et d'Arabes en majorité, lui restèrent fidèles, et la population, indignée des scènes de pillage, de meurtre et de viol accomplies pendant la nuit de l'insurrection, reçut avec enthousiasme le sahab-et-taba, accouru au secours de la ville à la tête des mamelouks qui composaient la garde du prince.

Les consuls de France et d'Angleterre offrirent au gouvernement les services de trois officiers européens qui, prenant la direction de l'artillerie des forts, dirigèrent contre la Casbah un feu si bien nourri et si habilement lancé que le pavillon vert (celui du sultan) qu'ils avaient arboré fut abattu, les créneaux démolis et les murs de la citadelle éventrés. Les Turcs foudroyés perdirent la tête; le dey et ses ministres, renonçant à toute résistance, sortirent de la Casbah à la tête de douze cents hommes, pendant la nuit du 31 août au 1er septembre, par une porte donnant sur la campagne. Hamouda, toujours sage et clairvoyant, savait bien que ces hommes, redoutables derrière des murs, ne pourraient pas soutenir la lutte en rase campagne; que, affaiblis par les chaleurs et les privations, après quelques jours de marche forcée, ils seraient rendus incapables de se défendre. Aussi ordonna-t-il à ses gens de faciliter leur évasion, au lieu de s'y opposer; on affecta de même de ne pas voir les soldats qui, n'ayant pu gagner les champs, étaient allés clandestinement, à l'ombre de la nuit, chercher un refuge dans des maisons amies situées dans les quartiers lointains ou dans les faubourgs. Ce qui importait, c'est que la Casbah vidée pût être reprise par les gens du bey. Les rebelles, réduits au nombre de dix-sept cents, ne pouvaient plus la défendre; ils le comprirent bien; aussi ouvrirent-ils les portes à la pointe du jour et se livrèrent-ils, sans condition, à la merci d'un prince renommé pour sa cruauté.

Il est évident que la faute avait été grave; mais le châtiment fut terrible. Tous ceux qui avaient pris une part active à la conjuration périrent de la main du bourreau. D'autres furent mutilés, exilés ou réduits en esclavage. Quelques-uns enfin, mais c'était une infime minorité, protégés par un passé sans tache ou par des amis puissants, furent rendus à la vie privée et purent rentrer dans leur famille. Quant au bey fugitif et à son divan, tous les bédouins qu'on eut sous la main furent envoyés à leur poursuite, dirigés par les mamelouks du prince. Ces fuyards, qui comptaient se retirer à Tabarque, avaient marché avec une célérité incroyable. Ils étaient à vingt lieues de Tunis, quand ils furent rejoints par les troupes d'Hamouda-Pacha. Harassés de fatigue dans ces climats brûlants, à l'époque la plus chaude de l'année, souffrant de la faim et de la soif, ils ne pouvaient songer à tenir en plaine ; ils se retirèrent sur la montagne de Djebel-Ensaryeh, se fortifièrent et attendirent l'ennemi, résolus de se défendre jusqu'à la dernière extrémité comme des gens qui n'attendent point de quartier. Le combat fut long et acharné. Les Arabes qui avaient enveloppé la montagne donnèrent au camp des insurgés plusieurs assauts qui furent repoussés. Cependant les munitions de ces derniers s'épuisaient, et ils ne répondaient plus que mollement au feu meurtrier de leurs agresseurs. Plus de la moitié des Turcs avait péri ; le reste, anéanti sous un effort suprême, n'eut pas la force de résister plus longtemps et fut fait prisonnier. L'ordre avait été donné par le bey de tout exterminer. Cependant, avant d'exécuter cette terrible sentence, des courriers furent envoyés à Hamouda-Pacha, qui resta inexorable. Les Arabes et les Bédouins, donnant cours à leur haine invétérée, massacrèrent tous les prisonniers à l'exception de trente-deux personnages, parmi lesquels se trouvaient le dey et ses ministres. Ces malheureux, conduits au Bardo, y furent étranglés en présence du souverain. Le butin immense, fait par les rebelles avant leur départ, fut partagé entre eux par leurs vainqueurs. Ainsi se termina, par la destruction des cohortes turques, cette révolte formidable qui mit à deux doigts de sa perte le gouvernement le plus fort et le plus sage que la Régence eût eu jusqu'à ce jour.

L'amiral anglais Freemantle (1812) conclut un traité de paix entre la Sicile et la Régence. Grâce à sa puissante intervention, cinq cents esclaves chrétiens furent rendus à la liberté.

Après un règne glorieux qui n'avait pas duré moins de trente-deux ans, Hamouda-Pacha mourut subitement au milieu de ses courtisans. C'était le 15 septembre 1814, la veille d'une grande fête religieuse. Il était âgé de cinquante ans, plein de force et d'énergie. Il était entouré de ses mignons, et de joyeuse humeur. Mais à peine eut-il avalé quelques gouttes de café et tiré de son narguillet quelques bouffées de fumée qu'il porta la main au cœur et tomba roide mort. Le peuple, toujours frappé par une mort subite, attribua au poison le trépas de ce grand prince. Les médecins qui firent l'autopsie de son corps déclarèrent qu'il avait été foudroyé par une attaque d'apoplexie. (De 1782 à 1814.)

CHAPITRE XXVI.

Abrégé de l'histoire de Tunis

DEPUIS L'AVÉNEMENT D'OTHMAN-BEY JUSQU'A CELUI DE MOHAMMED-EL-SADAK.

OTHMAN-BEY,

Frère d'Hamouda, lui succéda sur le trône. Ali-Bey et son fils Hamouda étaient de fait les usurpateurs du trône qui revenait de droit à Sidi Mahmoud et Sidi Ismaïl, fils de Mohammed-Bey. Sidi Mahmoud n'était pas un homme ordinaire; mais, comme il était encore plus circonspect qu'audacieux, et plus prudent qu'ambitieux, il était resté humblement au second rang, tant qu'il avait vu le trône occupé par des hommes de la trempe d'Ali-Bey et d'Hamouda-Pacha. Mais les orages de son cœur, pour être invisibles, n'étaient pas moins impétueux, et son ambition, pour être contenue, n'était pas moins impérieuse. Il connaissait tous ses droits et ne feignait de les avoir oubliés que pour écarter les soupçons dont il était l'objet. Le moment favorable de leur revendication sembla venu pour tous, mais non pour lui, à la mort d'Hamouda-Pacha. Son tact et sa clairvoyance lui permirent de découvrir le danger, et il sut l'éviter, en aidant ouvertement son cousin à prendre la couronne qu'il ambitionnait plus que jamais, mais qu'il n'osait pas disputer à un rival plus fort et mieux placé que lui. Othman était d'une santé débile. Un anthrax, survenu au cou, peu de temps après son avènement, mit ses jours en péril. Ses fils, Sidi Salah et Sidi Ali, jeunes princes ardents et ambitieux, voulurent s'assurer le pouvoir qui, d'un moment à l'autre, allait s'échapper des mains de leur père. Dans ce but, ils résolurent de perdre Mahmoud-Bey, et d'exterminer avec lui, s'il le fallait, toute la postérité de Mohammed-Bey. Mahmoud, averti de ces sinistres projets par les nombreux partisans qu'il avait jusque sur les marches du trône, résolut d'infliger à ses cousins le sort qu'ils lui avaient réservé. S'étant assuré du concours des mameloucks, il les distribua par groupes dans le sérail (nuit du 20 au 21 décembre 1814), puis, au signal convenu, il se précipita à leur tête dans l'appartement du bey qui fut massacré dans son lit où le mal le retenait. Ses ministres subirent son sort, de même que son secrétaire, Mariano Stinca, esclave napolitain, qui avait su, par son habileté, s'élever, sous Hamouda, aux plus hautes dignités, et s'y maintenir sous son successeur. Les fils du bey, Sidi Salah et Sidi Ali, prévenus à temps du meurtre de leur père, étaient sortis du Bardo. Ils avaient essayé d'aller se jeter parmi les troupes turques casernées dans la Casbah et dans les forts de Tunis. Mais, ayant trouvé toutes les portes fermées devant leurs pas, ils s'étaient réfugiés à la Goulette où ils furent atteints par Sidi Hossein, fils de Mahmoud, et, par ses ordres, décapités sous ses yeux. La femme du bey, Lella Menana, fut enfermée avec son jeune fils dans une des prisons du Bardo. Elle était grosse; elle accoucha d'un prince qui ne fut rendu à la liberté qu'en 1855, après une captivité qui avait duré plus de quarante ans. Ainsi disparut dans le sang, après avoir fourni les deux plus grands souverains de la Régence, la postérité d'Ali-Bey. La branche aînée remonta sur le trône après en avoir été éloignée pendant plus d'un demi-siècle. Le triste règne d'Othman ne fut que de trois mois et six jours. Ce malheureux prince, comme s'il avait eu le pressentiment de son sort, n'avait accepté de ses amis qu'à regret le sceptre qu'il sentait trop lourd pour ses débiles mains. (1814.)

Mahmoud-Bey

Venait de prouver par ce coup d'audace, qui démentait toute une longue vie, qu'il possédait la qualité la plus précieuse et la plus rare chez un prince absolu, celle de savoir se contenir et temporiser. Cette qualité ne lui manqua pas plus sur le trône que dans la vie privée. Il vit en effet massacrer sous son toit le sahab-et-taba Yousouf, son premier ministre et son plus fidèle ami, par des courtisans envieux de sa haute position, tendit la main aux meurtriers encore rougis de son sang, et leur conserva ses bonnes grâces, jusqu'au jour où il se crut assez fort pour pouvoir les châtier.

Le moment était enfin venu d'une révolution qui allait changer complétement l'état social des royaumes barbaresques, en tarissant la principale sinon l'unique source de leurs revenus. Les grandes puissances, réunies à Vienne pour établir sur de nouvelles bases l'équilibre européen, avaient décidé d'exiger des gouvernements africains la suppression de la course, cause permanente de danger et de honte pour toute la chrétienté. Lord Exmouth, chargé de notifier aux trois Régences les décisions du Congrès, parut dans les eaux de Tunis avec la même escadre qui, frappant de terreur le divan d'Alger, lui avait arraché la liberté de quinze cents esclaves (1816). Le bey, résistant d'abord aux injonctions de l'amiral, ne céda que lorsqu'il eut appris que le branle-bas allait être commandé à un signal convenu, et qu'un feu terrible allait être dirigé contre le fort de la Goulette. L'amiral, ayant obtenu du prince l'engagement écrit d'abolir désormais la course et de ne plus retenir un esclave chrétien dans ses États, se dirigea sur Tripoli où il allait remplir la même mission.

Le peuple de Tunis, maintenu par les prêtres et les grands dans un mépris insensé pour les chrétiens, voyait dans la suppression de la course la cessation d'une supériorité imaginaire qu'il s'était arrogée. Le bey, pour avoir fait fléchir son orgueil et sacrifié ses intérêts à la plus impérieuse des nécessités, fut accusé de trahison et de lâcheté, et déclaré par les janissaires, toujours téméraires et prompts à la révolte, indigne du trône dont il n'avait pas su conserver les prérogatives. Deux officiers supérieurs, nommés Délibachi et Chaban Khodja, se mirent à la tête du mouvement (30 avril 1816), nommèrent un divan, élurent bey Ismaïl à la place de son frère détrôné, et bey du camp Moustapha, second fils de Mahmoud-Bey. Les princes désignés eurent assez de bon sens et de patriotisme pour refuser le dangereux honneur qui leur était offert. Leur conduite nette et ferme jeta la division dans les rangs des révoltés. Les uns, s'abîmant davantage dans le désordre, élurent un bey parmi eux, et se préparèrent à la lutte qui devait mettre leur chef sur le pavois. Les autres, épouvantés de l'avenir, pour obtenir le pardon de leurs crimes, s'emparèrent de Délibachi et de Chaban Khodja, arrêtés au milieu de leur divan improvisé, et les conduisirent garrottés au Bardo. Ce coup hardi mit fin à la révolution. Les plus compromis, ne songeant plus qu'à sauver leur vie, se dirigèrent, au nombre de douze cents, du côté de la Goulette, entraînant dans leurs rangs le grand-mufti, le cadi, le directeur de la police, les deux amiraux et plusieurs autres fonctionnaires importants, faits prisonniers dans la nuit du 30 avril. Arrivés à la porte du fort, les insurgés forcèrent les deux amiraux à demander, au nom du bey, l'ouverture des portes. A ces voix amies le gardien obéit ; il fut aussitôt massacré, et les soldats, maîtres du fort, purent s'emparer de cinq vaisseaux de guerre avec lesquels ils s'enfuirent à Alger, emmenant les prisonniers qu'ils avaient faits, et pour lesquels ils espéraient tirer du bey une forte rançon.

En 1819, le contre-amiral Jurien parut sur les côtes barbaresques, achevant la mission commencée par lord Exmouth. C'est dans cette année que le port militaire de la Régence fut porté de la Goulette à Porto-Farina. La ville de Tunis fut infestée par la peste pendant les années 1818, 1819 et 1820. On évalue à 50,000 le nombre des victimes de ce terrible fléau. Un ouragan épouvantable, comme on en voit parfois dans ces climats où tout est extrême (nuit du 7 au 8 février 1821), détruisit presque en entier la marine militaire de Tunis, et coûta la vie au plus grand nombre de ses marins. Sidi Mahmoud-Bey était vieux; il souffrait depuis longtemps. Il mourut le 30 mars 1824, après un règne qui avait duré neuf ans, trois mois et dix jours. (De 1814 à 1824.)

Hossein-Bey,

Investi des fonctions de bey du camp, régnait de fait depuis quelques années à la place de son père affaibli par l'âge et la maladie. Aussi n'y eut-il aucune de ces secousses, de ces bouleversements, qui accompagnent trop souvent les changements de règne; le premier ministre, Sidi Moustapha-Bache-Mamlouk, maintenu au poste éminent où Mahmoud l'avait élevé, dirigea les affaires dans le même esprit, et avec la même habileté. Sidi Moustapha, frère du prince, fut choisi pour bey du camp. Hossein-Bey, ami de la France, désira qu'un des siens assistât au sacre de Charles X à Reims. Ce désir ayant été communiqué à la cour de France, la frégate *la Cybèle* fut envoyée dans les eaux de la Régence, et amena à Marseille Sidi Mahmoud Kahia, chargé de magnifiques présents pour le nouveau roi, entre autres un superbe costume de femme mauresque, destiné à Mme la Dauphine.

L'événement le plus considérable du règne de Hossein-Bey ne s'accomplit pas dans ses États, mais à sa porte; je veux parler de la prise d'Alger par les armées de la France. Un mot sur cette glorieuse expédition qui, ouvrant tout un monde au christianisme et à la civilisation, a rendu déjà et doit rendre encore à l'humanité tout entière des bienfaits dont personne au monde ne peut connaître l'étendue et l'importance.

Des juifs, appelés Bacri et Busnach, avaient à plusieurs reprises, pendant le Consulat et sous l'Empire, livré à la France diverses fournitures de froment et d'orge. Des à-compte seulement avaient été donnés au moment des livraisons ; et, à la suite d'un règlement opéré le 28 octobre 1819, le trésor se reconnut débiteur d'une somme de 7,000,000 de francs qu'il s'engagea à payer par douzième. Pendant le long espace de temps employé à la liquidation de cette affaire, les Bacri avaient éprouvé de cruels revers de fortune. En vertu d'une saisie opérée par des négociants de Marseille qui se disaient créanciers de deux millions et demi, le trésor n'avait envoyé à Alger que cinq millions cinq cent mille francs. Il avait fait déposer le solde à la caisse des dépôts et consignations, en attendant la décision des tribunaux. Le dey, qui était aussi créancier des Bacri, accusant nos magistrats de lenteur et plus tard de partialité, manifesta le désir de se soustraire à leur juridiction. Il soutint que, d'après ses engagements, le trésor devait lui compter la somme entière dévolue aux Bacri, sauf à lui à restituer aux négociants français l'objet de leurs réclamations, s'il les trouvait fondées. De telles prétentions étaient inadmissibles. Elles furent repoussées avec hauteur. Là-dessus, le dey écrivit à M. le baron de Damas une lettre pleine d'insolences et de menaces, qui, accueillie avec mépris, resta sans réponse. La Régence était alors gouvernée par un aventurier qui, à la suite d'une intrigue de caserne, avait passé d'un bivouac sur un trône. C'était un homme brutal et grossier, qui joignait à la stupide ignorance d'un barbare l'orgueil insensé d'un parvenu. Il considéra comme un affront sanglant la sage réserve du ministre français. Il était dans ces mauvaises dispositions d'esprit, lorsque notre consul, M. Deval, vint, selon la coutume, le 30 avril 1827, à l'époque du ramadan, à la tête des consuls européens, lui présenter ses hommages. Celui-ci l'eut à peine aperçu qu'il lui demanda d'un air hautain s'il n'avait rien reçu de France à son adresse. Le consul, ayant fait une réponse négative, excita la colère d'Hossein-Pacha, qui, perdant toute retenue, lui lança au bras le chasse-mouches qu'il avait en main, et lui intima, comme à un laquais, l'ordre de sortir de sa présence. L'outrage avait été sanglant et public; la rétractation devait être complète. Elle fut exigée et refusée. M. Deval quitta alors Alger avec ses nationaux à bord de *la Provence*. Le dey, ajoutant le dommage à l'outrage, ordonna la destruction de l'établissement français de la Calle, et le bey de Constantine remplit, avec une scrupuleuse exactitude, la mission injuste et cruelle qui lui avait été confiée. L'on sait le reste. Le 14 juin 1830, l'amiral Duperré débarqua les troupes dans la baie de Sidi-Ferruch. Le 20, la bataille de Staouëli permit aux Français, restés maîtres du champ de la lutte, de camper sous les murs d'Alger; et, le 5 juillet, le drapeau de la France flottait sur les créneaux de la Casbah.

Personne au monde n'avait prévu les conséquences de l'expédition d'Alger. On n'imaginait pas que le châtiment d'un chef brutal, insolent et stupide, entraînât la ruine d'un puissant royaume dont l'origine se perdait dans la nuit des temps; on croyait qu'après une rude leçon infligée à l'orgueil et à l'avarice de ces barbares, la flotte dirigée par l'amiral Duperré, comme jadis celle de Duquesne, rentrerait dans ses ports, satisfaite du butin et de la gloire qu'elle aurait conquis. Ce n'était pas sans un sentiment de satisfaction que Hossein-Bey avait vu une nation aussi puissante que la France se charger de refréner l'insolence et d'amoindrir la puissance d'un voisin qui, profitant de tous les troubles et de tous les malheurs publics de son pays, n'avait jamais laissé échapper l'occasion favorable d'imposer l'espèce de suzeraineté qu'il s'était arrogée. Le peuple de Tunis au contraire, qui dans toute lutte de musulman à chrétien voyait une guerre sainte, avait oublié toutes ses vieilles haines nationales, et, surexcité par l'oukil algérien résidant à Tunis, il voulait forcer de divan d'intervenir dans la querelle et de prendre fait et cause pour Alger contre la France. Le sage Hossein résista avec une fermeté inébranlable aux clameurs de la rue, aux menaces des casernes et même aux conseils de ses ministres. La bataille de Navarin, qui venait de faire éclater aux yeux du monde musulman la supériorité des nations chrétiennes, amena les hommes sages dans le parti du bey; mais les janissaires, ne puisant dans ces revers qu'un surcroît de haine, ourdirent contre le prince et les chrétiens établis dans la Régence une révolte militaire, qui aurait servi de prétexte à toutes sortes d'excès et de crimes, si elle n'avait été découverte à temps par les agents du consul de France.

Ce service, rendu par Matthieu de Lesseps, accrut

encore les sympathies du bey pour la France. Non-seulement Hossein autorisa l'achat et le départ de bœufs destinés à l'armée expéditionnaire, mais encore, prévoyant, malgré les prédictions fanfaronnes de toute la gent dévote, l'issue de la guerre, il envoya Sidi Selim-Aga complimenter le chef de l'expédition et l'assurer du dévouement de son maître. Sidi Selim trouva le général de Bourmont établi dans la célèbre Casbah d'Alger à la place du chef stupide qui avait mis à perdre le royaume confié à ses soins tant d'obstination ou plutôt d'aveuglement qu'il est impossible de ne pas voir le doigt de Dieu dans le développement de ces événements.

Le zèle et la fidélité du bey méritaient une récompense. Aussi, lorsque l'idée eut prévalu de restreindre l'occupation à Alger et à sa banlieue, le général Clausel, que la révolution de 1830 avait mis à la place du maréchal Bourmont, offrit-il le beylik de Constantine et celui d'Oran à Sidi Mustapha et à Sidi Ahmed. Ces princes, devenus vassaux de la France, auraient gouverné souverainement les pays qui leur auraient été confiés, n'ayant d'autres charges que de payer un tribut annuel, et, en cas de guerre, de fournir un contingent de troupes. Malheureusement ce projet était irréalisable; on ne tarda pas à reconnaître que, pour mettre les habitants d'Alger à l'abri des razzias et des meurtres, il fallait que les tribus voisines fussent ou refoulées dans le Désert, ou maintenues sous le joug de fer imposé par la France. Les Chambres refusèrent de ratifier le traité signé par le chef de l'armée et en voie d'exécution; les troupes tunisiennes qui, sous les ordres de Kérédine-Aga, avaient déjà occupé la Casbah d'Oran furent contraintes de céder la place à des soldats français.

Les mœurs voluptueuses du bey et son amour du faste et de la représentation amenèrent diverses crises financières dans lesquelles succomba le Bache-Mamlouk. Le sahab-et-taba Chakir, mis à la tête des affaires, était plus énergique et avait l'esprit plus subtil et plus fécond en ressources. Grâce à son habileté, aucune catastrophe n'était encore survenue à la mort de Hossein-Bey, c'est-à-dire au 26 mai 1835. (De 1824 à 1835.)

Moustapha-Bey

Succéda à son frère. C'était un homme doux et sage. Aucun événement important ne vint signaler son règne, qui ne dura pas plus de deux ans, cinq mois et sept jours. (De 1835 à 1837.)

Ahmed-Bey,

Son fils, lui succéda. Ce prince compte parmi les plus grands souverains de la Régence; il était généreux, éclairé, bon, exempt de fanatisme, ami du progrès et libéral. Par malheur, son amour du faste et sa générosité poussée jusqu'à la prodigalité épuisaient le trésor public, et, pour se procurer l'argent nécessaire à ses folles dépenses, il se livrait à des agents avides et impitoyables qui ruinaient et souvent même maltraitaient le peuple dont il désirait avant tout le bien-être et le bonheur.

Ahmed-Bey avait, au début de son règne, manifesté quelque velléité de rompre les liens qui l'attachaient à la Porte. Le divan de Constantinople indigné fit, en 1838, une nouvelle tentative pour mettre un dey à la place du bey renversé. Les manœuvres de Tahir-Pacha, déjouées à Tunis, eurent un plein succès à Tripoli, d'où les Karamanli-Beys furent chassés et remplacés par un pacha.

Ahmed-Bey n'était pas, comme le sont la plupart des princes orientaux, libéral de parole et despote de fait. Ses actions s'alliaient à merveille avec ses maximes. C'est à lui que l'on doit l'affranchissement des Noirs. Un décret mémorable apprit un jour aux peuples de la Régence qu'il n'y aurait désormais parmi eux que des hommes libres, et que tous les sujets d'Ahmed, sans distinction de rang et de race, ne relèveraient plus que de leur conscience et ne seraient soumis qu'aux lois du pays. Le bazar où se faisait un infâme trafic de chair humaine fut fermé, et des peines sévères furent infligées aux parents dénaturés qui, dans une pensée de lucre, mutileraient leurs enfants.

A côté de l'abolition de l'esclavage, c'est-à-dire de l'acte le plus grand de ce grand règne, il faut mettre hardiment l'autorisation donnée aux Français de bâtir une chapelle catholique au sommet de la colline de Byrsa, entre Sidi-Bou-Saïd et la Goulette, et en face de Tunis. Jusqu'à ce jour, le culte ne s'était célébré que dans des chapelles dont rien ne trahissait la présence et reléguées au fond d'une cour intérieure. L'érection d'un temple chrétien, au point le plus culminant, au seuil même de la porte de la Régence, est le témoignage le plus éclatant du courage et du libéralisme de ce prince. Il en est de même de la dotation du collége européen, destiné à recevoir sur les mêmes bancs, chrétiens, musulmans et juifs, c'est-à-dire des hommes séparés entre eux par des préjugés et des haines séculaires. La Porte, revenue à de meilleurs sentiments à l'endroit de ce prince remarquable, lui accorda le titre de pacha, et désormais Ahmed fit suivre son nom tantôt de ce titre, tantôt de celui de bey, et le plus souvent de l'un et de l'autre. Ahmed professait pour Louis-Philippe la plus vive admiration, et l'accueil magnifique qu'il fit au duc de Montpensier n'était que la manifestation des sentiments qu'il nourrissait à l'égard du père.

Le duc d'Aumale et le prince de Joinville vinrent, après leur frère, visiter la Régence. Le bey, dans un moment d'effusion, avait promis aux princes d'aller leur rendre leur visite à Paris, et il tint parole. Le 5 novembre 1846, le bey, escorté d'une suite nombreuse, quittait le port de Porto-Farina, à bord du bateau à vapeur français *le Dante*, et, trois jours après, il débarquait à Toulon. Un bey de Tunis aller à Paris, rien de plus simple en apparence ; rien de plus extraordinaire en réalité. C'était un fait qui ne s'était pas encore produit. Les gens fanatiques et les esprits timorés, race partout nombreuse et surtout en Afrique, firent retentir aux oreilles du prince les prédictions les plus sinistres. Celui-ci, qui comptait sur l'affection de son peuple, ne fut arrêté ni par la crainte ni par la menace. Son voyage à travers la France ne fut qu'une longue ovation ; partout où il passait il laissait des traces de son affabilité et de sa générosité. Louis-Philippe le reçut avec les honneurs dus au rang suprême ; et, malgré les protestations de la Porte ne voulant voir dans le prince qu'un vassal, il fut ramené dans ses États avec le même cérémonial.

Peu de temps après cette visite, Louis-Philippe, abattu par la révolution de février, reprenait le chemin de l'exil. Ahmed-Bey survécut quelques années à la chute du monarque dont il avait été l'ami. Il mourut le 30 mai 1855, après un règne de dix-huit années. (De 1837 à 1855.)

Mohammed-Bey,

Son cousin, lui succéda; il avait de grandes qualités, surtout de la bonté et de l'intelligence; mais il n'avait pas su se défaire de la plupart des défauts qu'on reproche aux princes musulmans; il était emporté, voluptueux et dépensier. Son harem, composé de neuf cents femmes, absorbait les principales ressources du pays. Néanmoins son administration, sage et paternelle, a eu des résultats heureux, dont le pays se ressent encore. Il a attiré et gardé à son service des ingénieurs et des mécaniciens distingués; il a autorisé l'établissement d'une école des arts et métiers, et institué les rondes de nuit. Il aimait les belles-lettres et les beaux-arts; il accueillait à merveille les écrivains et les artistes que le hasard ou le calcul attirait à sa cour, et exerçait envers eux, comme envers tous les étrangers de distinction, la plus large et la plus gracieuse hospitalité. Mohammed-Bey est mort le 22 septembre 1859. (De 1855 à 1859.)

Mohammed-el-Sadak-Bey

Règne aujourd'hui. J'ai eu plusieurs fois dans ce livre

l'occasion de parler de sa distinction, de son énergie, de son mérite éminent, et surtout de son admirable bonté. Mais son règne n'est pas encore du domaine de l'histoire; et c'est à une plume plus autorisée que la mienne que reviendra l'honneur de faire connaître les bienfaits que le peuple de Tunis aura dus à sa sage et libérale administration.

CHAPITRE XXVII.

Courses à travers la Régence.

La régence de Tunis compose un des quatre royaumes situés au nord de l'Afrique et formant les États barbaresques. Elle est bornée au nord et à l'ouest par la Méditerranée, au sud par le pachalik de Tripoli et le désert de Sahara, et à l'est par l'Algérie. Elle est sillonnée, au nord, par le Sahel, dont certains plateaux sont très-élevés, et d'où s'échappe la Medjerda, un des cours d'eau les plus considérables de ces régions, et qui, après l'avoir rafraîchie et fertilisée, vient se jeter dans la mer un peu au-dessous de Porto-Farina. Au sud s'élève l'Atlas, formant plusieurs chaînes, séparées les unes des autres, et dont les tronçons s'étendent dans toutes les directions. A cause de ces grands mouvements de terrains, la température est très-variable en Tunisie. Aussi la diversité des récoltes est-elle extrême, et trouve-t-on des dattes non loin des régions qui produisent la pomme et la poire, ces fruits du nord de l'Europe.

Le territoire de la Régence, quoique très-vaste, ne

contient guère que deux millions et demi d'habitants. Il y a cependant, dans le nord surtout, des plaines fertiles et cultivées par de nombreuses et vigoureuses populations. Les villages et les douars y sont très-rapprochés. Je me bornerai ici à faire une énumération de toutes les villes assez importantes pour mériter d'attirer l'attention du savant ou du touriste. Je diviserai le pays en quatre parties : la région du nord, celle de l'est, celle du sud et celle de l'ouest. Il est inutile de dire que je n'ai point parcouru toute la Régence. Il y a des parties dans l'Atlas que l'absence de routes, la sécheresse du sol et la rareté de la population, rendent inaccessibles à un Européen; il y en a d'autres où les tribus en révolte, malgré l'amra du bey et les soldats qui doivent toujours et partout servir d'escorte au voyageur prudent, massacreraient l'infidèle qui oserait mettre un pied indiscret sur leurs domaines. J'ai parcouru, j'ai visité les lieux les plus célèbres et les plus pittoresques; et je crois, après la grande quantité de villes que j'ai vues, pouvoir parler même de celles qui me restent à voir.

Région du Nord.

BADJA

Est une très-ancienne ville bâtie au milieu du Sahel, sur le penchant d'une montagne et dominée par un plateau très-vaste et très-fertile en céréales. Badja, entourée de remparts délabrés, est dominée par une Casbah démantelée et effondrée où croupissent une centaine de vieux Turcs qui sont censés protéger la Régence contre les agressions venues de la province de Constantine. La ville, autrefois considérable, a beaucoup perdu de son importance et de sa population à cause des miasmes pestilentiels qui s'exhalent des marais formés par l'Oued-Badja ; elle n'a guère plus que six mille habitants, presque tous agriculteurs. Quelques familles se sont enrichies dans le commerce des blés et y vivent grandement. Ce sont surtout des Maures, là comme partout, plus industrieux et plus intelligents que les Arabes. On trouve des ruines romaines tout aux environs de Badja, et les restes d'un souterrain qui a plusieurs milles de longueur. On y voit aussi un palais, appelé le Bardo, qui sert d'asile et de lieu de repos au bey du camp. Badja était très-probablement la Vacca antique.

Le Bardo

Dont nous avons déjà fait la description.

Bizerte (*Benzert* en arabe)

Est une charmante ville de six mille âmes, située au milieu de la baie délicieuse qui s'étend du cap Blanc au cap Zébib. Un large canal relie son beau lac à la mer. Bizerte, admirablement bien posée, est le centre d'un assez grand commerce. En creusant l'embouchure du canal, on pourrait faire de son lac un lieu de refuge parfait pour des vaisseaux de guerre. Mais, à Tunis, on n'a plus d'idée belliqueuse ; les remparts se crevassent et la Casbah ne vaut guère mieux.

L'Hippo-Zarytos des Romains était aux environs de Bizerte, peut-être même sur son emplacement, d'où la pioche du travailleur retire incessamment de nombreux débris, attestant l'existence d'une ville opulente. On ne peut pas douter non plus que ce ne soit son beau lac que Pline ait décrit. Le nord de l'Afrique, où le climat est plus tempéré et la nature plus belle, était l'endroit le plus recherché des Romains. Entre Bizerte et le Ras-el-Djebel, on trouve les ruines de la Thinissa de Ptolémée, de Membrone et de Cotusa. C'est aussi dans ces parages qu'Agathocle débarqua et dressa son camp.

Ghar-el-Mélah ou Porto-Farina,

Au sud de Bizerte, est situé, comme elle, délicieusement entre un lac et la mer; c'était autrefois un nid de pirates redoutables. C'est aujourd'hui une petite ville calme et tranquille dont les habitants sont exclusivement livrés à l'agriculture et à la pêche. On croit que c'est le port romain Ruscinona dont parle Tite-Live.

Au sud de Porto-Farina, à Bou-Chater, sont les ruines d'Utique, de l'ancienne ville que Caton a immortalisée en en faisant le théâtre de sa fin tragique. Il ne reste d'Utique, à Bou-Chater, que les débris d'un cirque approprié à des jeux de naumachie, des citernes destinées à l'alimenter, et enfin de l'aqueduc qui amenait les eaux du Sahel. Près du village d'Aouid, le canal, comme au pont du Gard, passe sous trois rangs d'arches superposées.

La Goulette,

Où nous avons déjà passé plusieurs fois.

Hammamet

Est une petite ville de trois à quatre mille âmes, bâtie sur un rocher dominant le golfe délicieux auquel il a donné son nom.

Mater,

L'Oppidum Materense de Pline, est un bourg, contenant la même population et n'ayant de remarquable que ses marchés bien approvisionnés.

La Mohamédié

Était la résidence favorite de Ahmed-Bey, quoique bâtie dans de médiocres proportions, sur un sol ingrat et dans un site dépourvu d'agrément. Le château, aujourd'hui délaissé, ne sera bientôt qu'une ruine.

Menz-el-Témin,

Situé plus au nord, est, comme Hammamet, sans importance d'aucune sorte. Son territoire est d'une grande fertilité.

Nabel,

Jadis Néapolis, est bâtie sur la côte à peu de distance de la mer, entre Hammamet et Menzel-el-Témin. Protégée des vents du nord par la montagne, sa campagne n'est qu'un vaste jardin où prospèrent l'oranger, le géranium, la rose et le jasmin. La ville a perdu de son importance. Elle n'a plus aujourd'hui que cinq mille habitants, laborieux du reste, et possédant le bien-être que donnent l'ordre et l'amour du travail. Les femmes y passent pour être très-belles.

Séloukia,

Qui n'a d'autre mérite que d'avoir conservé quelques ruines de l'antique Municipium Chidibbelensium.

Sidi-Bou-Saïd,

Bâti avec les débris de Carthage, sur le point le plus avancé du cap de Kamart, est une charmante petite ville, propre et élégante. Du haut de son phare on a le plus admirable point de vue qui soit au monde. La ville, habitée par de pieux personnages, est en odeur de sainteté. Le criminel et le débiteur qui peuvent l'atteindre y sont à l'abri de toutes poursuites.

Soliman

S'élève au nord du golfe de Tunis, en face de la Goulette, au commencement de la presqu'île qui termine le cap Bon. Agrandi, vivifié par les Maures venus d'Espagne et auxquels Othman-Dey avait imposé cette résidence, il a beaucoup perdu de son importance. Il ne compte plus aujourd'hui que deux mille habitants.

Tébourba

Est au nord-ouest de Tunis, sur la rive gauche de la Medjerda. La ville est située dans une plaine fertile et bien cultivée; mais c'est sa fabrique de draps qui lui donne le plus d'importance. Le sol de Tébourba est rempli de ruines romaines. Nul doute qu'elle n'ait été bâtie sur l'emplacement et avec les restes de Tuburbo-Minus; on en est cependant encore aux conjectures, attendu que les Arabes ont tout anéanti. Quelques restes d'un amphithéâtre creusé dans le roc rappellent seuls le passage de ces fiers dominateurs.

Testour

Est sur la rive droite de la Medjerda, au sud de Tébourba. C'est une jolie ville, offrant un aspect de bien-être inusité dans ces contrées. On croit que sur son emplacement s'élevait la colonie Bisica-Lucana. Mais ces conjectures ne viennent que d'une inscription découverte par Shaw et aujourd'hui anéantie. C'est près de Testour que s'étendent les grandes plaines où Scipion livra bataille à Syphax, et qu'existait Zama, immortalisée par la défaite d'Annibal.

Tunis,

Dont nous avons parlé trop longtemps pour y revenir.

Zaoughan

Est une charmante petite ville, située au milieu des montagnes, et entourée de jardins que fertilisent des eaux limpides et abondantes. Zaoughan possède une fabrique importante de checchias. On y trouve des ruines romaines en grand nombre; celles d'un temple à Esculape sont très-remarquables. C'est aux sources intarissables de Zaoughan que les Carthaginois demandaient les eaux qui alimentaient leurs gigantesques citernes; c'est là aussi que Mohammed-el-Sadak a fait prendre les eaux qui doivent purifier et embellir Tunis. Zaoughan était pour les vaincus un lieu d'asile respecté des vainqueurs. Plusieurs deys, renversés, par les beys, y ont pu terminer leurs jours dans l'oubli et le recueillement. Des marabouts célèbres s'y sont réfugiés et y ont attendu la mort, comme dans une Thébaïde. L'aspect de Zaoughan est sévère et triste. La beauté du site, l'éclat du soleil et la magnificence de la végétation, ne lui enlèvent pas un certain caractère indéfinissable de mélancolie et d'abandon qui n'est pas dépourvu de charmes, et qui doit avoir séduit de nobles âmes frappées par le malheur, ou préoccupées des mystères d'une vie future. On croit que Zaoughan s'élève sur l'emplacement de Couïna.

Région de l'Est.

Benbela

N'est qu'un gros village de 2,000 âmes.

Bokalta

Est une jolie petite ville, située à une lieue de la mer, sur la langue de terre qui forme le cap Dimas. Elle a plusieurs mosquées, dont une fort élégante et bien conservée. Le territoire est fertile et bien cultivé. A côté de Bokalta, on voit les ruines de Thapsus, célèbre par la victoire que César remporta sur les partisans de Pompée.

Chéba

S'élève sur le cap de Caboudia, le Caput-Vada des Romains, où débarqua Bélisaire. On trouve encore dans ses champs les ruines de Justinianopolis, fondée par le conquérant byzantin.

El-Djem

Est un village qui remplace l'antique Tysdrus, où les deux Gordiens furent nommés empereurs. Cette circonstance valut à la ville un amphithéâtre admirable, respecté jusqu'à ce jour par le temps et par les Arabes, et qui l'emporte sur le Colysée de Rome ou sur les Arènes de Nîmes. Ce grand monument, bâti par Gordien l'Ancien, ne fut jamais terminé, et n'a pas pu servir sans doute aux jeux sanglants pour lesquels il était élevé. La preuve en est que la façade, décorée parfois à l'excès, est, en d'autres endroits, non-seulement dépouillée de tout ornement, mais encore formée de pierres qui n'ont pas reçu le dernier coup de main des ouvriers. Des touristes ont cru que la brèche qui existe provenait de l'inachèvement du bâtiment. Ils se sont trompés. Cette ouverture a été faite au siècle dernier par le bey du camp Mohammed, qui, après avoir pris d'assaut le cirque transformé en place forte par les Arabes révoltés, espéra, en détruisant le repaire, prévenir toute nouvelle rébellion. La vue grandiose du cirque d'el-Djem avec ses quatre arcades superposées m'a frappé, m'a ému. Avec le pont du Gard, c'est le monument qui donne la plus juste idée de la grandeur du peuple admirable qui a conquis et gouverné le monde.

Djémal

Est une ancienne ville de huit à dix mille âmes, bien située entre Soussah et el-Djem.

Hamman

Est une petite ville de la côte au nord de Soussah,

éloignée cependant de quelques kilomètres de la mer, et possédant plusieurs mosquées élégantes et bien tenues.

Hergléa

Est une ville très-ancienne, située au beau milieu du golfe d'Hammamet. La mosquée est bâtie dans des proportions qui attestent une certaine importance dans les temps reculés.

Kairouan,

Ville sainte, autrefois considérable, siége pendant deux siècles d'un grand gouvernement, rivale et dominatrice de Tunis, n'a aujourd'hui guère plus de 20,000 habitants. Il fut fondé par Okba, à l'époque de l'invasion des Arabes. Le caractère de sainteté que lui avait imprimé ce pieux et vaillant personnage lui a permis de conserver, après la disparition de sa puissance, une certaine importance. On compte encore aujourd'hui dans les murs de Kairouan cinquante-cinq zaouias et vingt-six mosquées. Les champs qui l'environnent sont peuplés de koubas contenant les cendres des dévots personnages qui sont venus y terminer saintement leurs jours. Le nombre des pèlerins est immense à Kairouan pendant toute l'année, et surtout pendant le mois d'Hadja. La zaouia de Sidi Sahab, où repose le barbier du Prophète, qui fut un de ses disciples les plus affectionnés et les plus dévoués, est féconde en miracles. Celle des Aglabites et celle de Sidi Shanoun, savant théologien, pour être moins fameuses, ne sont pas moins assiégées d'une foule de pénitents. La grande mosquée, qui est ornée, dit-on, de cinq cents colonnes de marbre de couleurs différentes, est justement célèbre dans tout le monde musulman. Les habous qu'elle possède dans toute l'Afrique et même en Asie permettent aux imans de lui conserver sa splendeur traditionnelle. Les remparts qui la protègent, enrichis par des beys pieux, sont de même dans un parfait état de conservation.

Kairouan, placé, comme Rome et Jérusalem, au milieu d'une plaine vaste et stérile, a ce caractère d'abandon et de mélancolie qui porte l'âme au recueillement et à la méditation. Malgré la pauvreté de son sol, les habitants sont riches, à cause du grand nombre de pèlerins qui viennent y dépenser leur épargne, et de familles riches, qui, attirées dans un but pieux, y ont établi leur résidence. Le séjour de Kairouan est interdit aux juifs et aux chrétiens. Les touristes européens qui s'y présentent avec une permission du bey sont parfaitement reçus par le gouverneur, mais la prudence exige qu'ils ne sortent jamais seuls et que le temps de leur séjour ne dépasse pas celui consacré à une visite. Il serait aussi imprudent de s'y trouver à l'époque du ramadan ou des grandes fêtes religieuses. Kairouan était un lieu d'asile; les beys ou les deys vaincus allaient s'y réfugier, et trouvaient derrière ses murs sacrés un abri presque toujours respecté du vainqueur. Hossein-Bey, après sa chute, y fut cependant poursuivi par son terrible neveu, Sidi Younès, et égorgé de sa propre main.

Kala-el-Séghira

Est une petite ville baignée par l'Oued-Laya. Elle est entourée de murs en bon état et possède une mosquée bâtie dans le style mauresque le plus pur. Au-dessus de la ville gisent les ruines de Tégéa.

Kellebine

Est le groupe de population le plus important qui se trouve dans les îles Kerkennah. La ville, très-médiocre, est le centre d'un grand commerce de poissons salés, d'éponges et de poulpes. Par un phénomène bien digne de remarque, la marée, inconnue dans la Méditerranée, se fait sentir dans le golfe de Gabès, qui composait la petite Syrte. Les eaux atteignent quatre pieds à Sfax et vers le sud montent plus haut encore. Les Kerkennah sont les Cercinæ des anciens. Annibal, fuyant sa patrie, s'y arrêta, avant de se rendre à la cour d'Antiochus; Sempronius Gracchus, un des amants de Julie, fille d'Auguste, y fut déporté et égorgé ensuite. Ces parages étaient habités par les Lotophages, mangeurs de lotus. Ce fruit était si délicieux qu'il faisait oublier la patrie aux étrangers qui avaient l'imprudence d'en goûter.

Kouda

A l'importance de Kala-el-Séghira dont elle est voisine et à laquelle elle ressemble.

Ksoursef,

Ville de huit à neuf mille âmes dans une plaine fertile. On dit les femmes très-belles et dès lors très-galantes, comme il arrive toujours en pareil cas en Orient. C'est de là et de Kairouan que viennent les almées les plus recherchées.

Mahédia,

Petite ville située sur un promontoire entre le golfe

d'Hammamet et celui de Gabès, à l'endroit célèbre où s'élevait la Tour d'Annibal, et d'où partit ce lion vaincu, allant mourir loin de sa patrie. La ville, fondée par l'iman el-Mahédi, devint sous el-Moëz la capitale des Zeïrites; conquise ensuite par les Siciliens et les Espagnols, elle a beaucoup perdu de son importance. Elle ne contient aujourd'hui que douze mille habitants. Mais on voit, à ses mosquées, qu'elle a dû jadis en avoir au moins le double. On trouve dans sa campagne de belles citernes et le marabout de son fondateur.

Mahrès,

Petit port de mer sans importance, au sud de Sfax, vers le milieu du golfe de Gabès. Les ruines de Jounga en sont éloignées d'une heure.

Monastir

Est une ville maritime et qui a la prétention d'être fortifiée. Sa situation est riante et son territoire fertile. Elle est assez bien percée et ornée de grandes mosquées surmontées de beaux minarets. C'est le centre d'un commerce assez important fait exclusivement par les Maures. Monastir s'élève sur l'emplacement de l'antique Ruspina, dont les débris jonchent encore le sol. C'est à Ruspina que César débarqua, quand il résolut d'aller pourchasser jusqu'en Afrique les partisans de Pompée.

Moukenine

Est une charmante ville située sur le cap Dimas, au milieu de jardins émaillés de roses et d'oranges.

Msaken

Est, comme Kairouan, une ville sainte : c'est dire que les mosquées, les zaouias et les marabouts y abondent, et que son entrée est interdite aux juifs et aux chrétiens. Mais le sentiment religieux, affaibli chez tous les peuples, même chez les musulmans, fait considérer comme une lettre morte ces prescriptions ordonnées dans des siècles de foi, pour ne pas dire d'ignorance et de fanatisme.

Sahline,

Petite ville de trois mille âmes, située entre Soussah et Monastir, dans la partie la plus méridionale du golfe d'Hammamet. Elle est propre, et ses habitants ont un air d'aisance qui est rare dans la Régence.

Sélekta

Ne mérite d'être citée que parce qu'elle remplace le Syllectum des Romains, première étape de Bélisaire après son débarquement au Caput-Vada.

Sidi-Amer,

Peuplé de quatre mille habitants, n'attire l'attention du voyageur que parce qu'il contient le tombeau du saint personnage dont il porte le nom. Ses cendres fameuses, qui ont le don d'opérer des miracles, attirent une foule d'hommes malades et crédules.

Sfax

Est bâti, comme Alger, en amphithéâtre au bord de la mer, en face des Kerkennah. Comme toutes les villes importantes de la Barbarie, il a une ceinture de remparts crénelés et est dominé par une Casbah. Sfax contient quinze mille habitants; c'est le centre d'un assez grand commerce en huile, cumin, pistaches, amandes, poivre, dattes et autres denrées du midi. Les jardins de Sfax sont célèbres et méritent leur réputation. La sécheresse est le fléau du pays; on y remédie avec le plus d'art et de soin possible. Non-seulement chaque maison a sa citerne, mais la campagne est parsemée de réservoirs destinés à recueillir et à conserver la moindre goutte d'eau du ciel qui tombe dans ses environs. Sfax est une ville d'origine arabe; l'on ne trouve dans ses champs ni les traces des Romains, ni celles des Vandales, ni même celles des Byzantins.

Soussah

Est adossée à la pittoresque montagne, couverte d'oliviers et de figuiers de Barbarie, qui domine et protége de la bise le sud du golfe d'Hammamet. Soussah possède quinze mille habitants, parmi lesquels on remarque un millier d'Européens. Célèbre jadis dans l'histoire de la piraterie, elle recélait dans son port de nombreuses flottilles qui étaient la terreur de la chrétienté. C'est de ce point que partirent les Sarrasins pour aller conquérir la Sicile. Aujourd'hui son port est ensablé et très-dangereux pendant les gros temps occasionnés par les vents d'est. Soussah est l'Adrumète des anciens, qui fut la capitale de la Byzacène. On ne sait ni quand ni comment s'est opéré le changement de nom. Mais il est hors de doute que Soussah a été bâtie sur l'emplacement et avec les débris d'une ville romaine. Son château, approprié aux besoins de défense nécessaires au moyen âge, est d'origine antique. Le sol regorge de fragments de marbre, de pierres sculptées, de colonnes brisées, d'ustensiles et de mosaïques.

Tébeulba

Est une petite ville de cinq à six mille âmes, qui n'a rien de remarquable que le beau lac près duquel elle est située.

Touza

Ne vaut pas mieux et n'a pas même de lac.

Région du Sud.

Nous voici au Djérid, c'est-à-dire dans le Désert. Les centres de populations deviennent rares. Les oasis elles-mêmes, si belles, si fertiles, si admirablement entretenues, ne sont habitées que par des cultivateurs vivant sous des huttes ou sous des tentes et très-rarement dans l'enceinte d'une ville.

Djerba

Est une île située à l'extrémité sud du golfe de Gabès. Il n'y a ni villes ni villages, mais une série de maisons bâties au milieu des jardins les mieux tenus et habitées par plus de cinquante mille individus. Cette population, douce, pieuse, laborieuse, est digne du plus grand intérêt. Elle vit du reste dans l'aisance et fait un commerce actif avec l'Italie, Malte et Tripoli.

Djerba était l'ancienne Lotophagitis. Elle était jadis aussi prospère qu'aujourd'hui, puisqu'elle avait deux villes importantes, Meninx et Gena. Les riches habitants de l'intérieur devaient avoir leurs villas dans ses beaux champs rafraîchis par la brise de mer. C'est ce qui explique la quantité d'objets d'art que recèle son sol et qu'on trouve en grattant la terre. Par malheur il n'arrive jamais de retirer une statue intacte. Les Arabes, voyant un acte d'impiété et d'idolâtrie dans la reproduction d'une figure humaine, image de la divinité, avant de dérober aux regards ces profanes objets de scandale, mettaient un soin pieux à les mutiler. Je n'exagère rien en disant que, dans les millions de statues qu'on a retirées du sol africain ou qui y gisent encore, il n'en existe pas une seule qui soit intacte. Le bronze même était dégradé avant d'être enseveli.

Gafsa

Est la Capsa des Romains. C'est une charmante ville au milieu d'une admirable oasis. Marius la prit et y laissa une colonie qui parvint à un haut degré de prospérité.

Nefta

Est une ville vaste dont les divers quartiers sont séparés par des jardins de palmiers et d'orangers. Elle est située sur la rive gauche du grand Chot de Pharaon. C'est un immense réservoir couvert d'eau l'hiver et de sel l'été. La traversée en est très-dangereuse à cause des sables mouvants dans lesquels on a vu disparaître des cavaliers avec leur monture. Le grand Chot de Pharaon est le lac Triton des auteurs romains.

Oudiane

Est un assemblage de huttes au milieu d'une oasis plutôt qu'une ville. Il est de même de Touzer.

Région de l'Ouest.

Dans le sud les populations, au lieu d'être groupées en villes, sont répandues en hameaux à travers les oasis; de même dans l'ouest elles vivent isolées sous la tente ou dans des huttes sur les flancs des montagnes volcanisées dont est couverte cette partie de la Régence. Aussi, quoique les habitants y soient nombreux, n'y ai-je trouvé que deux villes, El-Kef et Téboursouk.

El-Kef

Est une ville forte, bâtie sur le penchant d'une montagne et confiée à la garde de trois ou quatre cents Turcs. El-Kef, qui protégeait le pays contre les invasions des Algériens, les plus redoutables ennemis de la Régence, était jadis rempli des meilleurs soldats, et ses remparts étaient parfaitement tenus. On les néglige aujourd'hui parce que l'on en comprend l'inutilité. El-Kef est l'ancienne Sicca-Vénéria, fondée par les Siciliens du temps d'Agathocle et consacrée à Vénus Éricyne; elle rendait à cette déesse un culte dont les bonnes mœurs avaient à souffrir. La ville devait être considérable, vu l'espace occupé par ses ruines. Les montagnes du Kef sont infestées par les lions plus nombreux que jamais, depuis qu'on les pourchasse si vivement dans la province de Constantine.

Téboursouk

Est une petite ville de deux mille âmes, au milieu des montagnes. C'est l'antique Thibursicumbure. Au sud est le petit village de Douga, gisant au milieu des ruines de Thugga qu'on doit compter parmi les plus importantes qui jonchent le sol de la Régence.

CHAPITRE XXVIII.

De Tunis à Carthage.

C'est à Copenhague, dans la bibliothèque royale, en parcourant les manuscrits rapportés par Rask et Niebuhr, que j'ai pris la résolution d'accomplir mon voyage d'Afrique, projeté depuis longtemps, mais toujours différé. A mon retour à Paris, à la suite du rapport qui suivit ma mission en Scandinavie, j'ai obtenu de M. le comte Walewski une mission nouvelle en Tunisie, ayant pour but l'exploration de l'emplacement de la Carthage punique. Secondé par M. Bellaguet, chargé de la division des lettres au ministère de l'instruction publique, homme aussi remarquable par la noblesse de son caractère que par l'élévation de son esprit et le charme de ses manières, j'ai vu ma demande très-favorablement accueillie par M. le comte Walewski, et, six mois après mon retour de Stockholm, j'étais à bord du *Zouave*, fendant allègrement les flots bleus et calmes de la Méditerranée. C'était donc pour Carthage que j'étais à Tunis. Tunis, bâtie ou plutôt agrandie avec les ruines de cette illustre cité, en est éloignée de huit à dix kilomètres, à l'est, du côté de la mer. Les chevaux barbarins sont d'excellentes bêtes, rapides et infatigables ; il ne me fallait guère plus d'une heure pour faire ce trajet. Je le faisais régulièrement tous les deux jours, dans une excellente calèche qu'un loueur maltais mettait, pour dix piastres, à ma disposition.

La route de Tunis à Carthage n'est pas bien déterminée. Elle varie, d'après le temps qu'il fait, et surtout d'après les caprices du cocher. Je partais d'ordinaire à huit heures du matin ; à moitié chemin, je m'arrêtais dans un caravansérail maure. Pendant que les chevaux buvaient un seau d'eau, j'offrais fraternellement une tasse de café à mon cocher. Après dix minutes de halte, nous reprenions notre course, et, quand nous avions gravi une colline complantée d'oliviers, nous étions arrivés à Saint-Louis, qui était le but de ma course.

J'ai déjà dit ce que c'est que Saint-Louis. Quelques mots de la chronique de Joinville ont fait croire que le saint roi était mort « devant le chastel de Cartage », tandis qu'il est à peu près certain que c'est à Soussah qu'il a rendu sa belle âme à Dieu. Il était certes bien plus poétique de faire mourir ce dévot et chevaleresque personnage en face du bûcher de Didon, au milieu des tombeaux d'Hannon et d'Amilcar, et près du berceau d'Annibal, enfin, parmi les imposantes ruines de Byrsa, que dans une obscure bourgade, peuplée de Bédouins. Or, comme la fiction l'emporte toujours sur la vérité, c'est un fait acquis que saint Louis a expiré à Carthage. Il fallait qu'un pieux souvenir rappelât aux chrétiens égarés dans ces parages ce mémorable événement. Pour cela que pouvait-on faire de mieux que d'élever une église catholique en l'honneur du héros chrétien, tombé victime de ses scrupules et martyr de sa foi? L'édifice est de forme octogone, et construit en une pierre blanche imitant le marbre. L'architecture n'est pas heureuse; d'ailleurs, le monument est trop petit et ne pouvait point faire d'effet dans le paysage grandiose qui lui sert de cadre. Sur la colline où s'élevait l'antique et gigantesque Byrsa, ce n'était pas une chapelle, mais une cathédrale qu'il eût fallu construire. Mais, hélas! quoi qu'on fasse, on n'obtiendra pas que la Tunisie ne soit un pays d'infidèles, et qu'une église chrétienne, privée de l'argent nécessaire au culte, ne tombe bientôt dans un triste état d'abandon et de délabrement. C'est le sort échu à l'église de Tunis et, à plus forte raison, à la chapelle de Saint-Louis. Les pavés se soulèvent, les plafonds se crevassent, les murs se lézardent, et, ce qui est pire, sont tapissés de tableaux ridicules à force d'être médiocres. Enfin l'autel délabré est paré d'ornements grossiers et de mauvais goût que dédaignerait le moindre de nos villages. Une chétive et triste statue du saint roi ne change pas l'aspect désolant qu'offre à l'œil ce sacré édifice; il est du reste presque abandonné; l'on n'y dit plus la messe que le 15 août, jour de la fête de l'Empereur.

On a planté, autour du bâtiment, un jardin anglais qui, mal soigné, est mal venu. Quelques pins rabougris et quelques rosiers malingres en font tout l'ornement. Le long du mur d'enceinte, au nord, au sud et à l'ouest, on a construit trois maisons, destinées l'une au gardien du monument, et l'autre à l'aumônier. La troisième devait servir de musée et recevoir les objets découverts dans les fouilles futures. Ce triste musée, qui ne contient que quelques pierres tumulaires et quelques fragments médiocres de statues mutilées, s'harmonise avec le silence de mort qui s'étend autour de ces champs bouleversés et jonchés des débris d'une société disparue. Tout, du reste, est à l'unisson dans cette espèce de nécropole ; tout, jusqu'au vieux concierge avec son corps voûté et sa figure jaunie par les fièvres, et jusqu'à sa jeune femme, gracieuse Palermitaine à qui la malaria donne une morbidezza délicieuse.

Le gardien, ancien soldat d'Afrique, est de Toulon, presque mon compatriote; il s'appelle Dalmas. Comme tous les serviteurs, il se plaignait de son maître, le consul de France, et me disait qu'il n'aurait pas de quoi vivre, si le bey, venant au secours de sa détresse, ne lui affermait à bon compte les terrains qui entourent l'église. On n'est pas resté vingt ans gardien de la chapelle de Saint-Louis, on n'a pas guidé tous les touristes dans leurs promenades au milieu des ruines, et tous les savants du monde dans leurs explorations souterraines, sans être devenu soi-même antiquaire et archéologue. Ce mal se prend, comme bien d'autres, par le contact. Dalmas, esprit intelligent et observateur, connaît, mieux que personne au monde, aussi bien que le fameux chevalier Falbe, la topographie de Carthage. Il n'y a pas, parmi ces débris de pierre et de marbre, de pan de mur encore debout, dont il ne puisse vous expliquer la destinée première. Il vous montrera les traces d'un amphithéâtre et d'un cirque, des Thermes Gargilians où se tinrent, sous Honorius, les conférences qui aboutirent au schisme de Donatus, des jetées qui protégeaient le port marchand et le port militaire, des temples païens consacrés à Baal, à Esculape, à Didon, à Junon, à Neptune et à Jupiter, du palais du proconsul, du gymnase et d'une basilique chrétienne. Il vous indiquera la trace des anciennes rues, vous citera leurs noms, vous montrera le point où elles commençaient et celui où elles finissaient. Je dois dire en toute humilité que les observations de cet homme ignorant, mais rempli de son sujet, m'ont été plus utiles pour mes travaux que la lecture des œuvres de Falbe, de Dureau de la Malle, de MM. Davis ou Beulé. C'est lui qui a dirigé les quelques fouilles que j'ai entreprises, et qui m'a guidé dans toutes mes excursions. Avec lui, j'ai visité les fameuses citernes, situées à l'ouest du petit fort de Bordj-el-Djedid, et qui servaient autrefois à l'alimentation de la grande cité. Elles étaient destinées à recevoir les eaux de Zaoughan, amenées par des canaux dont les vestiges subsistent encore, et qui m'ont rappelé les fragments de l'aqueduc romain qui apportait d'Uzès à Nîmes les eaux de la fontaine d'Eure. Il existe encore seize réservoirs voûtés, de vingt-six mètres de longueur sur vingt mètres de hauteur. Les murs sont encore enduits du ciment imperméable qui empêchait toute infiltration ; et au sommet on retrouve une petite galerie servant de passage aux gardiens. Ces bassins, encombrés de terre, ont échappé aux dévastations des Arabes ; ils sont encore aujourd'hui dans un si bon état de conservation qu'ils pourraient parfaitement servir à l'usage auquel on les avait destinés. A un kilomètre plus haut on voit d'autres bassins plus vastes encore, et en plus grand nombre, mais moins bien conservés ;

ils étaient sans doute réservés aux temps d'excessive sécheresse. Leurs débris forment aujourd'hui le village de Mahelka, et servent d'habitations aux hommes et d'étables aux bestiaux. Ces réservoirs sont de construction romaine ; mais il est probable qu'ils ont été creusés sur l'emplacement des citernes puniques, dont les proportions gigantesques avaient frappé d'étonnement et d'admiration les destructeurs de Carthage.

La ruine des deux Carthages a été complète ; les terres qui bordent ce golfe admirable ne devaient pas avoir un autre aspect, lorsque Didon vint y débarquer à la tête de ses Phéniciens. Ces maigres champs d'orge, de pois chiches et de lentilles, ne détruisent pas l'aspect de misère et de délaissement qui contraste si fort avec la magnificence du ciel et de la mer. Les sauvages habitants que la reine de Tyr fut obligée de refouler dans les terres n'avaient pas laissé dans un plus triste abandon la grande et belle plaine où devait s'élever la rivale de Rome.

Si je n'ai pas été heureux dans mes fouilles, si je n'ai retiré des flancs avares de la terre que quelques statuettes mutilées et sans valeur, quelques poteries cassées, quelques médailles frustes, ou quelques vulgaires ustensiles de cuivre, j'ai été récompensé de mes peines par l'admirable spectacle que j'avais du haut du dôme de la chapelle Saint-Louis, et dont mes yeux avides ne se lassaient jamais. En face de moi s'étendait cette calme, douce et splendide Méditerranée, dont les flots bleus et limpides venaient battre harmonieusement les rives blanches de ce magnifique golfe ; à droite, les deux palais italiens que le khaznadar et le général Kérédine ont fait construire à l'endroit où les mains des hommes avaient creusé les deux ports de Carthage, puis l'humble village de Dowar-el-Chot, un peu plus loin la Goulette avec son grand château noir et ses petites maisons blanches, se détachant comme des perles entre le ciel et la mer ; à gauche la villa, construite par M. de Lagau, au-dessus du temple de Neptune, puis Sidi-Bou-Saïd, la ville sainte, si blanche, si coquettement posée sur un des rochers qui forment le cap de Kamart, avec ses palmiers verts qui dominent les maisons, et les dômes dorés de ses minarets, à côté la Marsa, jadis le faubourg élégant de Carthage, aujourd'hui le quartier des riches villas de Tunis, dont les frais ombrages contrastent avec la nudité aride de la plaine, et dont la brise apporte le suave parfum des fleurs qui décorent ses parterres, et enfin, en se retournant, au nord, la blanche Tunis, assise comme un cygne entre ses deux lacs, et semblant sortie de l'eau ou plutôt flottant sur l'eau, comme ces îles de glace que l'on trouve au printemps dans les mers polaires. L'idée de revoir ces magnificences, bien plus que l'amour de la science, m'a fait souvent revenir à Carthage, même après avoir été convaincu de l'inutilité de mes explorations, et m'y a retenu plus longtemps que ne l'exigeait la prudence personnifiée sous les traits sévères et boudeurs de mon cocher. La vue du côté de Tunis était surtout admirable au moment du coucher du soleil, lorsque les rayons de cet astre, l'enveloppant d'une dernière étreinte, semblaient avoir livré ses murs à un immense incendie ; je m'attardais souvent pour pouvoir jouir de ce sublime spectacle ; mon malheureux cocher frémissait, en songeant aux coups de fouet qu'il faudrait distribuer aux bêtes de son équipage pour arriver au logis avant l'heure fatale où les portes de la ville se ferment pour ne plus se rouvrir qu'aux premières lueurs de l'aurore.

Mes travaux à Carthage même ont donné naissance à plusieurs cahiers de notes qui suffiraient amplement à la confection d'un volume. Mais que dire après Bélidor, Peyssonel et Desfontaines, Shaw, d'Anville, Estrup, Humbert, Chateaubriand, Ritter, Rask, Niebuhr, Campomanes, Stanley, Borgia, Caroni, Blaquière, Jackson, Noah, MM. Davis, Beulé, Guérin, de Chassiron et tant d'autres (1)? Le site occupé par cette ville fameuse est resté inconnu jusqu'à ces derniers temps; placé par Shaw et d'Anville en face d'Utique, il a été déterminé d'une manière irréfutable à l'endroit désigné aujourd'hui en face de Tunis. Ce point principal trouvé, les investigations ont été faites avec cette persévérance, cette intelligence, cette intuition du passé qui caractérise notre époque. J'ai trouvé ce champ fameux parcouru par tant d'habiles glaneurs qu'il n'y reste plus un seul épi de froment. Je me bornerai donc à mettre à la fin de ce volume le rapport que j'ai eu l'honneur d'adresser à M. le comte Walewski, ministre d'État.

Mon séjour en Tunisie s'était prolongé au-delà de plusieurs mois. Il fallait songer au retour; mais le climat est si beau, la vie est si facile et si douce dans

---

(1) Tous les livres relatifs à Carthage, à la Tunisie, à l'Algérie, à l'Égypte, au Sahara, à l'Afrique centrale, à la Perse, à la Turquie, enfin à tout l'Orient, se trouvent chez M. Challamel, libraire-éditeur, rue des Boulangers, n° 30, à Paris. Il en est de même de toutes les brochures, de toutes les cartes de géographie, ou topographies de lieux, se rapportant aux divers pays dont j'ai parlé.

ces contrées, que ce n'est qu'avec regret que je suis monté à bord d'un vapeur italien qui faisait le service de Tunis à Gênes, en s'arrêtant à Cagliari et à Livourne.

Le temps était splendide ; je dis un dernier adieu à ce magnifique panorama qui m'avait ému et charmé si profondément au moment de mon arrivée, et qui me semblait s'être encore embelli. Je saluai de la main le vieux château de la Goulette, la chapelle de Saint-Louis, le promontoire pittoresque et poétique où la légende place le bûcher de Didon, le phare de Sidi-Bou-Saïd, et enfin la villa de Ben-Aiad, qui, s'élevant en rotonde au sommet du cap de Kamart, le termine d'une façon tout à fait pittoresque. Quoique le soleil fût étincelant, les vagues étaient agitées, et notre vaisseau n'avançait que lentement, arrêté par le vent du nord, dont la violence redoublait à mesure que nous nous éloignions de la côte ; néanmoins la traversée fut heureuse, et le lendemain, dimanche, à midi, nous mettions pied à terre sur les quais gigantesques qui entourent le port de Cagliari.

CHAPITRE XXIX.

Rapport à S. Exc. M. le comte Walewski, ministre d'État.

Monsieur le Ministre,

Ayant été chargé, d'après votre arrêté du 22 juillet 1861, d'une mission scientifique « ayant pour objet de faire des recherches à la bibliothèque de Tunis et d'explorer l'emplacement de Carthage, » j'ai quitté la France dans le courant de septembre, quand j'ai supposé que les chaleurs avaient cessé de désoler la terre d'Afrique. Mes recherches aux bibliothèques de Tunis ont été vite faites, attendu que celles-ci, reléguées dans les mosquées, ne sont accessibles qu'aux vrais croyants. Il m'eût fallu, pour pénétrer dans ces sanctuaires, coiffer le turban, chausser la babouche et faire abjuration en règle du christianisme. Rask, dit-on, pour le pur amour de la science, a risqué son âme bel et bien. J'avoue en toute humilité à Votre Excellence que je n'ai eu ni cette ardeur ni ce courage. Je m'en suis dédommagé en redoublant de zèle pour mes explorations à Carthage.

L'emplacement de cette illustre cité, que je fouille et parcours depuis un mois, inspire au penseur de profondes et tristes réflexions. Quelques pans de murs, dispersés sur un espace immense, renversés et à moitié rongés, quelques débris de colonnes, quelques fragments de pierres sculptées et de poteries jonchant le sol, tels sont les restes parvenus jusqu'à nous d'une ville qui, aux temps païens, disputa à Rome la souveraineté du monde, qui, détruite jusque dans ses fondements par son implacable ennemie, renaquit, comme par miracle, de ses cendres et redevint, dans les premiers siècles de l'ère chrétienne, une ville de luxe et d'élégance, remplie de rhéteurs et d'artistes, digne enfin d'être la capitale de l'Afrique civilisée.

La situation admirable de Carthage a de tous temps séduit les conquérants. Prise aux Romains par les Vandales et aux Vandales par les Grecs de Byzance, elle fut conquise, en 696, par l'Arabe Hassan, qui respecta les magnificences, les richesses dont elle était remplie et se borna à y laisser une garnison. Celle-ci ayant été chassée par les habitants soulevés, Hassan revint, triompha de nouveau, et, donnant cours à son fanatisme, à ses préjugés, à ses instincts de destruction, renouvela les scènes d'horreur accomplies par les soldats de Scipion. Carthage disparut du monde pour la deuxième fois. L'espèce de fatalité qui était attachée à cette malheureuse ville, et qui l'avait fait tomber, quoique peuplée d'hommes braves et dévoués, opulente et bien fortifiée, tour à tour au pouvoir des Romains, des Vandales, des Byzantins et enfin des qui, la croyant destinée à de grandes catastrophes, préféra la détruire et transporter la capitale de l'empire qu'il allait fonder dans un lieu d'accès plus difficile, derrière un marais impraticable aux vaisseaux de guerre, même de cette époque. Telle est, sinon l'origine de Tunis, au moins la première cause de sa prospérité. C'est dans sa population que se trouvent les descendants des Carthaginois épargnés par le glaive des conquérants. Les pierres de la vieille ville servirent à bâtir la nouvelle. Mais cette abondante carrière ne devait pas être aussitôt épuisée. Sidi-Bou-Saïd, la Goulette, enfin toutes les villes et tous les villages des environs furent construits avec des matériaux tirés de ces fécondes ruines. Bien plus, les souverains de Tunis en firent trafic. Les Italiens et les Espagnols, pendant tout le moyen âge, y ont acheté la plus grande partie des marbres dont ils ornaient leurs palais. L'étranger admire encore dans le *Canale Grande* à Venise et au palais Doria à Gênes des colonnes et des frises qui avaient fait autrefois l'admiration de leurs ancêtres en Afrique. Les Pisans se vantent d'avoir pris à Carthage tout le marbre employé à la construction de leur magnifique cathédrale. Les Maures de Séville et de Cordoue en ont aussi extrait les précieux matériaux qui ont servi à élever leurs mosquées si célèbres au moyen âge. Il n'est pas jusqu'à Louis XIV qui n'en ait fait charger un bâtiment. Pour quel usage ? On l'ignore, probablement pour Versailles (1).

(1) Édrisi écrit à ce sujet : « On a découvert, à Carthage, des marbres de tant d'espèces différentes qu'il serait impossible de les décrire. Un témoin oculaire rapporte en avoir vu extraire des blocs de quarante choubras (environ trente pieds) de haut. Les marbres sont transportés au loin dans tous

Il n'est pas étonnant qu'après un si grand et si long acharnement à détruire, inspiré d'abord par la crainte et le fanatisme, et ensuite par la curiosité et l'avidité, il ne reste plus de cette splendide capitale que quelques informes débris, conservés malgré la fureur du temps et la fureur encore plus dangereuse des hommes. Hé bien! ces débris, inaperçus du vulgaire, ont permis à des savants, aidés des auteurs classiques, de refaire la topographie parfaitement exacte de Carthage. Non-seulement ils ont déterminé son emplacement resté, comme celui de Tyr et de Ninive, ignoré jusqu'au commencement de ce siècle, et placé le plus souvent en face d'Utique, mais ils ont encore tracé les limites de son mur d'enceinte et de ses gigantesques faubourgs. Ils ont désigné les endroits précis où les ports avaient été creusés, où la citadelle avait été élevée. Grâce aux judicieuses observations de Rask et de Niebuhr, aux explorations du chevalier Falbe, aux travaux de Dureau de la Malle, de Chateaubriand, de sir Temple Grenville, et aux fouilles de MM. Davis et Beulé, on ne peut plus douter que Byrsa et le temple d'Esculape, formant à eux deux l'Acropole, n'aient été construits sur la colline où s'élève aujourd'hui la chapelle de Saint-Louis, ni que les deux ports n'aient occupé l'espace où s'étendent les deux villas de Sidi Moustapha-Khaznadar et du général Kérédine. Les bassins de ces ports ont été beaucoup rétrécis par l'envahissement des sables; mais ils ont encore aujourd'hui conservé leur forme primitive. Le Cothon ou

---

les pays, et nul ne quitte Carthage sans en charger des quantités considérables sur des navires ou autrement. C'est un fait très-connu. » (Pélissier, *Exploration de la Tunisie*, pag. 235 et 236.)

port militaire était rond, et le port marchand de forme carrée. On connaît aussi l'emplacement des temples consacrés à Astarté, à Junon, à Baal, celui du Cirque, du Gymnase et du Forum. Les recherches des savants ont été si heureuses que tous les mystères qui entouraient cette ville légendaire ont été pénétrés. On sait que la Marsa était tout entière dans sa ceinture de murs. C'était le quartier des personnes riches, de même que le rocher sur lequel est bâti Sidi-Bou-Saïd. La Carthage punique avait cinq lieues de tour; la Carthage romaine était beaucoup moins vaste.

La destinée de cette ville a été dans toutes les époques glorieuse et tragique. Après avoir été détruite, par ordre du sénat, avec tant de fureur que des machines devaient broyer et réduire en poudre les pierres et les marbres que les flammes auraient épargnés, elle fut condamnée à être désormais inhabitée, et son sol à rester inculte, comme témoignage éclatant de ce que pouvait faire la colère de Rome. Mais les décisions des hommes ne sont pas plus éternelles que leurs ouvrages. Au contraire, leur esprit est mobile; leurs passions changent; et il est très-rare que les fils ne pensent pas et n'agissent pas différemment de leurs pères. A la haine implacable du vieux Caton avait succédé, sous le règne d'Auguste, un intérêt sentimental qui inspira les adorables fictions de Virgile. Le récit enchanteur, émouvant, de l'accueil fait aux compagnons d'Énée par Didon, de la passion inspirée par le héros troyen à cette sage et grande reine, la fuite de l'amant, la mort de l'amante, ont arraché des larmes au peuple le plus endurci de l'univers, à celui qui voyait d'un œil sec les gladiateurs dévorés par les lions, ou les esclaves jetés en pâture aux murènes. Il fut de mode de s'intéresser aux Carthaginois et d'en vouloir aux vieux républicains de l'acharnement qu'ils avaient mis à détruire un peuple qui avait donné une si noble hospitalité à leurs ancêtres. A cette époque Carthage était sortie de ses cendres. Son admirable situation attirait dans ses murs tous les commerçants de la côte et la plupart des Italiens que l'esprit d'aventure poussait vers les terres d'Afrique. Sa population s'accroissait d'une manière extraordinaire, et tous les nouveaux habitants, qu'ils fussent d'origine romaine ou punique, avaient les mêmes sentiments de bienveillance, de sympathie, pour les héros malheureux qui avaient autrefois vécu dans cette glorieuse enceinte. Peu à peu cet amour devint de l'engouement. On s'appliquait, avec les vieux auteurs à la main, à refaire la topographie de la vieille Carthage, afin que la nouvelle lui fût tout à fait pareille. La fameuse Byrsa, avec son temple consacré à Esculape, protecteur de la ville, fut reconstruite sur le même emplacement et dans les mêmes proportions. Ainsi du temple de Junon, de celui de Baal, d'Astarté, de Neptune, ainsi des deux ports, enfin de tous les monuments importants dont quelques pierres, malgré tous les efforts de l'homme et de la nature, étaient restées debout, comme pour servir de guide aux hommes voués à la science, et témoigner que le passé ne peut pas se soustraire à leurs patientes et habiles investigations.

Niebuhr et Rask ont, les premiers, à notre époque, désigné les anciens monuments de Carthage, et reconstruit la ville disparue au milieu des champs d'orge où gisent ses ruines. D'autres sont venus qui, guidés par ces habiles explorateurs, ont pénétré plus avant, et rectifié même quelques-unes de leurs erreurs. Enfin, en dernier lieu, MM. Davis et Beulé ont fait connaître au public les résultats de leurs recherches. M. Davis a découvert, parmi beaucoup de choses d'une bien petite importance et d'une valeur insignifiante, une mosaïque de quatorze pieds de long sur neuf de large, représentant un buste de femme et deux prêtresses, encadrées dans dix compositions très-originales et d'une grande pureté de style. M. Davis trouve le dessin aussi admirable que le coloris, et il attribue nettement une origine punique à cette œuvre d'art. Je dois dire que c'est l'opinion de Tunis, mais non pas celle de M. Beulé qui ne reconnaît là qu'une mosaïque byzantine et d'une époque de décadence; je n'ai vu que la reproduction des dessins et suis dès lors un mauvais juge; cependant je suis d'un avis différent de l'un et de l'autre de ces savants. J'attribue à cette œuvre une origine égyptienne, mais postérieure à l'ancienne Carthage. Sans tenir compte des exagérations de M. Davis sur la valeur artistique et vénale de sa découverte, sur la jalousie qu'elle prétend avoir excité chez tous les habitants de la Régence et jusque chez le souverain, je crois que c'est une pièce rare et précieuse.

M. Davis travaillait avec les fonds du gouvernement anglais. Bien qu'il se fût empressé d'envoyer le résultat de ses recherches au Musée britannique, les directeurs de cet établissement fameux dans le monde entier ont trouvé que les découvertes faites ne répondaient pas, tant au point de vue de l'art que de la science, aux dépenses qu'elles entraînaient. Les fonds ont été supprimés, et M. Davis, retourné en Europe, prépare, dit-on, à Pise des travaux historiques sur la régence de Tunis au temps de la piraterie.

M. Davis était un chercheur d'objets d'art. M. Beulé s'est placé à un point de vue plus élevé. Dédaignant les marbres et les mosaïques d'origine romaine qui devaient, à coup sûr, être inférieurs aux magnifiques spécimens que les terres de Grèce et d'Italie ont conservés dans leurs flancs et nous ont déjà rendus, il n'a cherché que les vestiges de la Carthage punique. Son premier coup de pioche a été heureux. Il a mis au jour des murs, ou plutôt des fondements de murs, entrevus par Falbe et désignés par lui pour être ceux de la Byrsa punique. Ces murs supportaient de grandes galeries voûtées; ils ont une épaisseur de trente et un pieds, de telle sorte que quatre chars et non pas deux seulement, comme à Babylone, pouvaient y marcher de front. M. Beulé voit aussi dans ces galeries ces fameuses écuries où étaient logés trois cents éléphants et quatre mille chevaux, ces casernes capables de contenir vingt-trois mille soldats, et ces magasins où des provisions pouvaient être amassées pour la nourriture de tout ce monde pendant plusieurs mois. Je crois que M. Beulé s'est laissé entraîner un peu trop loin par son imagination, cette folle du logis, même chez un savant. Il est impossible, malgré toute la complaisance que l'on puisse avoir, de retrouver sous les voûtes étroites qu'il a mises à jour et que j'ai examinées, les immenses bâtiments qui existaient autrefois dans l'enceinte même de la citadelle, et qui ont disparu à la première catastrophe, désignés avant toute autre chose à la fureur des soldats romains. L'épaisseur des murs n'est si grande que parce qu'ils étaient destinés à soutenir le poids des terrains de la colline ; elle est moindre sur tous les autres points. Du reste, si ces murailles n'appartiennent pas aux casernes et aux étables gigantesques de Byrsa, elles se rattachent à d'autres bâtiments de cette fameuse citadelle; ce qui le prouve, c'est qu'elles sont formées, comme toutes les constructions puniques, de petites pierres taillées en forme de brique, tandis que les murs romains sont composés de blocs énormes.

Dans des travaux de cette sorte, en présence des contradictions mêmes des auteurs entre eux, on n'arrive jamais à des certitudes. On est obligé de s'en tenir à des suppositions vraisemblables. Aussi un champ très-vaste est-il ouvert à l'esprit de critique et de chicane. Un mot suffit à renverser l'échafaudage le plus sagement et le plus habilement construit. M. Davis, qui semble prendre à tâche d'être en contradiction avec toutes les assertions de M. Beulé, place Byrsa sur un autre point. Ses principaux arguments consistent dans les paroles de Strabon, qui met la forteresse au milieu de la ville, et qui déclare que trois belles rues la séparaient du Cothon, ou port militaire. Appien vient aussi à son secours, en disant que Scipion s'établit sur un point élevé, d'où il dirigea, pendant six jours et six nuits, les soldats qui battaient en brèche les remparts et la forteresse. Où Scipion aurait-il pu se placer, si ce n'est sur la colline même, puisque c'est le seul point élevé ? M. Davis objecte aussi comment sur une colline qui n'a que dix-sept cent vingt-cinq pieds anglais de surface pouvaient exister une forteresse capable de contenir les cinquante mille Carthaginois qui obtinrent pardon du vainqueur et défilèrent devant lui, et les neuf cents déserteurs romains qui ne pouvaient espérer aucune pitié, et le temple d'Esculape, le plus vaste de la ville, où s'était réfugiée l'épouse héroïque d'Asdrubal et où elle périt dans un incendie allumé de ses mains, avec ses femmes, ses enfants, et tous les grands cœurs qui ne voulaient pas survivre à la ruine de la patrie.

Toutes ces objections ont plus d'apparence que de fond, et peuvent être facilement réfutées. Il est vrai que la colline de Saint-Louis n'est pas au milieu de la ville ; cependant il pouvait y avoir entre elle et la mer des quartiers assez vastes. Elle est assez éloignée du port militaire, non pas que l'espace soit suffisant au développement de trois grandes rues, mais à l'existence de trois rues ordinaires. Il est bien positif que Scipion s'était mis pour diriger ses soldats sur un point culminant. Mais qui nous dit que cette élévation n'était pas faite de la main de l'homme et qu'elle n'a pas été rasée en même temps que les autres édifices de Carthage ? Enfin, pourquoi restreindre Byrsa à la colline ? Ne pouvait-elle pas s'étendre du côté de la plaine ? C'est donc avec une grande intelligence que M. Beulé a dirigé ses travaux sur ce point. Quels résultats a-t-il obtenus ? La découverte de quelques pans de mur d'origine punique destinés à servir de fondements à des monuments importants, mais non point à être vus, dès lors faits grossièrement et n'ayant d'autre mérite que celui d'une épaisse solidité. Il fallait cependant plus que cela pour conserver la chimérique pensée de reconstituer à Carthage une ancienne ville punique, comme à Pompéi et à Herculanum on a refait une ancienne ville romaine. Non, le *delenda Carthago* de

Caton a été strictement exécuté. Le *jamjam perierunt ruinæ* est rigoureusement vrai ; il ne reste rien, plus rien, de l'ancienne rivale de Rome. Les soldats de Scipion avaient réduit en poussière ses plus solides monuments ; et cette poussière même a été emportée par les quatre vents du ciel dans la mer et dans les champs voisins. Je crois donc que le gouvernement a sagement fait de refuser des fonds pour de nouvelles fouilles. Que pouvait-on entreprendre d'ailleurs avec six mille francs? commencer à peine, et créer des embarras et des déceptions à l'explorateur obligé de s'arrêter avant d'avoir rien fait de sérieux.

Monsieur le Ministre, avant de venir à Carthage, j'ai parcouru les trois provinces de l'Algérie. Partout j'ai retrouvé les traces des Romains. J'ai vu à Cherchell l'emplacement de l'ancienne Julia Cæsarea, la capitale des États de Juba ; on y a découvert les restes d'un cirque, d'un forum et de plusieurs temples ; on a retiré des entrailles de la terre des copies des chefs-d'œuvre antiques, faits en Italie et en Grèce et apportés en Mauritanie sans doute par les ordres de ce prince éclairé et passionné pour les œuvres d'art. Mais il n'y a là que des ruines disséminées. Pour voir toute une carcasse de ville antique, envahie par des barbares, pillée, brûlée, détruite et puis abandonnée, il faut aller à Tébessa et surtout à Lambessa. La ville est là tout entière sous ses décombres ; on n'est pas venu, comme à Carthage, dépouiller les morts. L'on peut avec les fondements encore debout des maisons démolies retracer et suivre une foule de rues. La grande voie qui traversait toute la ville et venait aboutir au temple de la Victoire, longue de plus de deux kilomètres, était, de distance en distance, coupée par des portes triomphales, élevées sous le règne et en l'honneur de Marc-Aurèle. Six de ces portes existent encore en bon ou en mauvais état ; mais enfin elles existent. Trois colonnes de marbre d'une grande pureté de style et quelques marches d'escalier sont les derniers vestiges d'un temple à Esculape dont on a pu retracer l'enceinte. Ce qu'il y a de plus triste, c'est que ce monument a été détruit depuis notre occupation. Les colons français ont arraché de ce lieu sacré les pierres qui ont servi à construire leurs maisons. De pareils actes de vandalisme se commettent encore tous les jours. La personne qui me guidait à travers les ruines de Lambessa voulait me faire prendre une inscription de porte gravée sur une pierre servant jadis de chapiteau et jonchant aujourd'hui le sol. Vains efforts ! Pendant la nuit, la pierre avait été brisée avec un marteau de fer et une partie des fragments avait été emportée. La Maison du légat est encore apparente ; la forme des appartements est conservée, et, dès qu'on gratte un peu la terre, on retrouve les mosaïques. Des restes d'aqueduc, de bains et de temples, complètent avec le Prétorium, ou plutôt le temple de la Victoire, la série des monuments de l'antique Lambæsis qui ont résisté aux outrages du temps. Ce temple, admirablement conservé, est digne de figurer parmi les plus beaux et les plus purs spécimens de l'architecture antique. C'était un lieu ouvert ; à l'entrée principale, qui regarde l'ouest, se trouve une grande porte cintrée comme toujours et flanquée de chaque côté d'une porte moins importante. Ces portes sont séparées par des frises d'autres portes supérieures qui servaient seulement à compléter l'harmonie du bâtiment. Le temple était à peu près carré et percé d'ouvertures de tous les côtés ; celles des deux parois latérales sont dans de moindres proportions et moins ornées. L'aspect du monument est on ne peut plus heureux ; il charme et impose tout à la fois. C'est ce qui reste de plus complet de la domination romaine dans ces régions. Je ne parle pas des milliers de colonnes, de pierres sculptées ou gravées, de fragments de poteries qui jonchent le sol. Il est certain pour moi que, en fouillant et en déblayant tous ces débris, on pourrait, comme au pied du Vésuve, refaire une ville romaine ; j'ajoute même que rien ne serait plus facile et moins coûteux avec les forçats que l'on a sous la main. Outre les richesses que l'on aurait l'espoir de trouver, on créerait un but aux excursions des savants et des touristes. Il serait à désirer qu'un point de l'Algérie, si peu connue et si digne de l'être, attirât l'attention de l'Europe ; et, si le gouvernement avait quelques fonds à employer à des fouilles, il serait certes plus utile au pays et même à la science de faire renaître Lambessa sous les ruines qui la couvrent que de bouleverser à Carthage des terrains qui sont, depuis des siècles, l'objet des investigations du peuple le plus avide et le plus destructeur de l'univers.

J'ai l'honneur d'être, Monsieur le Ministre, de Votre Excellence le très-humble et très-obéissant serviteur.

Signé : DE FLAUX.

Saint-Louis de Carthage, 15 novembre 1862.

LISTE

DES

CONSULS ET VICE-CONSULS DE FRANCE A TUNIS

SOUS LES DEYS ET LES BEYS.

Seizième siècle.

Philippo Pena.
Antoine Lonico.

Dix-septième siècle.

Antoine Béranger.
Casimir Honorat.
Hugues Changet.
Thomas Martin.
Hercule Tamagui.
Claude Senert.
Pierre Bourelly.
Jean-Baptiste Maure.

Lange de Martin.
Étienne Maure.
Jean le Vacher.
Jean Ambrozin.
Charles de Gratien.
Étienne Plastrier.
Claude le Maire.
Antoine Michel.
Hogier Sorhainde.

Dix-huitième siècle.

Marc Michel.
Joseph Bayle.
Pierre Jean Pignon.
Boyer de Saint-Gervais.
Gautier.
Fort.
Michel du Grou de Sulauze.
Barthélemy de Saizieu.
De Voize.
Jean-Baptiste du Rocher.
De Chateau-Neuf.
De Villeneuve.
Beaussier.

Dix-neuvième siècle.

Billon.
Sielves.
Mallivoire.
Constantin Guis.

Matthieu de Lesseps.
Alexandre Deval.
Schwebel.
De Lagau.
Marceschau.
Baron de Théis.
Léon Béclard.
Léon Roches.
De Beauval.
Duchesne de Bellecour.

CONSTITUTION ET LOI ORGANIQUE

DU ROYAUME TUNISIEN.

Loi organique ou Code politique et administratif du royaume Tunisien.

Traduction de l'arabe.

Au nom de Dieu clément et miséricordieux, que ses bénédictions et le salut soient sur son Prophète !

Louanges à Dieu qui a doué l'espèce humaine de l'intelligence et de la parole, qui l'a créée digne de la prophétie, du califat et de toutes les missions importantes, qui lui a fait connaître ce qu'il a jugé nécessaire des causes de la prospérité et qui lui a envoyé les prophètes avec les livres sacrés de la balance de la justice ! Béni soit ce Dieu généreux et digne de remercîments !

Que ses bénédictions et le salut soient sur notre Seigneur Mahomet, son Prophète, par l'intermédiaire duquel il nous a guidés à la foi, et qui nous a communiqué l'objet de sa mission en nous expliquant les règles dont il s'est servi, comme bases, pour y poser les principes fondamentaux de sa doctrine ! Que les bénédictions de Dieu soient aussi sur sa famille et ses compagnons qui sont le soutien de la foi par la force de leur doctrine et l'éclat de leurs actions, qui ont fait parvenir jusqu'à nous les paroles du Prophète et ses lois bonnes et justes, et qui se sont occupés à bien interpréter et à mieux nous enseigner ses règles qui engendrent la sûreté et la confiance !

Après ce qui précède, l'esclave de son maître, le pauvre devant la miséricorde divine, celui qui reconnaît que ses actions de grâce sont au-dessous de tant de bienfaits, le Mouchir Mohammed-el-Sadak-Bacha-Bey, possesseur du royaume de Tunis, dit : « Lorsque les hauts fonctionnaires m'ont choisi à l'unanimité et en conformité de la loi de succession en usage dans le royaume pour être chef de ce gouvernement à l'époque de la mort de mon frère qui eut lieu pendant que mes devoirs me tenaient éloigné de la capitale, je me suis rendu à leur appel, seul, sans épée, ni lance, ni troupe, ni force aucune, et j'ai reçu leurs hommages après avoir prêté serment en leur présence d'observer les principes du Pacte fondamental promulgué par feu mon frère, le 20 moharrem 1274, publié dans tout ce royaume, et après leur avoir fait prêter le même serment. Voici en quels termes je me suis engagé à respecter les principes du Pacte fondamental, en vertu duquel j'ai reçu l'hommage de tous les habitants :

« Au nom de Dieu clément et miséricordieux,

« Béni soit celui qui a fait que la confiance soit la cause la plus efficace de la prospérité ! Que les bénédictions et le salut soient sur notre Seigneur Mahomet, ses parents, ses compagnons et tous ceux qui les ont suivis dans le bien ! »

Après ce qui précède, le pauvre esclave de Dieu, le Mouchir Mohammed-el-Sadak-Bacha-Bey (que Dieu l'aide dans ses louables intentions et dans la charge qu'il lui a confiée) dit : « J'ai reçu l'hommage des hauts dignitaires présents, conformément au Pacte fondamental qui garantit à tous les habitants la sûreté de leur honneur, de leurs biens et de leurs personnes, et qui renferme différents autres principes et obligations que feu mon frère et seigneur Mohammed-Bacha-Bey s'est engagé à observer sous la date du 20 moharrem 1274, et, conformément à ce qui est prescrit dans ledit Pacte fondamental, j'ai juré et je jure devant Dieu que je respecterai tous les principes qui y sont établis, et que je ne ferai rien qui leur soit contraire.

« Ces mots ont été dits par moi et sont répétés en mon nom par celui qui les lit. Ma signature et mon cachet, qui sont apposés sur cet acte, sont un témoignage digne de foi et évident pour toutes les personnes présentes à cette assemblée et pour tous nos sujets et les habitants de nos États.

« En conformité de cela, vous devez respect et obéissance.

« Que Dieu soit en aide à tous les assistants !

« Donné le samedi vingt-cinquième jour du mois de sfar 1276. »

Texte du Pacte fondamental.

Au nom de Dieu clément et miséricordieux;

Louanges à Dieu qui a ouvert un chemin à la justice, qui a donné l'équité pour garant de la conservation de l'ordre dans le monde, qui a réglé le don de la connaissance du droit selon les intérêts, qui a promis la récompense au juste, et la punition à l'oppresseur! Rien n'est aussi vrai que la parole de Dieu.

Que les bénédictions soient sur notre Seigneur Mahomet, que Dieu dans son livre a honoré des titres d'humain et de compatissant et qui l'a distingué de préférence; qui l'a envoyé avec la pratique du droit chemin qu'il nous a enseignée et expliquée, ainsi que Dieu le lui avait ordonné, sur les bases de la permission, de la défense, du juste et de l'injuste, de sorte que la parole de Dieu n'a été l'objet ni de changement, ni de fausse interprétation! Que le salut et la bénédiction soient sur sa famille et ses compagnons qui ont su enseigner la vérité à celui qui a désiré la connaître et l'ont convaincu par leur science et leurs preuves; qui ont connu la loi par texte et par interprétation, et qui nous ont laissé, comme preuve éclatante, leur conduite exemplaire, leur justice et leur équité!

Je te demande, ô Dieu! de m'accorder ton puissant appui pour arriver aux actes qui te plaisent, pour que tu m'aides à remplir ma tâche de Prince, cette tâche qui est le plus lourd fardeau que puisse porter un homme! Je mets toute ma confiance et tout mon espoir en toi; quel plus grand appui que celui du Très-Haut!

La mission que Dieu nous a donnée en nous chargeant de gouverner ses créatures dans cette partie du monde nous impose des devoirs impérieux et des obligations religieuses que nous ne devons remplir qu'à l'aide de son seul secours. Sans cet aide, qui pourrait satisfaire à ses devoirs envers Dieu et envers les hommes ?

Persuadé qu'il faut suivre les prescriptions de Dieu en tout ce qui concerne ses créatures, je suis décidé à ne plus laisser peser sur celles qui sont confiées à mes soins ni l'injustice ni le mépris, je ne négligerai rien pour les mettre en pleine possession de leurs droits.

Peut-on manquer, soit par ses actes, soit par ses intentions, à de pareils devoirs, quand on sait que Dieu ne commet pas la moindre injustice et qu'il réprouve ceux qui oppriment ses créatures ?

Dieu a dit à son Prophète bien-aimé : « O David ! je t'ai fait mon calife sur la terre ; juge les hommes d'après la justice ; ne te laisse pas guider par la passion, car elle t'éloignerait de la voie de Dieu, et ceux qui s'éloignent des voies du Seigneur sont destinés aux tourments les plus affreux, car ils ont oublié le jour de la rémunération. »

Dieu est témoin que j'accepte ses hautes prescriptions pour prouver que je préfère le bonheur de mes États à mon avantage personnel. J'ai consacré, à assurer ce bonheur, mon temps, mes forces et ma raison. J'ai déjà commencé, comme on le sait, à alléger les taxes qui pesaient sur mes sujets. Dieu a permis que cette réforme fût une source de bien, et ces heureux résultats ont fait espérer à nos peuples de nouvelles améliorations.

La main des agents infidèles se trouvait dès lors paralysée.

Pour arriver à des améliorations, il faut d'abord en établir les bases générales. Vouloir y atteindre du premier coup, sans les asseoir sur ces bases, serait se créer d'insurmontables difficultés.

Nous nous sommes convaincu que la plupart des habitants de nos États n'ont pas une confiance entière dans ce que nous avons fait pourtant avec les meilleures intentions. C'est une loi de la nature que l'homme ne puisse arriver à la prospérité qu'autant que sa liberté lui est entièrement garantie, qu'il est certain de trouver un abri contre l'oppression derrière le rempart de la justice et de voir respecter ses droits, jusqu'au jour où des preuves irrécusables démontrent sa culpabilité ; qu'autant qu'il sera sûr que cette culpabilité ne résultera pas pour lui de témoignages isolés.

L'homme coupable qui se voit jugé par plusieurs n'hésite pas, pour peu qu'il conserve une lueur de raison, à reconnaître son crime, et doit se dire : « Quiconque outre-passe les limites fixées par le Seigneur se condamne lui-même. »

Nous avons vu le chef de l'islamisme et celles des grandes puissances qui se sont placées par leur sage politique à la tête des nations donner à leurs sujets les plus complètes garanties de liberté ; ils ont compris que c'était là un de leurs premiers devoirs dicté par la raison et par la nature elle-même. Si ces avantages accordés sont réels, le Charaâ doit les consacrer lui-même ; car le Charaâ a été institué par Dieu pour défendre l'homme contre les mauvaises passions. Quiconque se soumet à la justice et jure par elle se rapproche de la piété.

Le cœur de l'homme qui a foi dans sa liberté se rassure et se raffermit.

Nous avons informé naguère les grands ulémas de notre religion et quelques-uns de nos hauts fonctionnaires de notre intention d'établir des tribunaux composés d'hommes éminents pour connaître des crimes et des délits, ainsi que des différends que peut engendrer le commerce, cette source de prospérité des États. Nous avons établi, pour l'organisation de ces tribunaux, des principes qui ne dérogent en rien aux principes sacrés de notre loi.

Les sentences émanées du tribunal de Charaâ continueront à avoir leur plein effet. Puisse Dieu perpétuer jusqu'au jour du dernier jugement le respect que ce tribunal inspire !

Le code administratif et judiciaire demande le temps nécessaire pour être rédigé et adapté aux exigences de notre pays. Nous espérons que Dieu, qui lit dans notre cœur, nous fera la grâce d'établir ces réformes dans l'intérêt de notre gouvernement, et qu'elles ne s'écarteront point des principes que nous ont légués les gloires de l'islamisme. Et nous, humble et pauvre serviteur du Très-Haut, nous nous hâterons de nous conformer à ses volontés en rassurant les hommes. Rien dans ce code, tous pourront s'en convaincre, ne sera contraire à ses saintes prescriptions.

En voici les bases :

1° Une complète sécurité est garantie formellement à tous nos sujets, à tous les habitants de nos États, quelles que soient leur religion, leur nationalité et leur race. Cette sécurité s'étendra à leur personne respectée, à leurs biens sacrés et à leur réputation honorée.

Cette sécurité ne subira d'exception que dans les cas légaux dont la connaissance sera dévolue aux tribunaux ; la cause nous sera ensuite soumise, et il nous appartiendra soit d'ordonner l'exécution de la sentence, soit de commuer la peine, soit de prescrire une nouvelle instruction.

2° Tous nos sujets seront assujettis à l'impôt existant aujourd'hui ou qui pourra être établi plus tard, proportionnellement et quelle que soit la position de fortune des individus, de telle sorte que les grands ne seront pas exempts du camoun à cause de leur position élevée, et que les petits n'en seront pas exempts non plus à cause de leur faiblesse. Le développement de cet article aura lieu d'une manière claire et précise.

3° Les musulmans et les autres habitants du pays seront égaux devant la loi ; car ce droit appartient naturellement à l'homme, quelle que soit sa condition. La justice sur la terre est une balance qui sert à garantir le bon droit contre l'injustice, le faible contre le fort.

4° Nos sujets israélites ne subiront aucune contrainte pour changer de religion, et ne seront point empêchés dans l'exercice de leur culte ; leurs synagogues seront respectées et à l'abri de toute insulte, attendu que l'état de protection dans lequel ils se trouvent doit leur assurer nos avantages, comme il doit aussi nous imposer leur charge.

5° Attendu que l'armée est une garantie de la sécurité de tous, et que l'avantage qui en résulte tourne au bénéfice du public en général, considérant, d'autre part, que l'homme a besoin de consacrer une partie de son temps à son existence et aux besoins de sa famille, nous déclarons que nous n'enrôlerons les soldats que suivant un règlement et d'après le mode de circonscription au sort; le soldat ne restera point au service au-delà du temps limité, ainsi que cela sera déterminé dans un code militaire.

6° Lorsque le tribunal criminel aura à se prononcer sur la pénalité encourue par un de nos sujets israélites, il sera adjoint audit tribunal des assesseurs également israélites. La loi religieuse rend d'ailleurs ces hommes l'objet de recommandations bienveillantes.

7° Nous établirons un tribunal de commerce composé d'un président, d'un greffier et de plusieurs membres choisis parmi les musulmans et les sujets des puissances amies. Ce tribunal, qui aura à juger les causes commerciales, entrera en fonctions après que nous nous serons entendu avec les grandes puissances étrangères, nos amies, sur le mode à suivre pour que leurs sujets soient justiciables de ce tribunal. Les règlements de cette institution seront développés d'une manière précise, afin de prévenir tout conflit ou malentendu.

8° Tous nos sujets, musulmans ou autres, seront soumis également aux règlements et aux usages en vigueur dans le pays; aucun d'eux ne jouira à cet égard de privilége sur un autre.

9° Liberté de commerce pour tous et sans aucun privilége pour personne. Le gouvernement s'interdit toute espèce de commerce et n'empêchera personne de s'y livrer. Le commerce en général sera l'objet d'une sollicitude protectrice, et tout ce qui pourra lui causer des entraves sera écarté.

10° Les étrangers qui voudront s'établir dans nos États pourront exercer toutes les industries et tous les métiers, à la condition qu'ils se soumettront aux règlements établis et à ceux qui pourront être établis plus tard, et auront les mêmes avantages que les habitants du pays. Personne ne jouira à cet égard de privilége sur un autre. Cette liberté sera acquise à tous après que nous nous serons entendu avec leurs gouvernements sur le mode d'application qui sera expliqué et développé.

11° Les étrangers appartenant aux divers gouvernements, qui voudront s'établir dans nos États, pourront acheter toutes sortes de propriétés, telles que maisons, jardins, terres, à l'égal des habitants du pays, à la condition qu'ils seront soumis aux règlements existants ou qui pourront être établis, sans qu'ils puissent s'y soustraire. Il n'y aura pas la moindre différence à leur égard dans les règlements du pays. Nous ferons connaître ensuite le mode d'application, de telle sorte que le propriétaire en aura une connaissance parfaite et sera tenu de l'observer. Nous jurons par Dieu et par le Pacte sacré que nous mettrons à exécution les grands principes que nous venons de poser, suivant le mode indiqué, et que nous les ferons suivre des explications nécessaires. Nous nous engageons, non-seulement en notre nom, mais au nom de nos successeurs; aucun d'eux ne pourra régner qu'après avoir juré l'observation de ces institutions libérales, résultant de nos soins et de nos efforts; nous en prenons à témoin, devant Dieu, cette illustre assemblée, composée des représentants des grandes puissances amies et des hauts fonctionnaires de notre gouvernement. Dieu sait que le but que j'ai fait connaître et que je viens d'expliquer à ceux qui m'entourent a été mis par lui au fond de mon cœur. Dieu sait que mon désir le plus ardent est de mettre immédiatement à exécution les principes et les conséquences de ces nouvelles institutions. On ne peut demander à l'homme que ce qui lui est possible. Celui qui a juré par Dieu doit accomplir son serment. La justice est le bien le plus solide. La vie à venir est la seule qui dure. Nous recevons le serment des grands personnages et des hauts fonctionnaires de notre gouvernement par lequel ils s'engagent à joindre leurs intentions et leurs actions aux nôtres dans l'exécution des réformes que nous venons de décréter. Nous leur disons : Gardez-vous de transgresser le serment que vous venez de faire devant Dieu, car Dieu connaît vos intentions et vos actes les plus secrets. O Dieu! soutiens ceux qui nous ont aidés à contribuer au bonheur de tes créatures, abreuve-les du nectar de ta grâce! O Dieu! accorde-nous ton aide, ton assistance et ta miséricorde; fais que cette œuvre produise ses fruits! Nous te demandons ton appui pour cette tâche et te rendons grâce pour la mission que tu nous as confiée. Heureux celui que tu as choisi pour le conduire sur le sentier de la vérité! Le bien est dans ce que tu décrètes. Après avoir pris les différents avis, nous, pauvre serviteur de Dieu, avons promulgué cet acte dont nous avons vu l'utilité pour la prospérité du pays avec la bénédiction du Coran et les mystères de la Fatha.

Salut de la part du serviteur de son Dieu, le Mouchir Mohammed-Bacha-Bey, possesseur du royaume de Tunis.

Le 20 moharrem 1274.

(Signé de sa propre main.) « J'approuve l'écriture ci-dessus, le Mouchir Mohammed-Bacha-Bey. Dieu est témoin de la vérité de ce que je dis. »

EXPLICATION PROMISE DES PRINCIPES DU PACTE FONDAMENTAL.

CHAPITRE PREMIER. — *De la liberté des cultes.*

Il est du devoir de tout législateur qui prescrit le bien et défend le mal de se soumettre lui-même à ce qu'il a ordonné et d'éviter ce qu'il a défendu, afin que ses prescriptions soient observées et qu'il ne soit jamais permis de lui désobéir, et cela conformément à l'axiome de morale admis par la religion et la philosophie :

« Désirer aux autres ce qu'on désire à soi-même, et ne pas faire aux autres ce qu'on ne veut pas qu'il soit fait à soi-même. »

Ainsi, nous nous engageons devant Dieu envers tous nos sujets, de quelque religion qu'ils soient, à leur faciliter par tous les moyens en notre pouvoir, le sûr et libre exercice de leur culte.

Quant aux musulmans, aucun d'eux ne pourra être forcé de changer le rite auquel il appartient d'après sa conviction et selon lequel il exerce le culte extérieur.

La permission de remplir la prescription religieuse

du pèlerinage de la Mecque ne pourra être refusée aux musulmans qui auront les moyens de faire ce voyage pieux.

Les musulmans continueront à être soumis à la loi religieuse pour ce qui regarde les actes du culte et de piété, les legs pieux, les fidéicommis, les donations, les offrandes du culte, le mariage et les actes y relatifs, la puissance paternelle, les successions, les testaments, la tutelle des orphelins, etc.

La liberté religieuse est assurée à toutes les personnes qui vivent dans nos États; nos sujets non musulmans ne seront jamais ni contraints à changer de religion, ni empêchés de le faire; mais leur changement de croyance ne pourra ni leur faire acquérir une nouvelle nationalité, ni les soustraire à notre juridiction. Aucun d'eux ne pourra être forcé à des réformes dans les principes de sa religion.

Pour les mariages et les actes y relatifs, pour la puissance paternelle, la tutelle des orphelins, les testaments, les successions, etc., ils continueront à être soumis aux décisions de leurs juges religieux, qui seront nommés par nous sur la proposition de leurs notables. Leurs réunions religieuses ne seront jamais troublées.

Ainsi il y aura égalité parfaite devant la loi, sans distinction de religion.

CHAPITRE 2. — *De la liberté et sûreté individuelle.*

Tout ce qui tend à la destruction de l'homme, qui est la plus belle œuvre de la création, constitue le plus grand des crimes, et Dieu lui-même a fixé des règles et des peines pour assurer la conservation de la personne, des biens et de l'honneur de ses créatures.

Nous promettons formellement à chacun de nos sujets la jouissance de toute sûreté personnelle, morale et matérielle, à moins qu'il n'ait commis un fait soumis à l'appréciation des tribunaux. Ce fait ne pourra être constaté que par une décision rendue à la majorité des voix, après avoir examiné les preuves et entendu la défense. Il ne sera apporté par nous aucune modification aux décisions ainsi rendues que pour atténuer les peines qu'elles auront prononcées.

Il sera notifié, dans les quarante-huit heures, à tout individu arrêté par la police, la cause pour laquelle il aura été détenu.

Une des mesures contraires à la liberté individuelle, c'est la retenue indéfinie du soldat sous les drapeaux et l'enrôlement arbitraire. Aussi, à l'avenir, la conscription aura lieu dans chaque partie de notre royaume par le tirage au sort et de manière qu'elle ne puisse être nuisible au bien-être des habitants, ainsi que nous l'indiquerons dans le code militaire et ainsi que cela est pratiqué par les autres souverains de l'islamisme et des nations chrétiennes.

CHAPITRE 3. — *De la garantie des biens.*

La richesse intéresse l'homme presque autant que sa personne même. Quand il n'est pas rassuré sur la possession de ses biens, il perd la confiance et voit se fermer pour lui les voies de la prospérité, et il en résulte, comme chacun le sait, un manque de bien-être général.

Afin d'éviter cela, nous promettons formellement

à tout propriétaire de nos sujets, sans distinction de religion, une sûreté complète pour ses biens meubles ou immeubles, de quelque nature qu'ils soient et quelle que soit leur importance. Lesdits biens ne lui seront jamais ni pris de vive force, ni dispersés, et il ne sera rien fait qui puisse en diminuer la valeur. Aucun propriétaire ne sera forcé, même contre l'offre d'un prix double, à vendre ou à louer ses propriétés. Cela ne pourra avoir lieu que de son plein gré et consentement, à moins qu'il ne s'agisse du payement d'une dette reconnue et prouvée contre lui, et qu'il se serait refusé à solder, ou d'un cas d'utilité publique.

Les biens ne payeront que les dîmes et les impositions établies par le gouvernement sur les ventes, ou qui pourront être établies à l'avenir par notre conseil; de cette manière, chacun connaîtra d'avance ce qu'il aura à payer sur ses biens avec la certitude de n'avoir rien à payer en plus.

Personne n'aura à subir, comme peine, la perte totale ou partielle de ses biens que dans les cas prévus par le code pénal et civil.

Tous nos sujets, quelle que soit leur religion, pourront posséder des biens immeubles, et ils en auront la disposition pleine et entière, à condition pourtant qu'ils ne pourront rien y faire qui puisse occasionner un dommage général ou partiel à leurs voisins ou autres, dans lequel cas ils seront obligés à la destruction de la cause et à la réparation du dommage causé.

Les biens de celui qui aura commis un crime emportant la peine de mort, d'après les dispositions du chapitre 2, *de la liberté et de la sûreté individuelle*, passeront à ses héritiers.

Il est reconnu que l'industrie et les travaux manuels constituent une partie de la richesse, puisqu'ils sont un moyen de sa production, et sont pour celui qui les exerce ce que le capital est pour le négociant. Ainsi, par application de la garantie des biens, objet de ce chapitre, le gouvernement ne forcera jamais aucun ouvrier, ni aucun artiste à travailler pour lui contre son gré. Dans le cas où les ouvriers et les artistes voudront travailler pour le gouvernement, il leur payera le même salaire que les particuliers; seulement les ouvriers seront obligés de donner la préférence au gouvernement lorsqu'il s'agira de services pour la défense du pays.

Nul ne sera forcé à acheter un article quelconque provenant des revenus en nature du gouvernement, et à vendre les produits de son industrie à un prix fixe; mais le gouvernement pourra les lui acheter au prix payé par les particuliers, sur lesquels il aura la préférence, quand il en sera acquéreur pour le bien général.

Tout propriétaire ou capitaliste pourra employer ses fonds à telle spéculation qu'il jugera convenable, à l'exception de celles prohibées par le gouvernement ou qui le seront à l'avenir; mais il ne pourra jamais ni se refuser au payement des droits établis sur les industries, ni en exercer aucune de laquelle il pourrait résulter un dommage général ou particulier.

CHAPITRE 4. — *De la sûreté et de la garantie de l'honneur.*

L'honneur est tellement cher à l'homme qu'en le défendant avec toute la puissance de ses facultés personnelles il peut, dans certains cas, pousser cette défense jusqu'à tuer celui qui y porte atteinte.

Nous renouvelons à nos sujets, à quelque religion qu'ils appartiennent, l'assurance que leur honneur sera respecté et qu'aucune peine infamante ne sera prononcée contre l'un d'eux pour le seul fait d'une accusation, quelque haute que soit la position de l'accusateur ; car tout le monde est égal devant la loi.

Par suite de cette même protection, il ne sera prononcé aucun jugement contre qui que ce soit sur une délation faite en son absence, et aucun fonctionnaire ne pourra être destitué qu'à la suite d'une faute évidente constatée par des preuves qu'il n'aura pu détruire. L'affaire, dans ce cas, sera portée, ainsi que les pièces à l'appui, devant le tribunal qui prononcera à la majorité. En effet, pour que la justice soit efficace, il ne suffit pas qu'elle soit égale pour tous, il faut qu'elle soit basée sur des lois formelles, observées et respectées, qui puissent être consultées au besoin, car le bien-être dépend de la régularité des choses.

Loi organique ou Code politique et administratif du royaume Tunisien.

CHAPITRE PREMIER. — *Des princes de la famille Hosseinite.*

1° La succession au pouvoir est héréditaire entre les princes de la famille hosseinite par ordre d'âge, suivant les règles en usage dans le royaume. Dans le cas seulement où l'héritier présomptif se trouvera empêché, le prince qui vient immédiatement après lui lui succédera dans tous ses droits.

2° Il y aura deux registres signés par le premier ministre et par le président du conseil suprême pour y inscrire l'état civil de la famille régnante. Ces registres seront déposés, l'un dans les archives du premier ministre, et l'autre dans celles du conseil suprême.

3° Le chef de l'État est en même temps le chef de la famille régnante. Il a pleine autorité sur tous les princes et princesses qui la composent, de manière qu'aucun d'eux ne peut disposer, ni de sa personne, ni de ses biens, sans son consentement. Il a sur eux l'autorité du père et leur en doit les avantages.

4° Le chef de l'État, en sa qualité de chef de la famille régnante, réglera les devoirs et les obligations de ses membres de la manière qu'il jugera convenable à leur position élevée, à leur personne et à leur famille. Les membres, de leur côté, lui doivent l'obéissance de fils à père.

5° Les princes et les princesses de la famille régnante ne pourront contracter mariage sans le consentement du chef.

6° Si, par suite d'une contravention aux présentes dispositions ou pour toute autre cause, un différend s'élève entre les membres de la famille régnante pour des raisons personnelles, ce différend sera jugé par une commission que le chef de la famille instituera *ad hoc*, sous sa présidence ou celle d'un des principaux membres de la famille régnante qu'il désignera à cet effet. Cette commission sera composée d'un membre de la famille régnante, des ministres et des membres du conseil privé. Elle sera chargée de faire un rapport sur l'affaire, et, si elle établit l'existence de la contravention, elle écrira sur le rapport : « Il conste que le prince tel est en faute, » et le présentera au chef, auquel, seul, appartient le droit de punir les membres de sa famille en leur appliquant la peine qu'il jugera convenable.

7° Tout délit commis par la famille régnante contre un particulier sera jugé par une commission que le chef de l'État nommera *ad hoc*, sous sa présidence ou celle du principal membre de la famille, après lui, qu'il désignera à cet effet. Cette commission sera composée des ministres en activité de service et des membres du conseil privé; elle sera chargée d'écrire un rapport sur la plainte et sur les pièces produites à l'appui, dans lequel elle émettra son avis et le présentera au chef de l'État, qui, seul, prononcera sur la peine à infliger, si la culpabilité du prince est établie.

8° Les crimes qui pourraient être commis par les membres de la famille régnante, soit contre la sûreté de l'État, soit contre les particuliers, ne seront point jugés par les tribunaux ordinaires. Une commission composée des ministres en activité de service, des membres du conseil privé, et du président du conseil suprême, sous la présidence du chef de l'État lui-même ou du principal membre de la famille régnante, après lui, qu'il désignera à cet effet, sera chargée d'instruire l'affaire et de prononcer la peine qu'aura méritée le coupable, d'après le code pénal. Cette commission présentera la sentence, signée par le président et par tous les membres, au chef de l'État, qui en ordonnera l'exécution ou accordera une commutation de la peine.

CHAPITRE 2. — *Des droits et des devoirs du chef de l'État.*

9° Tout prince, à son avénement au trône, doit prêter serment, en invoquant le nom de Dieu, de ne rien faire qui soit contraire aux principes du Pacte fondamental et aux lois qui en découlent, et de défendre l'intégrité du territoire tunisien. Ce serment doit être fait solennellement et à haute voix, en présence des membres du conseil suprême et des membres du Medjlis du Charaâ. C'est seulement après avoir rempli cette formalité, que le prince recevra l'hommage de ses sujets et que ses ordres seront exécutables. Le chef de l'État qui violera volontairement les lois politiques du royaume sera déchu de ses droits.

10° Le chef de l'État devra faire prêter serment à tous les fonctionnaires civils et militaires. Le serment est conçu en ces termes: « Je jure par le nom de Dieu « que j'obéirai aux lois qui découlent du Pacte fonda- « mental, et que je remplirai fidèlement tous mes de- « voirs envers le chef de l'État. »

11° Le chef de l'État est responsable de tous ses actes devant le conseil suprême, s'il contrevient aux lois.

12° Le chef de l'État dirigera les affaires politiques du royaume avec le concours de ses ministres et du conseil suprême.

13° Le chef de l'État commande les forces de terre et de mer, déclare la guerre, signe la paix, fait les traités d'alliance et de commerce.

14° Le chef de l'État choisit et nomme ses sujets dans les hautes fonctions du royaume, et a le droit de les destituer de leurs fonctions lorsqu'il le jugera convenable. En cas de délits ou crimes, les fonctionnaires ne pourront être renvoyés que de la manière prescrite à l'article 63 du présent code.

15° Le chef de l'État a le droit de faire grâce, si cela ne lèse point les droits d'un tiers.

16° Le chef de l'État désignera le rang que doit occuper chaque employé dans la hiérarchie, ou fera les règlements et les décrets nécessaires pour l'exécution des lois.

17° Sur les fonds réservés au ministère des finances pour les gratifications, le chef de l'État allouera la somme qu'il jugera convenable à tout employé du gouvernement, civil ou militaire, qui se sera distingué dans son service et lui aura été signalé par le ministre comme ayant acquis des droits à cette gratification. Quant aux services éminents qui auront eu pour effet de prévenir un danger qui menaçait la patrie ou de lui procurer un grand avantage, le chef de l'État en déférera la connaissance à son conseil suprême, afin de savoir si l'auteur de ce service mérite ou non une pension viagère, et adoptera l'avis donné par ledit conseil à ce sujet.

18° Le chef de l'État pourra adopter, avec le concours du ministre compétent, les mesures qu'il jugera opportunes dans les affaires non comprises dans l'article 63 du présent code.

CHAPITRE 3. — *De l'organisation des ministères, du conseil suprême et des tribunaux.*

19° Les ministres sont, après le chef de l'État, les premiers dignitaires du royaume.

20° Les ministres administrent les affaires de leur département d'après les ordres du chef de l'État et sont responsables devant lui et devant le conseil suprême.

21° Il y aura un conseil suprême chargé de sauvegarder les droits du chef de l'État, des sujets et de l'État.

22° Il y aura un tribunal de police correctionnelle pour juger les contraventions de simple police.

23° Il y aura un tribunal civil et criminel pour connaître des affaires autres que celles qui dépendent des conseils militaires et des tribunaux de commerce.

24° Il y aura un tribunal de révision pour connaître des recours faits contre les jugements rendus par le tribunal civil et criminel et celui de commerce.

25° Il y aura un tribunal de commerce pour connaître des affaires commerciales.

26° Il y aura un conseil de guerre pour connaître des affaires militaires.

27° Les jugements que rendront les tribunaux institués par la présente loi devront être motivés d'après les articles des codes rédigés à leur usage.

28° Les fonctions des magistrats composant le tribunal civil et criminel et le tribunal de révision sont inamovibles. Ceux qui seront nommés à ces fonctions ne seront destitués que pour cause de crime établi devant un tribunal. Au premier temps de leur entrée en fonctions, il sera fait à leur égard, ainsi qu'il est dit à l'article 5 du code civil et criminel.

CHAPITRE 4. — *Des revenus du Gouvernement.*

29° Sur les revenus du Gouvernement il sera prélevé une somme d'un million et deux cent mille piastres par an pour le chef de l'État.

30° Il sera prélevé également une somme annuélle de soixante-six mille piastres pour chacun des princes mariés ; de six mille piastres pour chacun des princes non mariés et encore sous l'autorité paternelle ; de douze mille piastres pour chacun des princes non mariés et dont le père est mort, jusqu'à l'époque de son mariage ; de vingt mille piastres pour les princesses mariées ou veuves ; de trois mille piastres pour les princesses non mariées et dont le père est vivant ; de huit mille piastres pour les princesses non mariées, après la mort de leur père, jusqu'à l'époque de leur mariage ; de douze mille piastres pour chaque veuve du chef de l'État ; de huit mille piastres pour chaque veuve de prince décédé. Il sera, en outre, alloué une somme, une fois payée, de quinze mille piastres à chaque prince, et de cinquante mille piastres à chacune des princesses à l'époque de leur mariage pour leurs frais de noces.

31° Les revenus de l'État, après prélèvement des sommes énoncées aux articles 29 et 30, seront appliqués sans exception à la solde des employés civils et militaires, aux besoins de l'État, à sa sûreté et à tout ce qui profite à l'État, et seront répartis, à cet effet, entre les ministères, ainsi qu'il est dit à l'article 63 du présent code.

CHAPITRE 5. — *De l'organisation du service des ministères.*

32° Des lois sanctionnées par le chef de l'État et par le conseil suprême régleront la nature des fonctions de chaque ministre, ses droits et ses devoirs, la nature de ses relations avec les divers agents du gouvernement tunisien ou des gouvernements étrangers et l'organisation intérieure de chaque ministère.

33° Le service du ministre est divisé en trois catégories ; la première comprend les détails du service des départements, que le ministre est autorisé à traiter sans une permission spéciale du chef de l'État ; la deuxième comprend les affaires mentionnées dans la loi, sur lesquelles le ministre doit donner son avis et dont l'exécution ne peut avoir lieu sans l'autorisation du chef de l'État ; la troisième comprend les affaires de haute importance indiquées à l'article 63 du présent code, qui doivent être soumises à l'appréciation du conseil suprême avec l'autorisation du chef de l'État.

34° Les ministres sont responsables envers le gouvernement pour ce qui concerne les affaires qui se rattachent à la première catégorie indiquée à l'article précédent, s'il y a contravention, de leur part, aux lois. Quant aux affaires comprises dans les autres catégories, les ministres ne sont responsables qu'en ce qui concerne leur exécution.

Les directeurs sont responsables vis-à-vis du ministre de l'exécution des ordres qu'ils en reçoivent, du règlement du service des employés du ministère, de l'exactitude des rapports qu'ils soumettent au chef de leur département et de l'exécution des ordres donnés par lui en conséquence ; ils sont responsables également de toutes les affaires qu'ils sont autorisés à traiter de leur chef sans une permission spéciale du ministre, en vertu des pouvoirs qui leur sont conférés d'après la loi réglementaire de leur service.

35°. Le ministre établira un règlement intérieur dans son département pour faciliter le service, mettre de l'ordre dans les archives et les registres, comme il le jugera convenable. L'employé qui contreviendra à ce règlement manquera à ses devoirs. La connaissance de ce règlement est réservée aux employés du département qui sont tenus de l'observer. Ce règlement pourra être changé ou modifié, en tout ou en partie, toutes les fois que le ministre le jugera nécessaire pour le bien du service. Le directeur est responsable devant le chef de son département de l'exécution de ce règlement.

36° Tous les fonctionnaires des divers départements seront nommés par le chef de l'État sur la proposition du ministre compétent. Si le ministre juge à propos de démettre de ses fonctions un employé quelconque de son département, il en fera la proposition au chef de l'État, qui sanctionnera sa demande.

37° Tous les employés des ministères, directeurs et autres, sont responsables vis-à-vis du ministre pour tout ce qui concerne leur service.

38° Le ministre contre-signera les écrits émanés du chef de l'État qui ont rapport à son département.

39° Les affaires qui paraîtront au ministre de quelque utilité pour le pays, si elles relèvent du département dont il est chargé, seront portées par lui à la connaissance du chef de l'État dans un rapport détaillé exposant les motifs et expliquant l'utilité. Le chef de l'État ordonnera le renvoi de ce rapport au conseil suprême.

40° Les plaintes adressées au ministre contre les fonctionnaires quelconques qui dépendent de son département seront examinées par lui, sans retard, de la manière qu'il jugera convenable pour arriver à la connaissance de la vérité. Dans ce cas, le ministre, jugeant seulement la conduite de ses subordonnés, ne sera pas obligé de suivre la procédure en usage devant les tribunaux ordinaires pour les interrogatoires. Lorsqu'il aura constaté la vérité du fait, il fera droit au plaignant, s'il y a lieu, dans un temps qui ne pourra excéder un mois. Si, après ce délai, il n'est pas fait droit à la réclamation du plaignant, celui-ci pourra adresser sa plainte par écrit au conseil suprême.

41° Dans le cas où un recours est ouvert devant le chef de l'État au sujet d'une plainte adressée au département ministériel, le ministre ne pourra prononcer sa décision avant de connaître celle du chef de l'État.

42° Les plaintes des gouverneurs contre leurs administrés et réciproquement, lorsqu'il s'agit d'affaires de service, seront portées, ainsi que les pièces à l'appui, devant le ministre compétent pour y être examinées et ensuite portées à la connaissance du chef de l'État dans son conseil.

43° Tous les rapports officiels entre le chef de l'État et les différents ministères, les conseils et les tribunaux, ainsi que les ordres émanés du chef de l'État à ces différents corps, auront lieu par écrit; car, en règle générale, il n'y a de preuve que la pièce écrite.

CHAPITRE 6. — *De la composition du conseil suprême.*

44° Le nombre des membres du conseil suprême ne pourra excéder soixante. Le tiers de ce nombre sera pris parmi les ministres et les fonctionnaires du gouvernement de l'ordre civil ou militaire. Les deux autres tiers seront pris parmi les notables du pays.

Les membres de ce conseil auront le titre de conseillers d'État.

Ce conseil aura des secrétaires en nombre suffisant.

45° Lors de l'installation de ce conseil, le chef de l'État choisira ses membres avec le concours de ses ministres.

46° Les conseillers d'État, à l'exception des ministres, sont nommés pour cinq ans. A l'expiration de ce temps, le conseil sera renouvelé par cinquième, tous les ans, au sort, et, à l'expiration des dix années, les plus anciens d'entre eux seront renouvelés par cinquième et ainsi de suite.

47° Le conseil suprême établira, avec le concours du chef de l'État, qui la signera, une liste de quarante notables, parmi lesquels seront pris au sort les remplaçants des membres sortis.

48° Lorsque les trois quarts des notables portés sur cette liste auront été nommés, le conseil, étant au complet, procédera à la nomination d'autres membres jusqu'au complément de quarante, pour remplacer les membres sortis, ainsi qu'il est dit à l'article précédent.

49° Le chef de l'État, dans son conseil des ministres, désignera parmi les fonctionnaires du gouvernement les membres qui devront remplacer ceux d'entre eux qui sont sortis.

50° Les membres de ce conseil seront inamovibles pour tout le temps spécifié à l'article 46, à moins d'un crime ou délit prouvé devant le conseil.

51° Le conseil aura le droit de choisir les remplaçants parmi les membres sortis, soit des notables de la ville, soit des fonctionnaires du gouvernement démissionnaires, à condition qu'ils ne pourront être renommés avant l'expiration de cinq ans du jour de leur sortie.

52° Le conseil suprême ne pourra délibérer que lorsque quarante de ses membres au moins seront présents.

53° Le vote de ce conseil aura lieu à la majorité des voix. En cas de partage, la voix du président est prépondérante.

54° Il sera détaché de ce conseil un comité chargé du service ordinaire, tel que donner un avis au chef de l'État ou aux ministres, lorsqu'ils le demanderont, sur les affaires qui ne nécessitent pas l'approbation du conseil suprême; préparer les affaires qui doivent être soumises à la délibération du conseil suprême; désigner les jours de séance du conseil, etc.

Les membres de ce comité se réuniront dans le palais du conseil.

55° Ce comité sera composé d'un président, d'un vice-président et de dix membres, dont le tiers sera pris parmi les fonctionnaires du gouvernement.

56° Ce comité ne pourra émettre d'avis que lorsque sept membres au moins, y compris le président ou le vice-président, seront présents.

57° Le président et le vice-président du conseil suprême seront choisis parmi ses membres les plus capables et nommés par le chef de l'État.

58° Le chef de l'État nommera également deux des membres du conseil suprême, aux fonctions de président et de vice-président du comité chargé du service ordinaire.

59° Les fonctions de membres du conseil suprême sont gratuites, leurs services étant pour la patrie.

Chapitre 7. — *Des attributions du conseil suprême.*

60° Le conseil suprême est le gardien du Pacte fondamental et des lois, et le défenseur des droits des habitants. Il s'oppose à la promulgation des lois qui seront contraires ou qui porteront atteinte aux principes de la loi, à l'égalité des habitants devant la loi et aux principes de l'inamovibilité de la magistrature, excepté dans le cas de destitution pour un crime commis et établi devant le tribunal.

Il connaîtra des recours contre les arrêts rendus par le tribunal de révision en matière criminelle et examinera si la loi a été bien appliquée, et, une fois qu'il aura prononcé, il n'y aura plus lieu à aucun recours.

61° En cas de recours contre un arrêt rendu par le tribunal de révision en matière criminelle, le conseil suprême choisira dans son sein une commission composée de douze membres au moins pour examiner si la loi n'a pas été violée. Lorsque cette commission aura constaté que la procédure a été observée et que la loi a été bien appliquée, elle confirmera l'arrêt attaqué et la partie n'aura plus de moyens à faire valoir. Si, au contraire, la commission reconnaît que l'arrêt n'a pas été rendu conformément à la loi ou à la procédure, elle renverra l'affaire devant le tribunal de révision en lui signalant les défauts de l'arrêt. Si, après ce renvoi, le tribunal de révision rend un arrêt conforme au premier, le conseil suprême videra le conflit définitivement en prononçant à la majorité des voix, avec le concours de tous ses membres non légalement empêchés.

62° Le conseil suprême peut faire les projets de loi de grand intérêt pour le pays ou pour le gouvernement. Si la proposition est adoptée par le chef de l'État dans son conseil des ministres, elle sera promulguée et fera partie des lois du royaume.

63° Les affaires qui ne peuvent être décidées qu'après avoir été proposées au conseil suprême, discutées dans son sein, examinées si elles sont conformes aux lois, avantageuses pour le pays et les habitants, et approuvées par la majorité de ses membres, sont : la promulgation d'une nouvelle loi, l'augmentation ou la diminution dans les impôts, l'abrogation d'une loi par une autre plus utile, l'augmentation ou la diminution dans la solde, le règlement de toutes les dépenses, l'augmentation des forces de terre et de mer et du matériel de guerre, l'introduction d'une nouvelle industrie et de toute chose nouvelle, la destitution d'un fonctionnaire de l'État qui aura mérité cette peine pour un crime commis et jugé, la solution des différends qui pourraient avoir lieu entre les employés pour cause de service et des questions non prévues par le code, l'explication du texte des codes, l'application de leurs dispositions en cas de différend et l'envoi de troupes pour une expédition dans le royaume.

64° Le conseil suprême aura le droit de contrôle sur les comptes des dépenses faites dans l'année écoulée, présentés par chaque ministère, afin de vérifier si elles ont été faites conformément aux lois. Il étudiera les demandes de fonds faites pour l'année suivante, les comparera aux revenus de l'État pendant cette année, et fixera la somme allouée à chaque ministère pour que chaque département ne puisse dépenser plus que la somme qui lui sera allouée, ni la dépenser en dehors des objets qui lui sont indiqués. Les détails de ces services devront être discutés au sein du conseil suprême et approuvés par la majorité de ses membres.

65° Des décrets spéciaux rendus par le chef de l'État sur l'avis du conseil suprême peuvent autoriser des virements d'un chapitre à l'autre du budget pendant le cours de l'année.

66° Les plaintes pour des contraventions aux lois commises, soit par le chef de l'État, soit par tout autre individu, seront adressées au comité chargé du service ordinaire. Ledit comité devra convoquer, dans les trois jours, le conseil suprême, en temps de vacance, et portera à sa connaissance ladite plainte.

Si le conseil est en service, la plainte sera immédiatement portée à sa connaissance pour y être discutée.

67° Le palais du gouvernement dans la capitale (Tunis) sera le lieu de réunion de ce conseil.

68° Ce conseil devra se réunir le jeudi de chaque semaine de neuf à onze heures du matin, et pourra se réunir également pendant les autres jours de la semaine, selon les exigences du service.

69° Le palais du conseil suprême est en même temps le dépôt de l'original des lois. Ainsi, toute loi approuvée par le chef de l'État sera renvoyée à ce conseil pour être enregistrée et conservée dans les archives, après en avoir donné une copie au ministre chargé de l'exécution.

Chapitre 8. — *De la garantie des fonctionnaires.*

70° Les plaintes contre les ministres, pour des faits relatifs à leurs fonctions ou pour une contravention aux lois, seront portées devant le conseil suprême avec les preuves à l'appui pour y être examinées. Si les faits commis emportent la destitution, la suspension ou le payement d'une amende fixée par le code, la peine sera prononcée par le conseil; si, au contraire, le coupable mérite une peine plus grave, l'affaire sera renvoyée devant le tribunal criminel.

71° Les plaintes contre les agents du gouvernement, autres que les ministres, pour des faits relatifs à leurs fonctions, seront portées devant le ministre duquel ils dépendent, et, de là, au conseil suprême, pour y être jugées suivant les dispositions du code. Si les faits imputés à l'agent sont de ceux qui emportent une peine grave, telle que l'exil, la détention, les travaux forcés ou la peine capitale, l'affaire sera renvoyée devant le tribunal criminel.

72° La connaissance des crimes ou délits contre les privés, commis par des ministres, par des membres du conseil suprême ou par tout autre fonctionnaire du gouvernement, est dévolue au tribunal criminel, à condition, pourtant, qu'il ne pourra poursuivre le coupable sans l'autorisation du conseil suprême. Néanmoins, dans le cas de flagrant délit, le tribunal pourra faire arrêter le coupable et demander au conseil suprême l'autorisation de le poursuivre.

73° Les plaintes adressées contre un ministre ou tout autre agent du gouvernement, pour dettes ou affaires civiles, seront jugées par le tribunal civil, sans l'autorisation du conseil suprême.

Chapitre 9. — *Du budget.*

74° Le ministre des finances soumettra, chaque année, au premier ministre un compte détaillé des revenus et des dépenses de l'État pendant l'année écoulée, avec un aperçu des revenus et des dépenses de l'État dans l'année suivante.

75° A la fin de chaque année, chacun des ministres présentera au premier ministre un compte détaillé des dépenses qu'il aura faites sur les fonds qui auront été alloués à son département pour la dite année, et demandera les fonds dont il aura besoin pour l'année suivante. Ainsi, au mois de moharrem 1277, chaque ministre soumettra ses comptes de l'année 1276 et demandera les allocations pour l'année 1278.

76° Le premier ministre présentera au conseil suprême les comptes et les pièces à l'appui qui lui auront été présentés par les autres ministres, en les accompagnant des explications nécessaires, ainsi qu'il est dit à l'article 64.

Chapitre 10. — *Du classement des fonctions.*

77° Les fonctions civiles se divisent en six classes assimilées aux grades militaires. La première classe correspond au grade de général de division, et la sixième à celui de chef de bataillon. Une loi spéciale désignera la classe à laquelle appartient chacune de ces fonctions.

Chapitre 11. — *Des droits et des devoirs des fonctionnaires.*

78° Tout sujet tunisien qui n'aura pas été condamné à une peine infamante pourra arriver à tous les emplois du pays, s'il en est capable, et participer à tous les avantages offerts par le gouvernement à ses sujets.

79° Tout étranger qui acceptera du service dans le gouvernement tunisien sera soumis à sa juridiction pendant toute la durée de ses fonctions. Il sera directement responsable devant le gouvernement tunisien de tous les actes qui concernent ses fonctions, même après sa démission.

80° Nul fonctionnaire, quel que soit son rang, ne pourra être destitué que pour un acte ou des discours contraires à la fidélité exigée dans la position qu'il occupe. Son délit devra être constaté devant le conseil suprême. S'il est prouvé, au contraire, devant ledit conseil, que l'employé a été accusé à tort, il continuera à occuper sa position, et l'accusateur sera condamné à la peine portée à l'article 270 du code pénal.

81° Tout fonctionnaire civil ou militaire qui aura servi l'État pendant trente ans aura droit à demander sa retraite, qui lui sera accordée d'après une loi spéciale qui sera élaborée à ce sujet.

82° Les peines afflictives et infamantes, prononcées par le tribunal civil et criminel, emportent avec elles la destitution.

83° Tout employé qui voudra donner sa démission

devra le faire par écrit. Dans aucun cas sa démission ne pourra lui être refusée.

84° Tout employé du Gouvernement qui aura été condamné par le tribunal à changer de résidence, à la prison pour dettes, ou à payer une amende pour un délit qu'il aura commis, ne sera pas pour cela rayé des cadres des employés.

85° Tous les employés du Gouvernement, tant militaires que civils, sont responsables de tout ce qui peut arriver dans les services dont ils sont chargés, tel que trahison, concussion, contravention aux lois ou désobéissance à un ordre écrit de leur chef.

CHAPITRE 12. — *Des droits et des devoirs des sujets du royaume Tunisien.*

86° Tous les sujets du royaume Tunisien, à quelque religion qu'ils appartiennent, ont droit à une sécurité complète quant à leurs personnes, leurs biens et leur honneur, ainsi qu'il est dit à l'article premier du Pacte fondamental.

87° Tous nos sujets, sans exception, ont droit de veiller au maintien du Pacte fondamental et à la mise à exécution des lois, codes et règlements promulgués par le chef de l'État conformément au Pacte fondamental. A cet effet, ils peuvent tous prendre connaissance des lois, codes et règlements susmentionnés et dénoncer au conseil suprême, par voie de pétition, toutes les infractions dont ils auraient connaissance, quand bien même ces infractions ne léseraient que les intérêts d'un tiers,

88° Tous les sujets du royaume, à quelque religion

qu'ils appartiennent, sont égaux devant la loi, dont les dispositions sont applicables à tous indistinctement, sans avoir égard ni à leur rang ni à leur position.

89° Tous les sujets du royaume auront la libre disposition de leurs personnes et de leurs biens. Aucun d'eux ne pourra être forcé à faire quelque chose contre son gré, si ce n'est le service militaire, dont les prestations sont réglées par la loi. Nul ne pourra être exproprié que pour cause d'utilité publique, moyennant une indemnité.

90° Les crimes, délits et contraventions que pourront commettre nos sujets, à quelque religion qu'ils appartiennent, ne pourront être jugés que par les tribunaux constitués, ainsi qu'il est prescrit dans le présent code, et la sentence ne sera prononcée que d'après les dispositions du code.

91° Tout Tunisien né dans le royaume, lorsqu'il aura atteint dix-huit ans, doit servir son pays pendant le temps fixé pour le service militaire, en conformité du code militaire. Celui qui s'y soustraira sera condamné à la peine énoncée dans ledit code.

92° Tout Tunisien qui se sera expatrié, pour quelque motif que ce soit, quelle qu'ait été du reste la durée de son absence, qu'il se soit fait naturaliser à l'étranger ou non, redeviendra sujet tunisien, dès qu'il rentrera dans le royaume de Tunis.

93° Tout Tunisien, possédant des immeubles en Tunisie, qui se sera expatrié même sans autorisation du Gouvernement, aura le droit de louer ou vendre ses propriétés et de toucher le montant de la vente ou des loyers, à condition pourtant que la vente aura lieu dans le royaume et en conformité de ses lois. S'il est poursuivi pour dettes, il sera déduit du montant du produit de la vente ou des loyers les sommes qu'il aura été condamné à payer judiciairement.

94° Les Tunisiens non musulmans qui changeront de religion continueront à être sujets tunisiens et soumis à la juridiction du pays.

95° Tout sujet tunisien, sans distinction de religion, qui possède en propriété des biens immeubles dans le royaume, sera tenu à payer les droits déjà établis ou ceux qui le seront à l'avenir, suivant les lois et règlements régissant la matière.

96° Tous ceux de nos sujets qui possèdent un immeuble quelconque, soit comme colon partiaire, soit par location perpétuelle, soit par droit de jouissance, ne pourront céder leurs droits de propriété par vente, donation ou de toute autre manière, qu'à ceux qui ont le droit de posséder dans le royaume. La cession à d'autres ne sera pas valable.

97° Tous nos sujets, à quelque religion qu'ils appartiennent, ont le droit d'exercer telle industrie qu'ils voudront, et d'employer, à cet effet, tels engins et machines qu'ils jugeront nécessaires, quand même cela pourrait avoir des inconvénients pour ceux qui voudront continuer à se servir des anciens procédés. Aucune usine ne pourra être installée dans la capitale, dans une autre ville ou aux environs, sans l'autorisation du chef de la municipalité, qui veillera à ce que cette usine soit placée de manière à ne causer aucun dommage au public ou à des particuliers. Les machines venant de l'étranger seront soumises aux droits de douane. Ceux de nos sujets qui exercent une industrie quelconque devront se soumettre aux droits établis ou que nous établirons à l'avenir. Les fabrications défendues aux particuliers sont la poudre, le salpêtre, les armes et les munitions de guerre.

98° Tous nos sujets, à quelque religion qu'ils appartiennent, sont libres de se livrer au commerce d'importation et d'exportation, en se conformant aux lois et règlements déjà établis ou qui seront établis à l'avenir, relativement aux droits d'entrée et de sortie sur les produits du sol et manufactures.

99° Tous nos sujets devront respecter les interdictions qui émaneront de notre Gouvernement, quand l'intérêt du pays l'exigera, au sujet de l'entrée et de la sortie de certains produits, tels que les armes, la poudre et autres munitions de guerre, le sel et le tabac.

100° Il sera facultatif à tous nos sujets, à quelque religion qu'ils appartiennent, d'embarquer eux-mêmes les produits qu'ils exporteront, blés, huiles, etc., etc., sans être obligés de se servir des moyens de transport de tel ou tel fermier ; mais ils seront tenus à faire peser ou mesurer leurs produits par les peseurs et mesureurs du Gouvernement qui prélèveront le droit fixé.

101° Les navires qui entreront dans nos ports pour y faire des opérations de commerce payeront les droits de port, d'embarquement et de débarquement, qui seront fixés par une loi spéciale d'une manière uniforme pour tous les ports du royaume.

102° Pour faciliter le développement du commerce et pour arriver à ce but, il est nécessaire d'adopter un système uniforme de poids et mesures pour toutes les provinces du royaume. Une loi spéciale qui fera partie de ce code sera élaborée à cet effet.

103. Tous les droits et redevances quelconques ne seront plus affermés, mais ils seront perçus par des employés du Gouvernement, dont la gestion sera réglée par une loi spéciale qui sera élaborée à cet effet et fera partie de ce code.

104° Le Gouvernement ne prélèvera plus aucun droit en nature, à l'exception des dîmes sur les récoltes des grains et des olives.

CHAPITRE 13. — *Des droits et des devoirs des sujets étrangers établis dans le royaume de Tunis.*

105° Une liberté complète est assurée à tous les étrangers établis dans les États tunisiens, quant à l'exercice de leurs cultes.

106° Aucun d'eux ne sera molesté au sujet de ses croyances, et ils seront libres d'y persévérer ou de les changer à leur gré. Leur changement de religion ne pourra changer ni leur nationalité, ni la juridiction dont ils relèvent.

107° Ils jouiront de la même sécurité personnelle garantie aux sujets tunisiens par le chapitre 2, *des explications des bases du Pacte fondamental.*

108° Ils ne seront soumis ni à la conscription, ni à aucun service militaire, ni à aucune corvée dans le royaume.

109° Ainsi qu'il a été promis aux sujets tunisiens, il est garanti aux étrangers établis dans le royaume une sûreté complète pour leurs biens de toute nature et pour leur honneur, ainsi qu'il est dit aux chapitres 3 et 4, *de l'explication du Pacte fondamental.*

110° Il est accordé aux sujets étrangers établis dans

le royaume les mêmes facultés accordées aux sujets tunisiens, relativement aux industries à exercer et aux machines à introduire dans le royaume, et ils seront soumis aux mêmes charges et conditions.

111° Lesdits sujets étrangers ne pourront établir les usines destinées à l'exercice des industries que dans les endroits où ils ont le droit de posséder et dans l'emplacement qui sera désigné par la municipalité, ainsi qu'il est dit à l'article 97.

112° Les sujets étrangers établis dans les États tunisiens pourront se livrer au commerce d'importation et d'exportation à l'égal des sujets tunisiens, et ils devront se soumettre aux mêmes charges et restrictions que celles auxquelles sont soumis lesdits sujets tunisiens.

113° L'article 11 du Pacte fondamental avait accordé aux sujets étrangers la faculté de posséder des biens immeubles à des conditions à établir; mais, quoique tout ce qui résulte du Pacte fondamental soit obligatoire, néanmoins, en considérant l'état de l'intérieur du pays, il a été reconnu impossible d'autoriser les sujets étrangers à y posséder, par crainte des conséquences. Ainsi, une loi spéciale désignera les localités de la capitale et ses environs où les étrangers pourront posséder. Il est bien entendu que les sujets étrangers qui posséderont dans les localités désignées seront soumis aux lois établies ou à établir par la suite, à l'égard des sujets tunisiens.

114° Les créatures de Dieu devant être égales devant la loi, sans distinction, soit à cause de leur origine, de leur religion ou de leur rang, les sujets étrangers établis dans nos États et qui sont appelés à jouir des mêmes droits et avantages que nos propres sujets, devront être soumis, comme ceux-ci, à la juridiction des divers tribunaux que nous avons institués à cet effet. Les plus grandes garanties sont données à tous, soit par le choix des juges, soit par la précision des codes d'après lesquels les magistrats doivent juger, soit par les divers degrés de la juridiction; et pourtant, afin de donner une sécurité plus grande, nous avons établi dans le code civil et criminel que les consuls ou leurs délégués seront présents devant tous nos tribunaux dans les causes ou procès de leurs administrés.

TRAITÉS CONCLUS

ENTRE

LE GOUVERNEMENT DE TUNIS

ET LES DIVERSES PUISSANCES EUROPÉENNES.

J'ai cru devoir mettre à la fin de ce volume, parmi les notes, les traités les plus importants conclus entre la régence de Tunis et les diverses puissances de l'Europe. C'est à mes yeux la meilleure manière de montrer le grand rôle que ce petit peuple a joué dans la politique du monde que de citer les termes mêmes de ces diverses conventions où les souverains de ce pays, deys ou beys, traitaient de pairs à pairs, d'égaux à égaux, avec les plus grands monarques du monde. Voici d'abord la série des traités principaux faits avec la France. Ceux qui se rapportent à d'autres nations viendront à la suite.

Le premier de ces actes porte la date de 1270 et le nom de Philippe III, roi de France; le dernier porte la date de 1830 et le nom de Charles X, roi de France. Six siècles se sont donc écoulés entre eux. On pourra voir, en lisant ces divers documents, que, pendant ce long laps de temps, la France n'a cessé d'être pour les Tunisiens la première nation du monde, que les bonnes relations existant entre les deux peuples ont pu être altérées de temps en temps, à la suite d'événements imprévus, mais n'ont jamais été brisées, et que l'estime et l'affection ont bien vite remplacé les sentiments de jalousie ou de haine qu'un acte de violence avait un instant engendrés.

FRANCE.

I.

Traité conclu entre Philippe III, roi de France, Charles Ier, roi de Sicile, et Thibaut II, roi de Navarre, d'un côté, et Abou Abd-Allah-Mohammed, roi de Tunis, de l'autre, le 20 *novembre* 1270.

Au nom de Dieu clément et miséricordieux. — Que Dieu soit propice à notre seigneur le Prophète Mohammed, à sa famille, à ses compagnons, et qu'il leur accorde le salut!

Traité entre le prince illustre Philippe, par la grâce de Dieu, roi de France; le prince illustre Charles, par la grâce de Dieu, roi de Sicile, et le prince illustre Thibaut, roi de Navarre, d'une part; et de l'autre, le calife, l'iman, le commandeur des croyants, Abou Abd-Allah Mohammed.

ART. 1er. — Protection et sûreté seront accordées à tous les musulmans des États du commandeur des croyants, ou des pays de sa dépendance, qui se rendront dans les États des princes susdits ou dans ceux de leurs vassaux ou de leurs barons; aucun d'eux ne pourra être inquiété dans sa personne, ni dans ses biens, grands et petits; de plus, les princes susdits veilleront à ce qu'aucun de leurs sujets ni de ceux qui reconnaissent leur autorité et qui courent la mer, ne causent le moindre dommage dans les États du commandeur des croyants; que s'il arrivait qu'un des sujets du commandeur des croyants fût lésé dans sa personne ou dans ses biens, les princes susdits s'obligent à lui donner satisfaction; ils s'engagent encore à ne protéger qui que ce soit qui manifesterait de mauvaises intentions contre les sujets du commandeur des croyants.

Art. 2. — Si un vaisseau musulman ou un vaisseau chrétien dans lequel se trouveront des musulmans vient à faire naufrage sur les côtes des princes susdits, ils mettront à part ce qui aura échappé au naufrage, corps et biens, et ils le rendront en totalité au propriétaire. La même règle sera suivie par le commandeur des croyants envers les sujets des princes susdits. — Sûreté entière sera accordée aux marchands chrétiens sujets des princes susdits, dans leur personne et dans leurs biens, qu'ils séjournent dans les États du commandeur des croyants ou qu'ils ne fassent qu'aller et venir; en un mot, on les traitera sur le même pied que le seront les musulmans dans les États des princes susdits.

Art. 3. — Il sera libre aux moines et prêtres chrétiens de s'établir dans les États du commandeur des croyants; on leur accordera un lieu où ils pourront bâtir des maisons, construire des chapelles et enterrer les morts; il sera permis aux moines et prêtres de prêcher dans l'enceinte des églises, de réciter à haute voix les prières, en un mot, de servir Dieu conformément à leurs rites et de faire tout ce qu'ils feraient dans leur propre pays.

Art. 4. — Les marchands chrétiens qui sont sous l'autorité des princes susdits, et qui se trouvaient dans les États du commandeur des croyants lorsque l'expédition a eu lieu, rentreront dans leurs droits comme par le passé; ce qui leur est dû leur sera payé; de plus, le commandeur des croyants s'engage à ne pas souffrir dans ses États les transfuges et tous ceux qui auraient levé l'étendard de la rébellion contre les princes susdits. — De leur côté, les princes susdits s'engagent à ne donner asile à aucun musulman qui aura pris les armes contre le commandeur des croyants; ils retireront leur protection à quiconque annoncerait le dessein de lui nuire.

Art. 5. — De part et d'autre, les prisonniers seront mis en liberté.

Art. 6. — Les princes susdits, ainsi que tous ceux qui reconnaissent leur autorité ou qui sont venus à leur suite, évacueront sur-le-champ les États du commandeur des croyants; il en sera de même de ceux qui viendraient après la conclusion du traité, tels que le prince Édouard et autres : il ne restera ici que ceux qui ne pourraient trouver place sur la flotte, ou qui seraient retenus par quelques affaires; encore ne pourront-ils pas sortir du quartier que le commandeur des croyants leur aura assigné; ils mettront à la voile le plus tôt que faire se pourra. En attendant, le commandeur des croyants promet de veiller à leur sûreté, et, si quelqu'un de ses sujets venait à les léser dans leur personne ou dans leurs biens, il s'engage à leur donner satisfaction.

Art. 7. — La durée de ce traité sera de quinze années solaires, à partir du mois de novembre prochain.

Art. 8. — Il sera payé, pour les frais de la guerre, aux princes susdits, la somme de deux cent dix mille onces d'or, équivalant chacune à cinquante de leurs pièces d'argent pour le poids et pour le titre. La moitié de cette somme sera comptée sur-le-champ ; l'autre moitié le sera en deux payements, l'un d'ici à un an, l'autre à la fin de l'année suivante. Pour cette seconde moitié, le commandeur des croyants donnera des gages sur les marchands établis dans les États des princes susdits.

De plus, le commandeur des croyants se soumet de nouveau au tribut annuel que les rois de Tunis étaient dans l'usage de payer aux rois de Sicile ; il comptera au roi Charles les arrérages des cinq dernières années, et il s'engage à payer désormais le double de ce qu'il payait autrefois.

5 Rabi-el-Tani 669. — 20 novembre 1270.

II.

Convention passée entre Henri IV, roi de France, et Kara Othman-Dey, en 1604.

1604. — Pour bien établir et assurer la paix, union et bonne voisinance désirées et recherchées de part et d'autre entre les serviteurs et sujets du roi et les viceroi, généraux et capitaines des janissaires et galères du royaume de Tunis, il est nécessaire de pourvoir à deux choses : l'une, est de réparer de bonne foi, autant qu'il est possible de le faire, les injures et offenses passées, et l'autre, de donner ordre pour l'avenir, que les capitulations et traités d'amitié et alliance faits entre les rois de France et les grands seigneurs empereurs des Turcs, lesquels ont été par eux renouvelés et confirmés de règne en règne, depuis l'année 1535 jusqu'à présent, soient gardés, suivis et observés comme ils doivent être.

Pour satisfaire au premier chef, comme lesdits vice-roi et généraux des janissaires demandent que tous les Turcs et musulmans qui sont à présent retenus en Provence sur les galères, ou autrement, leur soient envoyés et délivrés, le gouvernement et les officiers de Sa Majesté en Provence entendent aussi que tous les sujets de Sa Majesté qui sont esclaves et retenus par force audit royaume de Tunis, leur soient envoyés et délivrés en même temps, sans restreindre ladite restitution et délivrance à ceux qui ont été pris en juste cause, et aussi les capitaines.

Que le semblable soit fait pour les marchandises, navires et autres prises faites par les corsaires dudit royaume de Tunis sur les sujets du roi, tant Provençaux que des autres provinces de France, et spécialement depuis la mort d'Osman-Dey.

Que les susdites capitulations d'alliance et confédérations faites entre lesdits rois de France et lesdits empereurs des Turcs, soient ci-après gardées et observées inviolablement, tant par lesdits vice-roi, généraux et capitaines desdits janissaires et corsaires dudit royaume de Tunis, que par les gouverneurs, officiers et sujets de Sa Majesté Très-Chrétienne.

A l'effet de quoi icelles capitulations et, nommément, la dernière faite par le sultan Ahmed Ier, empereur des musulmans à présent régnant en l'année 1604, qui comprend et confirme les précédentes, seront de nouveau lues et publiées au divan du vice-roi desdits janissaires et par les lieux maritimes dudit royaume de Tunis, comme semblablement par les gens tenant la cour de parlement de Provence et les officiers de l'amirauté dudit pays, afin que nul n'en prétende cause d'ignorance.

Qu'en tête des susdites capitulations et conformément à icelles, les Français, de quelque province du royaume qu'ils soient, ne seront troublés en leur trafic par les corsaires dudit royaume de Tunis, soit qu'ils les rencontrent en mer ou qu'ils abordent aux ports et villes dudit royaume, sous quelque couleur et prétexte que ce soit ; et au cas que lesdits corsaires ou autres dudit royaume de Tunis fassent quelques prises ou avanies auxdits Français, elles soient promptement et effectivement restituées et réparées par lesdits vice-roi, général desdits janissaires et capitaines susdits, ainsi qu'il est ordonné par les susdites capitulations.

Davantage, les vaisseaux d'Alger et tous autres corsaires, de quelque nation qu'ils soient, qui auront fait prises de Français ne pourront prendre port audit royaume de Tunis, et, au cas qu'ils y abordent, lesdits vice-roi de Tunis, général susdit et lesdits capitaines seront tenus de saisir et faire restituer auxdits Français lesdites prises.

Moyennant quoi, tous vaisseaux et marchandises des sujets dudit grand seigneur, partant dudit royaume de Tunis, seront reçus, allant et venant pour leur trafic, aux ports de France en toute sûreté et liberté, sans y recevoir aucun dommage; au contraire, leur sera fait tout favorable accueil et traitement, et, s'il en est usé autrement, leur en sera fait bonne et prompte justice et réparation équitable.

Les vaisseaux, galères et frégates dudit royaume de Tunis et desdits Français se rencontrant en mer, chacun haussera les bannières de son seigneur et se saluera d'un coup d'artillerie, répondant au vrai quels ils sont, sans qu'il soit loisible ni permis, d'après ladite reconnaissance, d'entrer aux navires les uns des autres par force ou sous prétexte de visiter, ni s'entredonner aucun empêchement sous quelque couleur que ce soit.

Que les marchandises qui seront chargées à nolis sur vaisseaux français, appartenant aux ennemis dudit grand seigneur, ne puissent être prises sous couleur de dire qu'elles sont d'ennemis, ainsi qu'il a été accordé par les susdites capitulations.

Lesdits vice-roi, général desdits janissaires, raïs et capitaines desdites galères dudit royaume de Tunis, assistant et s'obligeant d'accomplir et de garder les susdits articles, ne seront recherchés ni querellés à l'occasion des choses passées; ains leur en sera donné telle quittance qui sera nécessaire pour leur entière décharge.

III.

Traité signé pour cent ans entre Louis XIV, roi de France, et Ahmed Chéléby-Dey, le 30 août 1685.

Art. 1ᵉʳ. — Que les capitulations faites et accordées entre l'empereur de France et le grand seigneur ou leurs prédécesseurs, ou celles qui seront accordées de nouveau par l'ambassadeur de France, envoyé exprès à la Porte, pour la paix et repos de leurs États, seront exactement et sincèrement gardées et observées, sans que de part ni d'autre il y soit contrevenu directement ou indirectement.

Art. 2. — Que toutes les prises indûment faites sur les sujets de l'empereur de France ou les sommes exigées sur eux en argent, ont été réglées et liquidées à soixante mille écus, monnaie de France, dont la restitution, savoir : de cinquante-deux mille écus, se fera en même temps que la signature du traité par les dey et divan du royaume de Tunis, en argent et promesses de marchands français en bonne forme et payables dans les termes dont on conviendra avec eux; et comme lesdits dey et divan représentent que ledit royaume de Tunis est partagé par les guerres civiles, et qu'il ne serait pas juste que les huit mille écus exigés par Mohammed-Bey sur les sujets de l'empereur de France fussent payés par eux, étant leur ennemi et en guerre ouverte, on est demeuré d'accord que lesdits huit mille écus, intérêts, dommages et frais, en conséquence, seront demandés auxdits Mohammed-Bey et

Ali-Bey, son frère, et que la restitution en sera faite par les villes qui tiennent leur parti.

Art. 3. — Et parce que les dey et divan, suivant l'alternative de restituer en argent ou promesses, ont choisi celle d'emprunter cinquante-deux mille écus du sieur Gautier et associés par le sieur Revolat, son procureur, et lui ont cédé la jouissance et propriété du Cap Nègre pour assurance de cette avance, pour le temps et aux conditions portées par un traité fait de notre consentement et participation; entre lesdits dey, divan, Gautier et ses associés, ledit traité aura même force et vertu que celui-ci en tous les points et articles, et comme s'ils étaient insérés ici mot à mot.

Art. 4. — Et pour empêcher à l'avenir les contraventions à la paix et toutes courses et pirateries, lesdits dey et divan feront punir exemplairement le nommé Cara Soli, pour avoir pris avec beaucoup de violence et d'injustice deux vaisseaux de Dunkerque, nommé l'un *la ville de Blois*, et l'autre *le pic des Canaries*, le 27 septembre 1682; commandant alors *le Dragon d'or*.

Art. 5. — Les vaisseaux armés en guerre à Tunis et dans tous les autres ports du royaume, rencontrant en mer les vaisseaux et bâtiments naviguant sous le pavillon de France et les passe-ports de l'amiral de France conformes à la copie qui sera transcrite en fin de ce mémoire, les laisseront en toute liberté continuer leur voyage sans les arrêter, ni donner aucun empêchement, ains leur donneront tous les secours et assistances dont ils pourront avoir besoin; observant d'envoyer seulement deux personnes sans armes dans les chaloupes, outre le nombre des matelots nécessaires pour les conduire; et de donner ordre qu'il n'entre aucun autre que lesdites deux personnes dans lesdits vaisseaux, sans la permission expresse du commandant. Et réciproquement les vaisseaux français en useront de même à l'égard des vaisseaux appartenant aux armateurs particuliers de ladite ville et royaume de Tunis, qui seront porteurs des certificats du consul français établi en ladite ville; desquels certificats la copie sera pareillement jointe à la fin dudit mémoire.

Art. 6. — Les vaisseaux de guerre et marchands, tant de France que de Tunis, seront reçus réciproquement dans les ports et rades des deux royaumes, et il leur sera donné toute sorte de secours pour les navires et pour les équipages en cas de besoin; comme aussi, il leur sera fourni des vivres, agrès et généralement toutes autres choses nécessaires, en les payant aux prix ordinaires et accoutumés dans les lieux où ils auront relâché, sans qu'ils soient obligés de payer pour raison de ce aucun droit ni ancrage.

Art. 7. — S'il arrivait que quelque vaisseau marchand français étant à la rade de Tunis ou en quelqu'un des autres ports du royaume fût attaqué par les vaisseaux de guerre ennemis d'Alger, Tripoli et Salé, ou autres, sous le canon des forteresses, ils seront défendus et protégés par lesdits châteaux, et le commandant obligera lesdits vaiseaux ennemis de donner un temps suffisant pour sortir, qui sera au moins de deux jours, et s'éloigner desdits ports et rades, pendant lequel seront retenus lesdits vaisseaux ennemis ou autres bâtiments de guerre, sans qu'il leur soit permis de les poursuivre. Et la même chose s'exécutera de la part de l'empereur de France, à condition toutefois que les vaisseaux et autres bâtiments armés en guerre à Tunis et dans les autres ports dudit royaume ne pourront faire des prises dans l'étendue de dix lieues de côtes de France.

Art. 8. — Tous les Français pris par les ennemis de l'empereur de France, qui seront conduits à Tunis et autres ports dudit royaume, seront mis aussitôt en liberté, sans pouvoir être retenus esclaves; même, en cas que les vaisseaux de Tripoli, Alger et autres, qui pourront être en guerre avec l'empereur de France, missent à terre des esclaves français en quelque endroit que ce puisse être de leur royaume, ils seront mis en liberté.

Art. 9. — Tous les esclaves français, de quelque qualité et condition qu'ils soient, même ceux pris sous des pavillons étrangers et ennemis de Tunis, qui sont à présent dans l'étendue dudit royaume, seront mis dans une pleine et entière liberté, sans aucune rançon, et seront incessamment renvoyés à bord des vaisseaux, et aussi tous étrangers qui ont été pris sous pavillon de France; et, en cas qu'ils soient hors du royaume, on les fera incessamment revenir pour les remettre entre les mains du consul; et, pour cet effet, il sera permis au sieur Robert, commissaire à la suite de l'armée, que nous avons nommé, de se transporter, avec un officier commis par le gouvernement de ladite ville, dans tous les bagnes et autres lieux où seront retenus lesdits Français, pour prendre une liste exacte de leurs noms, sur laquelle ils seront mis en liberté.

Art. 10. — Et moyennant la restitution actuelle généralement de tout le contenu aux susdits articles et desdits esclaves français, les vingt-cinq de Tunis contenus dans la liste ci-jointe, qui ont été pris sous leur pavillon, seront pareillement mis en liberté.

Art. 11. — Les étrangers passagers trouvés sur les vaisseaux français, ni pareillement les Français pris sur les vaisseaux étrangers, ne pourront être faits esclaves sous quelque prétexte que ce puisse être, quand même le vaisseau sur lequel ils auraient été pris se serait défendu, ni moins leurs effets et marchandises retenus.

Art. 12. — Si quelque vaisseau ou autre bâtiment français se perdait sur les côtes de la dépendance du royaume de Tunis, soit qu'il fût poursuivi par les vaisseaux ennemis ou forcé par le mauvais temps, il sera secouru de tout ce dont il aura besoin pour être remis en mer et pour recouvrer les marchandises de son chargement, en payant le travail des journées de ceux qui auront été employés, sans qu'il puisse être exigé aucun droit ni tribut pour les marchandises qui seront mises à terre, à moins qu'elles ne soient vendues dans les ports du royaume.

Art. 13. — Les vaisseaux marchands français, polacres, barques et tartanes, portant pavillon de France, arrivant aux rades de Tunis et aux autres endroits du royaume, pour charger et décharger des marchandises, ne payeront au plus que 25 piastres par chaque bâtiment pour droit d'ancrage, d'entrée et de sortie, et 5 piastres pour les chiaoux et janissaires, pourvu qu'ils servent actuellement, et pour toutes choses généralement quelconques de cette nature.

Art. 14. — Il sera défendu aux officiers des forts et des châteaux dépendant du royaume de Tunis d'exiger aucune chose des officiers des vaisseaux marchands français, et même lorsque des bâtiments toucheront à la Goulette ou autres ports dudit royaume pour y prendre des rafraîchissements, ils ne payeront aucun droit d'ancrage.

Art. 15. — Tous les marchands français qui aborderont aux côtes ou ports dudit royaume de Tunis pourront mettre à terre leurs marchandises, vendre et acheter librement toutes choses, sans payer que 3 pour 0/0, tant d'entrée audit royaume que de sortie, même pour les vin et eau-de-vie, qui seront sur le même pied que les autres marchandises, qui est le même droit que la nation française paye à Constantinople, Smyrne, Candie et autres lieux de la dépendance du grand seigneur ; et ne pouvant lesdits marchands français, capitaines et patrons portant le pavillon de France, vendre et débiter leurs marchandises audit royaume de Tunis, ils les pourront charger sur quel bâtiment ils jugeront à propos, pour les transporter hors du royaume, sans qu'ils puissent en payer les droits d'icelles. Il en sera usé de la même manière dans les ports de la domination de l'empereur de France ; et, en cas que lesdits marchands ne missent leurs marchandises à terre que par entrepôt, ils pourront les rembarquer sans payer aucun droit, et ne pourront être obligés de mettre ni leurs voiles ni leur gouvernail à terre.

Art. 16. — Il ne sera donné aucun secours ni protection contre les Français aux vaisseaux de Barbarie qui seront en guerre avec eux, ni à ceux qui auront armé sous leur commission, et feront lesdits bacha, dey et divan, défenses à tous leurs sujets d'armer sous commission d'aucun prince ou État ennemis de la couronne de France; comme aussi empêcheront que ceux contre lesquels ledit empereur de France est ou sera en guerre puissent armer dans leurs ports pour courir sur ses sujets.

Art. 17. — Les Français ne pourront être contraints, par quelque cause et sous quelque prétexte que ce puisse être, à charger sur leurs vaisseaux aucune chose contre leur volonté, ni faire aucun voyage aux lieux où ils n'auront pas dessein d'aller.

Art. 18. — Pourra ledit empereur de France continuer l'établissement d'un consul à Tunis, pour assister les marchands français dans tous les besoins; et pourra ledit consul exercer en liberté dans sa maison la religion chrétienne, tant pour lui que pour tous les chrétiens qui y voudront assister. Comme aussi pourront les Turcs de ladite ville et royaume de Tunis qui viendront en France faire dans leurs maisons l'exercice de leur religion; et aura ledit consul la prééminence sur les autres consuls, et tout pouvoir et juridiction dans les différends qui pourront naître entre les Français, sans que les juges de ladite ville de Tunis en puissent prendre aucune connaissance. Comme aussi, en cas qu'un Français voulût se faire Turc, il ne pourra être reçu qu'il n'ait persisté trois fois vingt-quatre heures dans son dessein, et sera pendant ce temps remis comme en dépôt entre les mains du consul français.

Art. 19. — Les pères capucins et autres religieux missionnaires à Tunis, de quelque nation qu'ils puissent être, seront désormais traités et tenus comme propres sujets de l'empereur de France, qui les prend en sa protection, et en cette qualité ne pourront être inquiétés ni en leurs personnes, ni en leurs biens, ni en leur chapelle, comme propres et véritables sujets de l'empereur de France.

Art. 20. — Il sera permis audit sieur consul de choisir son drogman et son courtier, et le changer toutes fois et quand il voudra, sans être obligé à l'avenir d'en recevoir un des dey et divan de ladite ville et royaume. Comme aussi il pourra faire arborer le pavillon blanc sur sa maison et le porter à sa chaloupe à la mer, et allant aux vaisseaux qui seront en rade, où il pourra aller toutes fois et quand il lui plaira.

Art. 21. — S'il arrive quelque différend entre un Français et un Turc ou Maure, ils ne pourront être jugés par les juges ordinaires, mais bien par le conseil desdits dey et divan et en présence dudit consul.

Art. 22. — Ne sera tenu ledit consul de payer aucune dette pour les marchands français, s'il n'y est obligé en son nom et par écrit; et seront les effets des Français qui mourront audit pays remis ès-mains dudit consul, pour en disposer au profit des Français ou autres auxquels ils appartiendront, et la même chose s'observera à l'égard des Turcs dudit royaume de Tunis qui voudront s'établir en France.

Art. 23. — Jouira ledit consul de l'exemption de tous droits pour les provisions, vivres et marchandises nécessaires à sa maison.

Art. 24. — Tout Français qui aura frappé un Turc ou un Maure ne pourra être puni qu'après avoir fait appeler le consul pour défendre la cause dudit Français, et en cas que ledit Français se sauve, aussi bien que d'autres chrétiens esclaves, sur des bâtiments portant pavillon de France ou autres, ne pourra ledit consul en être responsable.

Art. 25. — S'il arrive quelque contravention au présent traité, il ne sera fait aucun acte d'hostilité qu'après un déni formel de justice.

Art. 26. — Si quelque corsaire de France ou dudit royaume de Tunis fait tort aux vaisseaux français ou à des corsaires de ladite ville qu'il trouvera en mer, il sera puni très-sévèrement, et les armateurs responsables.

Art. 27. — Si le présent traité conclu entre le maréchal d'Estrées pour l'empereur de France, et les bacha, dey et divan et autres puissances et milice de la ville et royaume de Tunis, venait à être rompu (ce qu'à Dieu ne plaise!), le consul et tous les marchands français qui seront dans l'étendue dudit royaume pourront se retirer partout où bon leur semblera, sans qu'ils puissent être arrêtés pendant le temps de six mois.

Art. 28. — Toutes les fois qu'un vaisseau de l'empereur de France viendra mouiller devant la rade de Tunis, aussitôt que le consul aura averti le gouverneur, ledit vaisseau de guerre sera salué, à proportion de la marque de commandement qu'il portera, par les châteaux et forts de la ville, et d'un plus grand nombre de coups de canon que ceux de toutes les autres nations, et il rendra coup pour coup; bien entendu que la même chose se pratiquera dans la rencontre desdits vaisseaux de guerre à la mer.

Art. 29. — Et afin qu'il ne puisse arriver de surprise dans l'explication dudit traité, il en sera affiché une copie française dans la douane de Tunis, certifiée dudit consul et des puissances dudit royaume.

Art. 30. — Les articles ci-dessus seront ratifiés et confirmés par l'empereur de France et les bacha, dey, divan et autres puissances et milice de la ville et royaume de Tunis, pour être observés par leurs sujets pendant le temps de cent ans. Et, afin que personne n'en prétende cause d'ignorance, seront publiés et affichés partout où besoin sera.

Fait et arrêté entre ledit maréchal d'Estrées, pour ledit empereur de France, d'une part, et lesdit bacha, dey, divan, milice de ladite ville et royaume de Tunis, le 30 août 1685.

IV.

Traité conclu entre Louis XV, roi de France, et Hossein-ben-Ali-Bey, le 1er juillet 1728.

Art. 1er. — Le pacha, le bey, le divan, l'aga des janissaires et les troupes du royaume feront demander pardon au roi de France, selon la formule jointe au présent acte, pour les capitaines de cette Régence, qui ont souvent rompu la paix. Il y aura, à l'avenir, une bonne harmonie, une paix ferme et une parfaite correspondance, entre la France et ladite Régence; et le traité de paix conclu, le 20 février 1720, par M. Dusault entre la France et la république de Tunis, sera observé par les sujets de ladite république plus inviolablement qu'il ne l'a été jusqu'ici.

Art. 2. — De plus, ladite république payera 8,000 pièces de huit aux navires français, en réparations des dommages faits par ses armateurs sur les côtes de France, et aux navires étrangers ou français qui portaient le pavillon de cette couronne.

Art. 3. — Les capitaines de vaisseaux et les commandants qui ont rompu la paix seront punis sévèrement, en présence du consul et de l'interprète français, et bannis ensuite des domaines de ladite république.

Art. 4. — Le divan fera de très-expresses défenses à tous les commandants des vaisseaux de s'approcher des côtes de France le plus près de deux lieues dans les courses qu'ils feront, sous peine de confiscation de leurs navires et d'être punis corporellement comme pirates. Mais si quelque tempête ou quelque autre accident les jette sur lesdites côtes, non-seulement ils auront la liberté d'y mouiller, mais encore celle d'acheter les fournitures nécessaires, et de s'y radouber en cas de besoin.

Art. 5. — Tous les Français faits esclaves sous la bannière française ou sous tout autre pavillon seront remis en liberté et rendus à l'escadre française.

Il sera permis, à cet effet, à deux officiers français, accompagnés d'un officier du divan, de visiter les bagnes, d'y marquer les esclaves de leur nation, de prendre leurs noms, et de les mettre en liberté. La Régence devra rendre, outre cela, la liberté à vingt autres esclaves des autres nations catholiques romaines, au choix du consul de France.

Art. 6. — A l'avenir, les Français jouiront à Tunis de plus grands priviléges et exemptions de gabelles que toutes les autres nations, ainsi qu'il a été stipulé par les anciens traités, et ladite Régence ne pourra pas accorder à d'autres nations de plus grands priviléges que ceux dont jouit la nation française, sans en avoir informé auparavant ladite nation, quoique cette clause ne soit pas contenue dans les précédents traités.

Art. 7. — De plus, tous les droits et prétentions comprises sous les noms de boursolles et chasses seront annulés; et tous les vivres et les pains que les patrons et capitaines des vaisseaux français feront cuire par leur cuisinier et boulanger seront exempts de tout impôt et gabelle.

Art. 8. — Le commissaire général des douanes de Tunis fera un tarif, de concert avec le consul de France, pour régler le droit de sortie des effets que les bâtiments ou les barques de Tunis transporteront à bord des vaisseaux français. Ce règlement sera rendu public et ne pourra être changé sous quelque prétexte que ce puisse être, et ces droits ne pourront pas non plus être augmentés.

Art. 9. — Lorsque le bey de Tunis enverra ses vaisseaux en course, les Français ne pourront pas rester plus de dix jours à Tunis.

Art. 10. — Ledit bey s'engage à ne pas troubler le commerce des Français au cap Vert (Nègre) et à ne pas empêcher ses sujets de leur apporter des grains, des fruits et autres marchandises du pays, et il pourra encore moins forcer les Français à acheter ses propres marchandises à un prix excessif et préférablement à celles des autres.

Art. 11. — La pêche du corail sera toute réservée pour la nation française, et ladite Régence lui remboursera, de plus, les pertes causées l'année passée, à cet égard, par les armateurs de Tunis.

Art. 12. En cas que quelque corsaire se réfugie à Tunis et que tout son équipage déclare vouloir se faire turc, on mettra pendant un an et un jour leurs effets en séquestre, afin que le consul de France ait le temps de s'informer s'il n'y aura rien qui appartienne aux Français, et qu'on lui puisse rendre ceux de sa nation qui pourraient avoir été transportés à bord dudit corsaire par force ou par fraude.

Formule du pardon à demander à l'empereur de France par les ambassadeurs de Tunis.

Les pacha, bey, dey, divan, aga des janissaires et milice de la ville et royaume de Tunis, déclarent par notre bouche à Sa Majesté Impériale qu'ils se repentent des infractions qu'ils ont commises aux traités de paix qu'elle avait bien voulu leur accorder; qu'ils ont une vraie douleur et un sincère repentir de celles qui ont pu être faites par leurs corsaires et autres sujets de la république, et de tous les justes sujets de plainte qu'ils ont donné à S. M. I.; qu'ils supplient très-humblement S. M. I. de les oublier, sous la promesse publique et solennelle qu'ils font d'observer, dans la suite, avec une exactitude infinie, les articles et conditions desdits traités et d'employer tous les moyens les plus convenables pour empêcher leurs sujets d'y contrevenir.

Les articles ci-dessus seront ratifiés et confirmés par l'empereur de France et les pacha, bey, dey, divan et autres puissances et milice de la ville et royaume de Tunis, pour être observés par leurs sujets pendant le temps de cent ans, et, afin que personne n'en prétende cause d'ignorance, seront affichés et publiés partout où besoin sera.

Fait et arrêté entre lesdits sieurs de Grandpré et d'Héricourt, pour l'empereur de France, d'une part, et lesdits pacha, bey, dey, divan et milice de la ville et royaume de Tunis, le 1ᵉʳ juillet 1728.

V.

Traité pour le privilége exclusif de la pêche du corail, conclu par la Compagnie d'Afrique, protégée par la France, et Son Excellence le très-illustre et très-magnifique Hamouda-Pacha, Beglerbeg de l'odjak de Tunis, par l'entremise de Moustapha Khodja, son fils bien-aimé, le 8 octobre 1782.

Art. 1ᵉʳ. — La Compagnie royale d'Afrique jouira du privilége exclusif de la pêche du corail sur toutes les mers de Tunis, depuis l'île de Tabarque comprise jusqu'aux confins du royaume de Tripoli, en payant annuellement à ce gouvernement une redevance de treize mille et cinq cents piastres, monnaie de Tunis, dont six mille sept cent cinquante seront comptées six mois après le jour où commencera la pêche, et le restant à la fin de l'année. En conséquence, la Compagnie royale d'Afrique, après avoir payé en deux fois, après l'expiration de chaque semestre, la somme ci-dessus spécifiée de treize mille cinq cents piastres de Tunis, ne sera tenue en sus à aucune espèce de présent ni donation, sous quelque prétexte que ce soit.

Art. 2. — La Compagnie royale d'Afrique s'engage

à garder, pendant six années consécutives, le privilége exclusif de la pêche du corail; après lequel temps, elle sera libre d'y renoncer, si elle n'en retire pas les avantages qu'elle s'en promet, et les parties contractantes, dans le cas de cette déclaration, n'auront aucune espèce de dédommagement à se demander réciproquement pour cause de pertes ou de profits relatifs à cette affaire, et si la Compagnie royale d'Afrique est bien aise de garder ce privilége, après les susdites six années, il sera fait un nouveau traité pour dix autres années.

Art. 3. — Comme il est nécessaire, pour l'exploitation de la pêche du corail, que la Compagnie royale d'Afrique ait des établissements en-deçà et au-delà du cap Bon, le gouvernement de Tunis lui permet d'établir des comptoirs dans quatre endroits de la côte qui lui paraîtront les plus commodes, à l'exception de Gerbi, et d'y faire résider ses agents, en payant toutefois le loyer des maisons et des magasins.

Art. 4. — Les agents de la Compagnie royale d'Afrique jouiront, dans les lieux de leur établissement, avec toute la sûreté et tranquillité qui leur est nécessaire, des mêmes priviléges accordés au consul de l'empereur de France résidant à Tunis, et ils pourront faire, dans leurs maisons, l'exercice libre de la religion chrétienne, sans que personne puisse les inquiéter à ce sujet; mais il ne leur sera pas permis de sonner des cloches, ni de chanter les offices, de manière à être entendus des passants.

Art. 5. — S'il arrive quelque procès ou discussion entre un musulman et les agents préposés par la Compagnie royale d'Afrique, ou quelque autre personne attachée à leur service, l'affaire sera, par l'entremise du consul de France, portée au tribunal du pacha de Tunis, où elle sera jugée définitivement; et, pour cet effet, il sera expédié des ordres à tous les commandants et caïds de ce royaume, afin qu'ils n'en prétendent cause d'ignorance.

Art. 6. — Le gouvernement de Tunis s'oblige d'accorder la plus grande protection aux bateaux et aux matelots destinés à la pêche du corail, et à empêcher tout pêcheur étranger de venir pêcher du corail dans les mers concédées exclusivement, en vertu de ce traité, à la Compagnie royale d'Afrique; et, dans le cas où quelque bateau appartenant aux sujets de ce royaume ou à toute autre nation viendrait pêcher du corail dans les susdites mers, le gouvernement de Tunis s'engage de le faire arrêter et de punir sévèrement les matelots qui s'y trouveront embarqués.

Art. 7. — Il ne sera exigé aucun droit de douane sur les coraux qui seront déposés dans les magasins de la Compagnie royale d'Afrique, soit à l'entrée, soit à la sortie; et de même tous les agrès et ustensiles nécessaires pour les bateaux ainsi que le vin et les autres provisions, soit qu'ils viennent de France, soit qu'ils soient achetés dans les marchés de ce royaume, seront exemptés de tous droits de douane et de tous autres droits.

Art. 8. — Les bateaux destinés à la pêche du corail ne passeront pas le nombre de trente, et dans chaque bateau il ne pourra pas y avoir plus de huit personnes. Dans le temps des armements des corsaires les susdits bateaux pêcheurs feront en sorte de ne point entrer dans les ports de Porto-Farina, de la Goulette et de Sfax, et, s'ils sont forcés d'y entrer pendant la clôture des susdits ports, ils y supporteront la détention, comme les autres bâtiments marchands, jusqu'à ce que le bey veuille bien leur accorder la permission d'en sortir; et si quelque corsaire, soit en mer, soit dans les ports de ce royaume, venait à occasionner du trouble ou du dommage aux susdits bateaux, il en sera sévèrement châtié, eu égard aux preuves du fait. Et, lorsque les susdits bateaux entreront dans quelque port de ce royaume, il leur sera libre d'acheter de leur argent les provisions qui leur seront nécessaires, sans que personne ait à les inquiéter, soit à ce sujet, soit en voulant exiger d'eux le droit d'ancrage.

ART. 9. — Si la Compagnie royale d'Afrique venait à être inquiétée et molestée dans l'exploitation de son privilége, soit de la part de quelque puissance chrétienne, soit de la part de quelque puissance musulmane, la Compagnie se trouvera dégagée, et le présent traité sera nul de fait, jusqu'à ce qu'elle puisse entrer dans la jouissance paisible et tranquille de ce privilége aux mêmes conditions spécifiées dans le présent traité.

ART. 10. — Et dans le cas qu'il vînt à survenir une guerre, ce qu'à Dieu ne plaise, entre la régence de Tunis et la France, le gouvernement de Tunis promet et s'oblige de continuer à accorder la plus ample protection à la Compagnie royale d'Afrique et d'empêcher qu'il ne soit fait le moindre tort et dommage, soit à ses établissements, soit à ses agents, soit à ses matelots, soit, enfin, à tout ce qui pourra lui appartenir.

ART. 11. — L'époque fixée pour l'exploitation de ce privilége sera différée jusqu'au terme de huit mois lunaires à compter de la date du présent traité, mais à condition qu'à cette époque commencera la redevance annuelle fixée par ce traité, soit que la pêche du corail ait lieu, soit qu'elle soit encore différée.

Art. 12. — Les articles de ce présent traité, pour le privilége exclusif de la pêche du corail, ont été négociés et arrêtés par l'entremise de notre ami du Rocher, consul de l'empereur de France, résidant à Tunis, et suffisamment muni des pouvoirs de sa cour à cet effet, et il en a été remis une copie authentique entre les mains de la Compagnie royale d'Afrique pour qu'il soit exécuté fidèlement et ponctuellement par les parties contractantes selon sa forme et teneur.

Fait et arrêté au Bardo, le premier de la lune zilcadé, l'an de l'hégire 1196.

Sauf la ratification de la Compagnie royale d'Afrique, au Bardo, le 8 octobre 1782.

Signé : du Rocher.

VI.

Traité conclu entre le premier consul de la République française et Hamouda-Pacha, le 23 février 1802.

Le premier consul de la République française, ayant bien voulu renouveler les articles de paix anciennement accordés aux pacha, bey et divan de la régence de Tunis et y en ajouter de nouveaux, a commis à cet effet et pour remplir ses favorables intentions le citoyen Jacques Devoize, lequel, en vertu des pleins pouvoirs qu'il a représentés de la part du premier consul de la République française, est convenu avec Son Excellence Hamouda-Pacha, bey, et le divan de Tunis, des articles additionnels suivants.

Art. 1ᵉʳ. — Le premier consul de la République française, au nom du peuple français, et Son Excellence Hamouda-Pacha, bey, et le divan de Tunis, confirment et renouvellent tous les traités précédents, notamment celui de 1742.

Art. 2. — La nation française sera maintenue dans la jouissance des priviléges et exemptions dont elle jouissait avant la guerre, et, comme étant la plus distinguée et la plus utile des autres nations établies à Tunis, elle sera aussi la plus favorisée.

Art. 3. — Lorsqu'il relâchera quelque bâtiment de guerre français à la Goulette, le commissaire de la République pourra se rendre ou envoyer tout autre à sa place à bord, sans en être empêché.

Art. 4. — Le commissaire de la République française choisira et changera à son gré les drogmans et janissaires au service du commissariat.

Art. 5. — Les marchands venant de France sur bâtiment français, soit à Tunis ou autre port de sa dépendance, continueront à ne payer, comme ci-devant, que trois pour cent de douane, et le douanier ne pourra exiger ses droits en marchandises, mais seulement en espèces ayant cours sur le pays; les sujets tunisiens jouiront en France du même privilége.

Art. 6. — Toute marchandise provenant des pays ennemis de la Régence et que les Français importeront à Tunis continuera à payer trois pour cent de douane, et, en cas de guerre entre la République française et une autre puissance, les marchandises appartenant à des Français, chargées en France pour compte de Français et sous des pavillons neutres, amis de la Régence, ne payeront que trois pour cent, jusqu'à la cessation des hostilités; la réciprocité sera exercée en France envers les Tunisiens.

Art. 7. — Les censaux juifs et autres étrangers résidant à Tunis au service des négociants et autres Français seront sous la protection de la République. Mais, s'ils importent des marchandises dans le royaume, ils payeront le droit de douane à l'instar des puissances dont ils seront les sujets, et, s'ils ont quelque différend avec les Maures ou chrétiens du pays, ils se rendront avec leur partie adverse par-devant le commissaire de la République française, où ils choisiront à leur gré deux négociants français et deux négociants maures, parmi les plus notables, pour décider de leurs contestations.

Art. 8. — Tout individu d'un pays qui, par conquête ou par traité, aura été réuni aux États de la République française et qui se trouverait captif dans le royaume de Tunis, sera mis en liberté sur la première réquisition du commissaire de la République; mais, si cet individu était pris se trouvant au service et à la solde d'une puissance ennemie de la Régence, il ne sera pas relâché et restera prisonnier.

Art. 9. — En cas de rupture entre les deux puissances, les Français résidant à Tunis ne seront inquiétés en aucune manière; il leur sera accordé un terme de trois mois, pendant lequel ils jouiront de toute sûreté et protection, et, ce temps échu, ils pourront se retirer librement avec leurs effets et leurs biens partout où bon leur semblera.

Fait à Tunis, le 4 ventôse an X de la République française, ou le vingt-unième de la lune de chewal, mil deux cent seize de l'hégire.

Signé : Devoize.

VII.

Traité passé entre Charles X, roi de France, et Hossein-Bey, le 8 août 1830.

Au nom de Dieu, clément et miséricordieux.

Ce traité, qui comble tous les vœux et qui doit concilier, avec l'aide de Dieu, tant d'intérêts divers, a été conclu entre :

La merveille des princes de la nation du Messie, la gloire des peuples adorateurs de Jésus, l'auguste rejeton des rois, la couronne des monarques, l'objet resplendissant de l'admiration de ses armées et des ministres, Charles X, empereur de France,

Par l'entremise de son consul général et chargé d'affaires à Tunis, muni de ses pleins pouvoirs, le chevalier Matthieu de Lesseps,

Et le prince des peuples, l'élite des grands, issu du sang royal, brillant des marques les plus éclatantes et des vertus les plus sublimes, Hossein-Pacha, bey, maître du royaume d'Afrique (1);

Lesquels, animés du désir de faire disparaître les désordres qui ont souvent troublé la paix entre les puissances, d'assurer les relations amicales de tous les peuples et de garantir pour jamais leur sécurité complète, sont convenus des points suivants, basés sur la raison et l'équité.

Art. 1ᵉʳ — Le bey de Tunis renonce entièrement et à jamais, pour lui et pour ses successeurs, au droit

---

(1) *Afrique* est ici pour *Afrikia* (*Friguia*, dans l'usage vulgaire), nom arabe de la Tunisie, dans la langue littérale.

de faire ou d'autoriser la course en temps de guerre contre les bâtiments des puissances qui jugeront convenable de renoncer à l'exercice du même droit envers les bâtiments de commerce tunisiens. Quand la Régence sera en guerre avec une puissance qui lui aura fait connaître que telle est son intention, les bâtiments de commerce des deux nations pourront naviguer librement, sans être inquiétés par les bâtiments de guerre ennemis, à moins qu'ils ne veuillent pénétrer dans un port bloqué, ou qu'ils ne portent des soldats ou des objets de contrebande de guerre; dans ces deux cas ils seraient saisis, mais leur confiscation ne pourrait être prononcée que par un jugement légal. Tout bâtiment tunisien qui, hors ces cas exceptionnels, arrêterait un bâtiment de commerce, devant être censé, pour ce fait seul, se soustraire aux ordres et à l'autorité du bey, pourra être traité comme pirate par toute autre puissance quelconque, sans que la bonne intelligence en soit troublée entre cette puissance et la régence de Tunis.

Art. 2. — Le bey abolit à jamais dans ses États l'esclavage des chrétiens. Tous les esclaves chrétiens qui peuvent y exister seront mis en liberté, et le bey se chargera d'en indemniser les propriétaires. Si, à l'avenir, le bey avait la guerre avec un autre État, les soldats, négociants, passagers et tous sujets quelconques de cet État qui tomberaient en son pouvoir, seront traités comme prisonniers de guerre et d'après les usages des nations européennes.

Art. 3. — Tout bâtiment étranger qui viendrait à échouer sur les côtes de la Régence, recevra, autant que possible, l'assistance, les secours et les vivres dont il pourra avoir besoin. Le bey prendra les mesures les plus promptes et les plus sévères pour assurer le salut des passagers et des équipages de ces bâtiments et le respect des propriétés qu'il portera. Si des meurtres prouvés étaient commis sur les passagers ou équipages, ceux qui s'en seraient rendus coupables seraient poursuivis et punis comme assassins par la justice du pays, et le bey payerait, en outre, au consul de la nation à laquelle la personne qui en aurait été la victime aurait appartenu, une somme égale à la valeur de la cargaison du navire. S'il y avait plusieurs assassinats prouvés commis, le bey payerait une somme égale à deux fois la valeur de la cargaison, et, dans le cas où ces meurtres auraient été commis sur des individus de différentes nations, le bey répartirait, entre les consuls de chaque nation et en proportion des personnes assassinées, la somme qu'il aurait à payer, de manière que cette somme pût être directement transmise aux familles de ceux qui auraient péri.

Si les propriétés et les marchandises portées sur les bâtiments naufragés venaient à être pillées, après le fait constaté, le bey en restituerait le prix au consul de la nation à laquelle le bâtiment appartiendrait, indépendamment de ce qu'il devrait payer pour les meurtres qui auraient été commis sur les équipages ou passagers dudit bâtiment.

Art. 4. — Les puissances étrangères pourront désormais établir des consuls et agents commerciaux sur tous les points de la Régence où elles le désireront, sans avoir à faire pour cet objet aucun présent aux autorités locales ; et généralement tous tributs, présents, dons ou autres redevances quelconques que des gouvernements ou leurs agents payaient dans la régence de Tunis, à quelque titre, en quelque circonstance et sous quelque dénomination que ce soit, et, nommément, à l'occasion de la conclusion d'un traité, ou lors de l'installation d'un agent consulaire, seront considérés comme abolis et ne pourront être exigés ni rétablis à l'avenir.

Art. 5. — Le bey de Tunis restitue à la France le droit de pêcher exclusivement le corail depuis la limite des possessions françaises jusqu'au cap Nègre, ainsi qu'elle l'a possédé avant la guerre de 1799. La France ne payera aucune redevance pour la jouissance de ce droit; ses anciennes propriétés, édifices, bâtiments et constructions diverses dans l'île de Tabarque, lui seront également restitués.

Art. 6. — Les sujets étrangers pourront trafiquer librement avec les sujets tunisiens en acquittant les droits établis. Ils pourront en acheter et leur vendre, sans empêchement, les marchandises provenant des pays respectifs, sans que le gouvernement tunisien puisse les accaparer pour son propre compte ou en faire le monopole. La France ne réclame pour elle-même aucun nouvel avantage de commerce, mais le bey s'engage, pour le présent et l'avenir, à la faire participer à tous les avantages, faveurs, facilités et priviléges quelconques qui sont ou qui seront accordés, à quelque titre que ce soit, à une nation étrangère; ces avantages seront acquis à la France par la simple réclamation de son consul.

Art. 7. — Les capitulations faites entre la France et la Porte, de même que les anciens traités et conventions passés entre la France et la régence de Tunis et, nommément, le traité du 15 novembre 1824, sont confirmés et continueront à être observés dans toutes celles de leurs dispositions auxquelles le présent acte ne dérogerait pas.

Art. 8. — Le présent traité sera publié immédiatement dans la ville de Tunis et, dans l'espace d'un mois, dans toutes les provinces et villes de la Régence, selon les formules et usages adoptés dans le pays.

Fait triple, au Bardo, le dimanche 17 de sefer de l'année de l'hégire 1246, correspondant au 8 d'août de l'année 1830 de l'ère chrétienne.

Le consul général, chargé des affaires de Sa Majesté l'empereur de France,

Signé : M. Lesseps.

ÉTATS DE L'ÉGLISE.

Le pape, en sa qualité de vicaire de Christ, ne peut avoir aucune relation avec le chef d'une nation infidèle. C'est donc au roi de France, protecteur de la religion catholique en Barbarie, qu'incombe la protection des sujets romains. Aussi est-ce en son nom que sont faits les traités de paix ou de commerce que la force des choses et les nécessités de la politique ont imposés aux gouvernements du saint-père et du bey de Tunis.

VIII.

1ᵉʳ mars 1826. — Comme Sa Majesté le très-magnifique, très-puissant, très-formidable empereur de France, Charles X, notre allié, nous a demandé, par l'entremise de son consul général chargé d'affaires, muni de pleins pouvoirs, que lorsque les armements de la régence de Tunis rencontreront des navires romains, ils ne commettent envers eux aucun acte d'hostilité, mais qu'ils agissent, au contraire, conformément à ce qu'exigent la paix et la bonne intelligence, et que les sujets romains résidant dans le royaume de Tunis soient considérés comme étant sous la protection du consul de France, et qu'ils jouissent, à ce titre, de toute sûreté et tranquillité;

La régence de Tunis, voulant prouver à la cour de France toute l'étendue de son vif et sincère attachement et le désir d'être agréable à S. M., accède et se conformera à la demande qui a été faite en faveur de la navigation romaine et des sujets romains résidant à Tunis, tant que la paix et la concorde qui existent présentement entre la cour de France et la régence de Tunis subsisteront.

Tunis la Bien-Gardée, le 4 de châaban de l'année 1241.

Signé: Hossein-pacha, bey de Tunis.

ESPAGNE.

Les Espagnols étaient les plus redoutables voisins de la Régence, et, à titre de chrétiens fanatiques, ses plus impitoyables ennemis. Charles-Quint s'est emparé de Tunis, y a gouverné en maître et est resté possesseur de la Goulette qui en était la clef. Aussi règne-t-il dans les relations entre les souverains de Tunis et d'Espagne un air de domination qui fait facilement comprendre la position respective des deux parties. L'Espagne, soumise comme toutes les autres nations aux vicissitudes humaines, n'a pu se maintenir que quelques années à la tête du monde. En perdant de sa puissance, elle a modifié ses allures et ses discours ; et rien n'est plus curieux et plus instructif que le changement de langage existant dans le traité conclu entre l'empereur Charles V et Muley-Hassan et dans celui conclu entre le roi Charles IV et Hamouda-Pacha. On voit bien que l'Autriche, les Flandres, enfin les plus beaux fleurons de la couronne de l'aïeul ont été enlevés dans l'intervalle, et que de ses possessions qui comprenaient la moitié du monde il ne reste au petit-fils que l'Espagne, et l'Espagne privée de Gibraltar.

IX.

Traité de paix conclu entre Jacques II, roi d'Aragon et Abou-Hafs, roi de Tunis et de Bougie, le 1ᵉʳ mai 1823.
1323

Art. 1ᵉʳ. — Paix pour quatre ans du jour de la promulgation. — Sûreté réciproque des personnes et de leurs biens, dans les termes usités. — Droits usuels à payer. — Exception pour les marchandises prohibées en Aragon. — Tout individu qui voudra se mettre en voyage devra en avertir le gouverneur de la localité; dans le cas contraire, il assume sur lui la responsabilité des risques.

Art. 2. — Les marchands d'Aragon qui iront dans les États de Tunis et de Bougie pourront, après avoir acquitté les droits en monnaie ou en nature, vendre leurs marchandises, en quelque lieu que ce soit, sans être tenus à d'autres droits. — La douane leur délivrera une quittance avec indication de la somme payée. — Réciprocité en Aragon.

Art. 3. — Faculté de transborder les marchandises d'un navire à l'autre.

Art. 4. — Les Aragonais saisis en contrebande payeront les droits fixés par les tarifs, sans qu'ils aient autre chose à souffrir.

Art. 5. — On ne pourra pas faire de perquisitions à bord des navires aragonais. En cas de suspicion, un douanier indigène fera faire des recherches à bord, conjointement avec un agent délégué par le consul.

Art. 6. — Les consuls et les fondougs aragonais à Tunis et à Bougie jouiront de tous les priviléges acquis aux nations les plus favorisées. — Le consul de Bougie aura de la douane vingt besants nouveaux chaque mois. — Celui de Tunis en aura cinquante. La cour de Tunis payera les échéances au consul. — Dans les fondougs il y aura des fours.

Art. 7. — Les fondougs seront gouvernés exclusivement par le consul; aucun douanier, soit chrétien, soit musulman, ne pourra y entrer sans l'autorisation dudit consul, qui, cependant, devra faire droit aux réclamations qui pourraient lui être adressées à ce sujet.

Art. 8. — Les marchands payeront, à la fin de chaque mois, les droits sur les effets. Si l'un d'entre eux a prêté de l'argent à la douane, la somme prêtée sera donnée en moins sur les droits qu'il devra à la fin du mois.

Art. 9. — Les anciennes créances des marchands aragonais, résultant des transactions en douane, seront payées en papier ou en argent. — Réciprocité en Aragon.

Art. 10. — Réparation réciproque des dommages causés par les corsaires. — Les réclamations seront présentées dans les trois mois; passé ce délai, elles ne seront plus écoutées. — Les captures, bien qu'elles résultent du fait des deux gouvernements, n'entraîneront point la rupture de la paix et n'occasionneront ni l'emprisonnement des marchands ni l'application d'un séquestre sur leurs marchandises.

Art. 11. — Si, à l'expiration du terme de cette paix, elle ne se trouvait point renouvelée, un délai de six mois serait accordé, pour que les marchands puissent évacuer le pays et emporter leurs effets.

Art. 12. — Les corsaires ou autres ennemis du roi d'Aragon ne pourront vendre, dans les États de Tunis, ni esclaves n iprises. — Réciprocité en Aragon.

Art. 13. — Le consul sera garant des droits dus par les navires aragonais dans les ports des États de Tunis et de Bougie; on ne poura donc leur enlever ni leur gouvernail ni les voiles ou agrès, en garantie de ce payement.

Art. 14. — Le roi de Tunis demeure responsable

des objets déchargés et déposés sur les marchés, sous la surveillance des gardes du roi et d'un agent du marchand propriétaire.

Art. 15. — Les consuls des rois d'Aragon et leurs lieutenants ne pourront, dans aucun cas, être retenus en douane ou dans un autre endroit.

Art. 16. — Les fondougs seront un lieu d'asile pour les sujets aragonais, hommes ou femmes, pour dettes ou autres actions civiles ou criminelles.

Art. 17. — Le consul exercera exclusivement la juridiction civile et criminelle sur les sujets aragonais, et le roi de Tunis ne pourra s'y immiscer en rien.

Art. 18. — Le roi de Tunis n'empêchera point qu'on remette au roi d'Aragon aucun chrétien ou chrétienne pour cause civile ou criminelle.

Art. 19. — Les réclamations civiles des Sarrasins contre les Aragonais seront soumises à la juridiction du consul de la localité.

Art. 20. — Le gouvernement de Tunis ne prendra, par force, ni argent ni marchandises à aucun sujet aragonais.

Art. 21. — Il ne sera point payé de droits pour les marchandises non vendues. — Réexportation avec franchise des droits.

Art. 22. — L'on n'ouvrira et l'on ne visitera, à la sortie des États de Tunis, aucune caisse appartenant à des marchands aragonais.

Art. 23. — Conditions réciproques d'usage pour les naufragés.

Art. 24. — Les droits de douane et ancrage et autres ne seront jamais augmentés.

Art. 25. — Pour le vin, il ne sera payé aucun droit

sauf s'il s'élève à cent *gerras :* auquel cas, pour cent gerras et au-dessus, on payera une *gerra* à la porte.

Art. 26. — Responsabilité de la douane en certains cas de faillite de l'acheteur.

Art. 27. — Le roi de Tunis fera de suite réparer et rendre habitables les fondougs aragonais de Tunis et de Bougie.

Art. 28. — La flotte aragonaise ne pourra venir à Tunis pour y prendre des vivres. — Réciprocité.

Art. 29. — Observation des conventions arrêtées, au nom du roi d'Aragon, par son ambassadeur Guillem Oulomar avec Bohaye Zacharia, alors roi de Tunis, au sujet de la sécurité des navires.

Art. 30. — Réparations à faire aux marchands aragonais arrêtés dans les États de Tunis, où ils s'étaient rendus sur la foi des traités.

Art. 31. — Les sujets aragonais pourront quitter librement les États de Tunis, sans souffrir l'embargo, payant, toutefois, les dettes qu'ils pourront avoir contractées à la douane ou ailleurs.

Art. 32. — Si le roi de Tunis a besoin d'employer quelques navires ou bateaux aragonais, il en payera le nolis, sans retenir le droit du cinquième.

Art. 33. — Les Sarrasins des États en guerre avec le gouvernement d'Aragon, et qui se trouveraient sur des vaisseaux tunisiens ou dans des caravanes formées de Tunisiens, n'auront rien à craindre du roi d'Aragon, et réciproquement.

Art. 34. — Si quelques sujets d'Aragon ou patrons de bateau aragonais enlevaient des marchands ou autres hommes de Tunis, pour les livrer aux corsaires ou pour les vendre, du jour où ces hommes seraient sur les terres d'Aragon, ils seraient punis conformément aux lois du pays.

Art. 35. — Si le roi de Tunis a besoin de galères, le roi d'Aragon lui en fournira jusqu'au nombre de vingt, moyennant 3,000 doubles en or, par chaque galère et pour le terme de quatre mois, à la condition, bien entendu, qu'elles ne devront point servir contre les chrétiens.

Art. 36. — Le roi de Tunis et de Bougie payera 4,000 doubles d'or, par an, à la couronne d'Aragon, soit 3,000 pour Tunis et 1,000 pour Bougie. A cet effet, les droits de douane dus par les sujets aragonais ne seront point réclamés, et, si le fonds ne suffit point pour parfaire ledit chiffre, il y sera suppléé par le roi de Tunis.

X.

Traité de paix signé entre l'empereur Charles V et Mulley-Hassan, roi de Tunis, le 6 août 1535.

Au camp de la Goulette, le 6 août 1535.

A tous ceux qui ces présentes verront soit chose notoire qu'entre très-hault, très-excellent et très-puissant prince, Charles, par la divine clémence, empereur des Romains, toujours auguste, roy des Allemaignes, des Espaignes, des Deux-Secilles, etc., et Mulhey-Alhacen, roy de Thunes, etc......, sont esté passez les articles suyvans : premièrement, que ledit roy de Thunes, recongnoissant comme il avoit esté expulsé et deschassé de son royaulme par Kair-Eddin-Pacha, surnommé Barbarossa, natif et originel de Turquie, ayant usurpé et détenant occupé icelluy royaulme tyranniquement et avec sinistres moyens, cruaultez, forces et violences usées envers les subjectz dudit royaulme, et que ledit roy de Thunes en demeuroit expulsé et deschassé, sans espérance quelconque de le pouvoir recouvrer, ne fût-ce que par la voulonté et clémence de Dieu le Créateur tout-puissant, ledit S^r empereur est venu avec très-puissante armée des chrestiens en reboutement et chastiement dudit Barbarossa, et, pour restitucion dudit S^r roy, s'estant remis du tout au pouvoir et dernier reffuge de Sa Majesté Impériale, laquelle a, par force d'armes, prins la place et port de la Goulette, estant fortifiée et pourveue, munye et équippée de grand nombre de gens turcqz et autres et grosse quantité d'artillerye, et signamment ayant vaincu et deffait en camp et bataille rangée et mis en fuite ledit Barbarossa et ses gens, et successivement prins par armes la cité dudit Thunes, laquelle ensemble ledit royaulme, Sadite Majesté a remis et délaissé es mains dudit roy, avec toute faveur et assistance pour réduction des subjectz en sondit royaulme. Pour ces causes, entre autres, icelluy roy a traité, convenu et accordé, de son propre mouvement, la restitucion en playne et entière liberté de tous et quelzconques chrestiens, hommes, femmes et enfants, qui sont et seront trouvez détenuz captifs, esclaves et serfs, en et par tout sondit royaume, où, comment, par qui et pour quelconque cause que ce puist estre, libéralement, franchement, quiètement, et sans, pour ce, demander, exiger ny prendre desdits captifs et esclaves chose quelconque, ny permettre ou souffrir leur estre fait aucun mauvais traitement, et les favorizera et assistera pour leur passaige et retour en ladite chrestienté: le tout de bonne foy.

En outre, ledit roy de Thunes a traicté et convenu pour luy, ses hoirs et successeurs, roys dudit royaulme de Thunes, que dorésénavant à jamais ne se pourront captiver, ne se detenir en servitude audit royaulme, comme ny pour cause que ce soit, chrestiens quelconques, hommes, femmes ny enfants, tant de l'Empire romain, nations et pays en estant et deppendances, que des royaulmes, pays et subjectz patrimoniaulx que tient ledit S^r empereur et tiendra par cy-après, tant des Espaignes, Naples, Secille, que d'autres ysles, et aussi de tous les pays de la basse Allemaigne et Bourgoingne, et ceulx de la Maison d'Austrice tenuz par le roy des Romains, frère de Sa Majesté Impériale.

Le roy de Thunes permettra, et aussi ses hoirs et successeurs, tous les chrestiens, doresénavant et à tousjours vivre, résider et converser en et par tout ledit royaulme de Thunes, en leur foy chrestienne, paisiblement et sans moleste ny empêchement quelconque, directement ne indirectement, et que les églises d'iceux chrestiens, tant de religieulx que autres y estans, demeurent et soyent entretenues sans contredict ny destourbier, et en puissent lesdits chrestiens faire et édiffier et construyre d'autres, quand bon leur semblera et selon leurs dévocions, ès lieux et quartiers où ilz auront leurs maisons et demeurances.

Item, pour ce qu'il y a aucuns fors en la frontière et coste et du long de la mer de ce royaulme, detenuz et occupez par ledit Barbarossa, si comme Affricque, Bona et Biserta et autres, par le moyen desquels ledit Barbarossa pourroit continuer ès violences piratiques qu'il a usé jusques à oires à l'encontre des chrestiens, et aussi grever ledit S^r roy et ses successeurs, et entretenir partialitez en cedit royaulme de Thunes; et n'aye icelluy Roy moyen de les recouvrer selon les grans dommaiges et pertes qu'il a receu par ledit Barbarossa, aiant pillé les trésors dudit S^r roy; icelluy S^r roy a consenti expressément et accourdé, consent et accourde que tous ceulx desdites places, fortz et lieux maritimes que Sadite Majesté conquerra par armes, maintenant et cy-après, pendant l'occupacion d'iceulx par ledit Barbarossa et aultres Turcqz, soient et demeurent avec leurs apartenances à Sadite Majesté Impériale et ses successeurs en toute supériorité, ensemble de tout le revenu, prousfitz et émolumens, purement et perpetuellement.

Item, pour ce que l'expérience a demonstré qu'il empourte grandement et nécessairement de garder le lieu et place de ladite Goulette, par lequel et à l'occasion d'icelluy ledit Barbarossa avoit occupé ladite cité de Thunes et successivement ledit royaulme, et en ladite Goulette avoit mis et colloqué grande partye de ses forces, pour la garder et deffendre, et successivement par ce moyen soy maintenir audit royaulme; et que, sans fortisfier, pouveoir et tenir assheuré icelluy lieu de la Goulette, ledit Barbarossa pourroit, par le moyen et assistance des Turcqz ou autres, tant par terre que par mer, retourner à seignorier ledit lieu, et remettre en hasard l'estat dudit Sr Roy, n'ayant moyen de la fortisfier et soubstenir, dont non seulement mal adviendroit audit S^r roy, mais aussi à la chrestienté, et signamment à Sadite Majesté Impériale.

Pour ces causes et autres à ce mouvans, ledit S^r roy

a cédé, quicté, renoncé, transporté pour luy et sesdits hoirs audit Sʳ empereur, aussi acceptant pour luy et sesdits hoirs, tous droits et actions quelconques que ledit roy et sesdits hoirs vouldroient, peuvent et pourroient maintenant ou cy-après, prétendre et quereller à eulx competer et apertenir, à quelconque tiltre et moyen que ce soit, en ladite place de la Goulette, pourpris et extendue d'icelle, avec deux milles de territoire à l'environ, comprenant en icelle la tour dicte et appelée des Eaues ; pourveu que ceux qui seront et qui auront charge de ladite Goulette ne empescheront les voisins des villaiges prouchains situez, où que souloit anciennement estre la cité de Cartaige, à prendre de l'eaue des puytz que sont près de ladite tour, qui s'entendent estre compris et incluz en icelle. Et veult et consent que icelluy Sʳ empereur prinst icelle place, fortisfier et la tenir et posseder, ensemble sesdites apertenances, pour luy et sesdits hoirs, perpetuellement et à tousjours, ensemble le navigaige libre, avec telz basteaulx et en tel nombre qu'il voudra dans ladite Goulette, par l'estang et canal d'icelle, jusques à la cité dudit Thunes et terracenal estant auprès d'icelle cité, et que iceulx qui seront de la part de Sadite Majesté et de ses successeurs en ladite Goulette et à la garde d'icelle puissent aller, venir, séjourner, estre et demeurer en ladite cité et par tout ledit royaulme, pour eulx pourveoir et fournir, à convenable et raisonnable pris, et tel qu'il sera pour le temps entre les citoyens et habitans desdits cité et royaulme, de vivres et autres choses nécessaires à ladite Goulette et à ceulx que seront à la garde d'icelle : le tout franchement, librement, paisiblement et sans contredict, ny pour ce payer aucunes imposicions d'arres ni gabelles vieilles ou nouvelles.

Item que ledit roy de Thunes, recongnoissant le très-grand bénéfice par luy receu de Sadite Majesté Impériale avec très-grandz frais et constange, et combien il luy empourte et convient de avoir, tenir et observer ledit S^r empereur et sesdits successeurs pour singuliers protecteurs et desfenseurs de son Estat, a accordé et promis, accorde et promet, pour luy et sesdits successeurs audit royaulme, de bailler et délivrer annuellement audit S^r empereur et sesdits successeurs, roys des Espaignes, à chacun jour de ladite feste Saint-Jacques, que se célèbre le xxve de juillet, ès mains de l'alcayde et capitayne que pour lors sera, de par Sadite Majesté et sesdits successeurs, en ladite Goulette, lequel les recevra pour et en nom d'eulx, six bons chevaux morisques et douze faulcons, et ce en perpetuel et vray tesmoingnaige et recongnoissance dudit bénéfice receu, comme dit est, soubz peyne de cinquante mille ducatz d'or, à commectre au prousfit dudit S^r empereur, l'acceptant pour luy et sesdits successeurs, pour la première fois que défailly y aura esté, et pour la seconde faulte d'autres cent mille ducatz, et pour la tierce de fourfaicture et conmnise dudit royaulme pour et au prousfit dudit S^r empereur et sesdits successeurs roys des Espaignes, et qu'ils le puissent occuper réalement et de leur propre auctorité.

ANGLETERRE.

Si l'Espagne décroît, l'Angleterre augmente. L'Océan qui, pendant des siècles, avait été le seul théâtre de ses exploits, est devenu trop étroit. Il ne suffit plus à son activité et à son ambition de dominer dans l'Océan et d'ouvrir aux Scandinaves le hardi chemin qui conduit à Arkangel en doublant le cap Nord. Elle envoie son pavillon dans la Méditerranée, dont l'empire n'avait été disputé, pendant tout le moyen âge, qu'entre la France, l'Espagne et les républiques italiennes. Son audace est si grande et couronnée de tels succès qu'elle possède aujourd'hui dans ce lac admirable, où son influence était nulle et son nom inconnu, Gibraltar, Malte et naguère les îles Ioniennes. Sa haute fortune se pressent dans ses relations avec le bey. Son consul aspire aux mêmes priviléges que celui de France, et se soustrait de sa propre autorité à l'humiliante formalité du baisemain et du changement de pantoufles. Aujourd'hui, M. Wood a autant d'influence que M. Duchesne de Bellecour dans les conseils du bey, et c'est l'un ou l'autre qui domine, suivant que les événements mettent l'un ou l'autre pays à la tête de l'Europe.

XI.

Traité conclu en 1762 entre Georges III, roi d'Angleterre, et Ali-Bey.

1762. — 22 juin. — Art. 1er. — En premier lieu,

il est arrêté et convenu que, dès aujourd'hui, et pour toujours, la paix conclue par l'honorable Auguste Keppel, commandant en chef des vaisseaux et navires de Sa Majesté Britannique dans et hors de la Méditerranée, et Charles Gordon, esq., agent et consul général de Sa Majesté Sérénissime pour l'État de Tunis, avec feu le très-excellent et très-illustre seigneur Ali-Pacha, beyler, bey et suprême commandant dudit État, conclue et signée dans le palais du Bardo, près de Tunis, le 19 octobre 1751, sera renouvelée, ratifiée et confirmée par le présent traité, et que les vaisseaux et autres navires et les sujets et peuples des deux côtés ne se feront à l'avenir aucun mal, offense ou injure, soit verbale ou réelle; mais qu'ils se traiteront réciproquement avec tout égard et amitié possible.

Art. 2. — Le consul de Sa Majesté, vivant à Tunis, aura dans la suite, pour toujours, la liberté de choisir son propre agent ou drogman, qui sera un véritable Turc, et de le changer quand et aussi souvent qu'il le jugera à propos.

Art. 3. — Si quelques vaisseaux ou navires des nations chrétiennes, en inimitié avec le roi de la Grande-Bretagne, etc., sont, dans la suite, rencontrés ou se trouvent sur les côtes du royaume de Tunis, soit à l'ancre ou autrement, et non sous la portée du canon du rivage, il sera permis à tous vaisseaux ou navires de guerre de Sa Majesté Britannique, ou aux armateurs anglais, ou munis de lettres de marque, de prendre ou de saisir, comme prises, de tels vaisseaux ou navires rencontrés ou trouvés dans la manière susdite; et il leur sera permis de conduire lesdites prises dans quelque port, rade ou havre du royaume de Tunis, et d'en disposer, soit en tout, soit en partie, ou bien de partir avec ces prises sans le moindre empêchement ou molestation quelconque.

Art. 4. — Et, enfin, il est convenu que si, dans la suite du temps, Sa Majesté se trouvait en guerre avec quelque prince ou État mahométan, et que quelques vaisseaux ou navires, appartenant à des sujets d'un tel prince ou État, soient rencontrés par des vaisseaux ou navires de guerre de Sa Majesté Britannique ou par des vaisseaux ou navires de ses sujets à la vue de quelques parties des côtes du royaume de Tunis, il leur sera permis de passer librement et sans molestation.

Signé : Archibald Cleveland.

XII.

Convention passée entre le prince de Galles, régent, agissant pour Georges III, roi d'Angleterre, et Mahmoud-Bey.

1816, 17 avril. — En considération du profond intérêt manifesté par Son Altesse Royale le prince régent d'Angleterre pour mettre un terme à l'esclavage chrétien, Son Altesse le roi de Tunis, pour preuve de son sincère désir de maintenir inviolablement ses relations d'amitié avec la Grande-Bretagne, et en manifestation de sa disposition amicale et de son grand respect pour les puissances de l'Europe (avec toutes lesquelles il désire établir la paix), déclare qu'en cas de guerre future avec une puissance européenne (ce qu'à Dieu ne plaise!), les prisonniers faits, n'importe de quel côté, ne seront pas retenus en esclavage, mais traités avec toute humanité comme prisonniers de guerre, jusqu'à ce qu'ils soient échangés régulièrement, conformément aux usages européens en pareil cas, et qu'à la fin des hostilités ils seront rendus à leurs nations respectives sans rançon.

AUTRICHE.

XIII.

Traité conclu entre Charles VI, empereur d'Allemagne, et Hossein-Bey.

1725, 23 septembre. — ART. 1er. Il a été conclu et arrêté que toutes les courses et hostilités cesseront, tant par terre que par mer, entre les vaisseaux et sujets de S. M. I. et C. et les vaisseaux et sujets de la ville et royaume de Tunis, à commencer du jour 18e du présent mois de septembre 1725; ensuite de la parole irrévocable de la suspension d'armes, solennellement donnée par S. E. le seigneur bey, en présence de tous les ministres et des seigneurs commissaires-médiateurs de la Porte, et en même temps acceptée et agréée au nom de Sa Sacrée Majesté Impériale et Catholique par lesdits commissaires. Et, en cas de contravention, restitution sera faite de ce qui aura été pris, soit vaisseaux, esclaves et toute autre chose, *cum omni causa*; et les dommages réparés sans aucune réserve.

Art. 2. — Il y aura, à l'avenir, entre l'empereur des Romains et les pacha, bey et dey et divan et la milice de la ville et royaume de Tunis et leurs sujets, une sûreté réciproque et durable de pavillon et de libre navigation dans tous les ports, mers et rivières, abstractivement de tout commerce, et sans qu'il soit permis d'entrer dans les ports de leurs dépendances respectives. Et, sous le nom de sujets de S. M. I. et C. sont compris les Allemands, les habitants des Pays-Bas autrichiens, Siciliens, Napolitains, Calabrais et leurs dépendances, et ceux de Fiume et de Trieste, situés dans la mer Adriatique, et tous autres de quelque nation et religion qu'ils soient.

Mais, si quelques vaisseaux étaient forcés par le mauvais temps ou les ennemis, et que ce fût par une nécessité absolue, dans ce cas seulement, ils seront reçus dans les rades et ports respectifs, défendus et protégés par les châteaux et forteresses ; et les commandants desdits châteaux pourront retenir et arrêter, vingt-quatre heures, les vaisseaux de guerre qui auront relâché, jusqu'à ce que les vaisseaux de leurs ennemis soient éloignés dans la mer, ou rentrés en toute sûreté dans les ports.

Art. 3. — Les vaisseaux de part et d'autre qui auront été dans la nécessité de se sauver dans les rades et ports des deux puissances, comme il est expliqué dans les articles précédents, le commandant tâchera de les défendre ; mais, s'ils y sont pris ou enlevés par stratagème de son ennemi, les souverains des deux parties n'en seront pas responsables.

Art. 4. — Les vaisseaux de guerre, armés à Tunis et dans les autres ports du royaume, rencontrant en mer les vaisseaux et bâtiments naviguant sous le pavillon et passe-port de S. M. I. et C., conforme à la copie qui sera transcrite à la fin du présent traité, les laisseront, en toute liberté, continuer leur voyage, sans les arrêter ni donner aucun empêchement; ains leur donneront tous les secours dont ils pourront avoir besoin.

Art. 5. — Tous les sujets impériaux pris par les ennemis de l'empereur des Romains, qui seront conduits à Tunis et autres ports du royaume, seront mis aussitôt en liberté, sans pouvoir être retenus esclaves, même en cas que les vaisseaux d'Alger et autres qui pourront être en guerre avec l'empereur des Romains, missent à terre des esclaves impériaux.

Art. 6. — Les étrangers passagers trouvés sur les vaisseaux de Sa Majesté, ni pareillement les sujets de Sadite Majesté, pris sur les vaisseaux étrangers, ne pourront être faits esclaves sous quelque prétexte que ce puisse être, quand même les vaisseaux sur lesquels ils auraient été pris se seraient défendus, ni moins leurs effets, marchandises et vêtements; et la même chose se pratiquera à l'avantage des habitants dudit royaume de Tunis.

Art. 7. — Il ne sera donné aucun secours ni protection aux vaisseaux ennemis de S. M. I. et C., ni à ceux qui auront armé sous leur commission, et feront lesdits pacha, bey, dey et divan, défense à tous leurs sujets d'armer sous commission d'aucun prince ou États ennemis de la couronne impériale, comme aussi empêcheront que ceux contre lesquels ledit empereur est ou sera en guerre, puissent armer dans leurs ports pour courir sur ses sujets; et il ne sera permis non plus aux ennemis de Tunis d'armer dans les ports de Sa Majesté.

Art. 8. — Pourra être établi, de la part de S. M. I. et C., un consul dans le royaume de Tunis pour distribuer les certificats prédits et juger les différends entre les sujets de Sa Majesté, sans que les juges du lieu s'en puissent mêler, et veiller généralement à toute affaire de sa charge, et jouira des mêmes honneurs, franchises, libertés et exemptions dont jouissent les consuls des autres nations, nulles de réservées, et aura la préséance sur eux comme il se pratique à la Porte.

Art. 9. — S'il arrive quelque différend entre un sujet de Sa Majesté et un Turc ou Maure, il ne pourra être jugé par les juges ordinaires, mais bien par le conseil desdits pacha, bey, dey et divan, ou par les commandants dans les ports où les différends arriveront.

Art. 10. — Tous les sujets de Sa Majesté, qui auront frappé un Turc ou Maure, ne pourront être punis qu'après avoir fait appeler le consul pour défendre la cause desdits sujets, et, en cas qu'ils se sauvent, ledit consul n'en pourra être responsable.

Art. 11. — S'il arrive quelque contravention au présent traité, il ne sera fait aucun acte d'hostilité qu'après un déni formel de justice.

Art. 12. — Si quelques vaisseaux des deux parties contractantes se font du tort les uns aux autres dans la mer, les contraventeurs seront sévèrement punis, et les armateurs responsables.

Art. 13. — Si le présent traité venait à être rompu, il sera permis au consul impérial, et à tous ceux qui sont de sa suite, de se retirer dans leur pays, et il ne pourra leur être fait aucune insulte ni empêchement pendant le terme de trois mois.

BELGIQUE.

XIV.

Traité de commerce conclu entre Léopold, roi des Belges, et Ahmed-Bey.

1839, 25 juin. — Nous, Léopold, roi des Belges, à tous présents et à venir, salut.

Ayant vu et examiné le traité d'amitié, de commerce et de navigation, conclu et signé à Tunis, au palais du Bardo, le quatorze janvier du mois d'octobre de l'an de grâce mil huit cent trente-neuf, qui correspond au septième jour de la lune de chaaban, l'an douze cent cinquante-cinq de l'hégire, par le sieur Jean-Baptiste d'Égremont, consul général de Belgique, notre plénipotentiaire muni de pleins pouvoirs spéciaux, avec S. A. Ahmed-Bacha, bey, prince de la régence de Tunis, traité dont la teneur suit :

Louange à Dieu l'Unique, que tout retourne à lui !

Traité d'amitié, de commerce et de navigation, fait entre S. M. Léopold Ier, roi des Belges, et S. A. Ahmed-Bacha, bey, souverain du royaume de Tunis, par l'entremise du sieur J.-B. d'Égremont, consul général de

S. M. le roi des Belges pour le royaume de Tunis, et revêtu, à cet effet, des pleins pouvoirs nécessaires par la lettre de Sadite Majesté en date du 25 juin 1839.

Art. 1er. — Il y aura désormais amitié perpétuelle entre les États et sujets de S. M. le roi des Belges et les États de S. A. le bey de Tunis.

Art. 2. — Il sera donné un signal ou passe-port à tous les bâtiments appartenant aux deux hautes parties contractantes, par lequel ils pourront se reconnaître mutuellement lorsqu'ils se rencontreront en mer. Et si le commandant d'un vaisseau de guerre appartenant aux deux hautes parties a d'autres bâtiments sous convoi, la déclaration du commandant suffira seule pour les exempter de toute recherche. En outre, il est convenu que, si une recherche à bord doit avoir lieu, elle se fera en envoyant une chaloupe avec deux ou trois hommes seulement, et s'il se tire quelques coups ou qu'il se fasse quelque dommage, sans qu'on y ait donné lieu, la partie qui aura fait l'offense procurera l'indemnité de tous les dommages.

Art. 3. — Il est convenu que les sujets belges pourront trafiquer librement avec les Tunisiens, en payant les droits établis.

Art. 4. — Aucun capitaine de vaisseau ne sera retenu dans le port plus longtemps qu'il le jugera convenable. Toutes personnes employées à charger ou à décharger, ou à quelque autre travail que ce soit, seront payées au tarif usité, ni plus ni moins.

Art. 5. — Les sujets de l'une des hautes parties contractantes arrivant avec leurs bâtiments à l'une des côtes appartenant à l'autre, mais ne voulant pas entrer dans le port, ou, après y être entrés, ne voulant décharger aucune partie de leur cargaison, auront la liberté de partir et de poursuivre leur voyage, sans payer d'autres droits que n'en payent, en pareil cas, les autres nations amies.

Art. 6. — Aucun vaisseau ne sera détenu dans le port sous quelque prétexte que ce soit, et il ne sera obligé de prendre à bord aucun article sans le consentement du capitaine, qui sera entièrement le maître de convenir du fret de toutes les marchandises qu'il embarquera.

Art. 7. — Si quelque vaisseau belge se trouve dans quelque port des États de la Régence, ou à la portée du canon de ses forts, il sera protégé autant que possible, et aucun vaisseau quelconque appartenant à des puissances soit maures soit chrétiennes, avec lesquelles la Belgique pourrait être en guerre, n'obtiendra la permission de le suivre ou de l'attaquer.

Il en est de même pour les navires tunisiens en Belgique.

Art. 8. — Lorsqu'un navire de guerre de l'une des hautes parties contractantes entrera dans le port de l'autre et saluera, le salut lui sera rendu avec un nombre égal de coups, ni plus ni moins.

Art. 9. — Le bey ayant à jamais aboli dans ses États l'esclavage, tout sujet belge qui, par hasard, y serait encore esclave, sera immédiatement mis en liberté. Il en sera de même des sujets belges qui, ayant été faits esclaves dans d'autres pays, se trouveraient en cet état sur le territoire de la Régence. Le bey ne pourra non plus retenir dans son pays un sujet belge quelconque contre son propre gré, sauf le cas d'un délit commis et prouvé, ou de dettes contractées devant le consul.

Art. 10. — Le consul belge peut établir, dans les ports de la régence de Tunis, le nombre de vice-consuls ou agents consulaires nationaux qu'il voudra, pour assister les négociants, capitaines et matelots, en tout ce qu'ils pourront avoir besoin, entendre leurs différends, et décider des cas qui pourront survenir entre eux, sans qu'aucune autorité du pays puisse jamais les en empêcher.

Art. 11. — Le consul belge pourra choisir les drogmans à son gré et volonté, avec l'approbation du bey, et Son Altesse les lui changera toutes les fois qu'il voudra, s'ils ne lui conviennent plus.

Art. 12. — Le bey, voulant se conformer aux usages des autres nations, déclare renoncer et renonce à l'avenir à tout présent, donatif ou autres redevances quelconques, sous quelque dénomination que ce soit, et notamment à l'occasion de la conclusion d'un traité ou lors de l'installation d'un nouveau consul, vice-consul ou agent consulaire.

Art. 13. — Si quelque sujet belge contracte des dettes ou des engagements, le consul n'en sera responsable en aucune façon, à moins qu'il n'ait donné une promesse par écrit pour leur payement ou acquit, sans laquelle promesse par écrit l'on ne s'adressera point à lui pour en obtenir la prestation.

Art. 14. — S'il arrive quelque différend entre un sujet belge et un sujet du bey, soit pour affaires commerciales, soit pour toute autre cause, l'affaire sera portée devant S. A., qui en décidera d'accord avec le consul, conformément à la justice. Et, si quelque délinquant échappe de prison, le consul ne sera pas responsable de sa personne, en quelque manière que ce soit.

Art. 15. — Si quelques-uns des sujets belges ont un différend ensemble, le consul décidera entre les deux parties. Et, toutes les fois que le consul exigera quelque aide ou assistance de la part du gouvernement ou officier du bey, pour faire exécuter ses décisions, elle lui sera immédiatement accordée.

Art. 16. — Les biens des sujets belges décédés dans les États du bey, comme les biens des sujets du bey décédés dans les États de S. M. le roi des Belges, seront remis entre les mains des consuls ou vice-consuls des deux pays respectifs de la manière la plus prompte et la plus sûre, pour être, par eux, restitués aux héritiers.

Art. 17. — Si, à l'avenir, quelques doutes venaient à s'élever sur l'interprétation de quelques-uns des articles du traité susmentionné, il est convenu qu'à Tunis l'interprétation doit être à l'avantage des sujets belges, et en Belgique à celui des Tunisiens.

Art. 18. — Ce traité continuera d'avoir son entière force, avec l'aide de Dieu, à toute perpétuité, après qu'il aura été ratifié par le gouvernement belge.

DANEMARK.

XV.

Traité de paix et de commerce conclu entre Christian VII, roi de Danemark, et Ali-Pacha.

1751, 8 décembre. — Art. 1ᵉʳ. — Il y aura désormais une paix perpétuelle et sincère entre Sa Majesté le roi de Danemark et de Norvége et Ali-Pacha, beyler, bey. Tous les navires des susdites puissances, qu'ils soient grands ou petits, ne se feront dorénavant aucun mal quelconque, ni en paroles, ni par voie de fait; au contraire, ils feront preuve réciproquement de la plus grande amitié et courtoisie, comme s'il n'y avait jamais eu de mésintelligence entre lesdites puissances.

Art. 2. — Tous les navires, grands et petits, appartenant à Sa Majesté le roi de Danemark ou au royaume de Tunis, et qui font le commerce, se feront toute espèce de courtoisie, ne s'attaqueront réciproquement ni par paroles ni par actions, au contraire se témoigneront toutes sortes d'égards, tant pour leurs équipages, valeurs en argent et bijoux, et marchandises de quelque espèce qu'elles soient, que pour leurs passagers, sans distinction aucune, de quelque nation qu'ils soient, en paix ou en guerre avec les susdites puissances.

Art. 3. — Tous les navires appartenant à Sa Majesté ou à ses sujets, grands ou petits, qui entreraient dans un port, ou aborderaient à une côte du royaume de Tunis, chargés de toute espèce de marchandises ou montés par des passagers d'une nation quelconque, seront sûrs de ne pas être inquiétés ni pour les personnes, ni pour les biens; et, quand ils débarqueront leurs marchandises, ils en payeront les droits déterminés par ce traité.

Art. 4. — Lorsque les vaisseaux de guerre et marchands des deux nations se rencontreront en mer ou autre part, ils ne chercheront pas querelle les uns aux autres, mais se témoigneront toutes sortes d'égards. Et, au cas qu'un corsaire de Tunis rencontre un navire danois, il ne lui sera permis de s'approcher du vaisseau marchand danois qu'avec une chaloupe portant deux officiers, dont un seul pourra entrer dans le navire, sans armes; et, après avoir examiné le passe-port, le certificat du consul de Tunis, il permettra au navire de continuer sa route sans obstacle.

Art. 5. — Si un navire ou des navires danois venaient à faire naufrage sur les côtes de Tunis ou sur une frontière appartenant à ce royaume, rien ne sera entrepris contre les marins, les passagers ou les biens; l'équipage ne sera pas réduit à l'esclavage; au contraire, les sujets de Tunis leur prêteront tout secours pour sauver les biens.

Art. 6. — Il est convenu qu'il ne sera permis à aucun navire, grand ou petit, d'une nation en guerre avec le roi de Danemark, qui se trouverait dans ce port ou sur les côtes, lorsqu'un navire danois y est également, de partir avant que quatre jours ne soient expirés depuis le départ de ce bâtiment danois.

Art. 7. — Si un navire danois arrivait dans un port ou sur une côte appartenant au bey de Tunis pour faire des provisions ou des réparations, il ne sera pas tenu de débarquer les marchandises, sous prétexte de payer le droit d'ancrage et autres frais s'y rapportant. En cas qu'un des sujets de Sa Majesté le roi de Danemark achetât une prise à Tunis, il sera muni d'un passe-port du bey et du certificat du consul pour continuer son voyage.

Art. 8. — Si un bâtiment de guerre ou un corsaire danois entrait avec une prise ou avec des marchandises dans un port appartenant au bey de Tunis, personne ne les inquiétera, mais ils pourront en user selon leur gré, et même les réexporter, s'ils ne trouvent pas leur compte dans une vente; il leur sera également permis d'acheter au marché les provisions nécessaires, sans en payer les droits de sortie.

Art. 9. — Lorsque des bâtiments de guerre danois vont mouiller dans la rade de Tunis, le consul sera tenu d'en informer le bey pour que les esclaves soient enfermés, afin qu'ils ne puissent se réfugier à bord; mais, une fois qu'ils seront à bord du bâtiment de guerre, ils seront libres, à moins qu'on ne puisse prouver que c'est l'équipage qui les a fait parvenir à bord.

Art. 10. — Si un marchand ou sujet danois venait à mourir à Tunis ou dans les lieux qui en dépendent, ni le bey, ni aucun autre, ne s'approprieront une partie quelconque de sa succession.

Art. 11. — Aucun marchand ou sujet danois, résidant dans le royaume de Tunis, ne sera tenu, en vertu du présent traité, d'acheter des marchandises contre sa volonté; mais il sera libre d'agir selon son gré, et, lorsque l'un ou l'autre voudra acheter, il sera tenu de payer le prix au terme convenu avec le vendeur. Le consul danois ne sera pas tenu de payer une dette pour qui que ce soit, à moins qu'il ne se soit engagé par sa signature.

Art. 12. — Si un sujet danois venait à avoir une dispute avec un Turc, un Maure ou un autre indigène, l'affaire sera portée devant le bey; mais, si les Danois entre eux ont des différends, c'est au consul qu'il appartient de décider.

Art. 13. — Au cas qu'un sujet danois eût une querelle avec un Turc ou un Maure, et que, dans cette occasion, l'un blessât l'autre ou même le tuât, l'affaire sera portée devant les tribunaux du pays, et la partie lésée aura la satisfaction qui se donne en pareils cas. Mais si un sujet danois, après avoir assassiné un Turc ou un Maure, prenait la fuite et ne pouvait être ressaisi, on ne doit inquiéter pour cette raison ni le consul, ni qui que ce soit.

Art. 14. — Le consul danois actuel ou futur vivra en paix et en sûreté parfaite sans être inquiété ni dans sa personne, ni dans ses effets. Il aura le droit de nommer, pour son usage, un truchement et un courtier; il pourra se rendre à tel navire qu'il choisira et partira pour tel endroit que bon lui semblera. La même liberté sera accordée à tous les négociants danois. Il sera également permis au consul d'avoir un ministre en sa maison pour desservir le culte chrétien à l'usage du consul et des autres Danois qui pourraient se trouver à Tunis. Tous les esclaves, professant cette religion, auront la permission de s'y assembler, pour assister au service divin, et le gardien bachi, ou leurs maîtres, ne les en empêcheront pas.

Art. 15. — Il sera permis à tous les sujets danois d'embarquer leurs personnes ou leurs effets sur un navire quelconque, quand même il appartiendrait à une nation en guerre avec le royaume de Tunis ; et au cas que celui-ci rencontrât un corsaire de Tunis, les sujets danois, leurs personnes et leurs marchandises, seront libres, après qu'ils auront prouvé, par leur passe-port et leur connaissement, qu'ils sont Danois. De la même manière, tous les sujets de Tunis, se trouvant sur des navires en guerre avec le Danemark, ne seront inquiétés ni dans leurs personnes, ni dans leurs effets, dès qu'ils auront prouvé, par leur certificat, qu'ils sont sujets du bey de Tunis.

Art. 16. — Lorsqu'un bâtiment de guerre mouillera dans la rade de Tunis, et que le consul en aura informé le pacha, celui-ci fera saluer ce bâtiment du château de la Goulette, par vingt et un coups de canon, et enverra à son bord les rafraîchissements d'usage qui sont offerts aux Anglais et autres nations. Le consul danois jouira des mêmes priviléges que les consuls anglais et français.

Art. 17. — Au cas qu'un négociant de Tunis affrétât ou chargeât un navire danois, l'affréteur sera tenu de faire enregistrer ses marchandises et leur valeur à la chancellerie danoise, pour éviter toute dispute, si le capitaine danois ne remplissait pas son contrat.

Art. 18. — Tous les sujets danois qui s'établissent dans ce royaume ne payeront, pour les navires et biens venant du royaume de Danemark, que trois pour cent de droit d'entrée et de sortie ; mais, au cas qu'ils prennent leurs cargaisons d'endroits qui ne sont pas en bonne intelligence avec le royaume, ils en payeront huit pour cent, comme toutes les autres nations.

Art. 19. — Le consul et tous sujets danois qui se trouvent dans ce royaume seront libres, en temps de paix comme en temps de guerre, de partir d'ici pour tel endroit qu'ils choisiront, avec leurs domestiques, leurs familles et leurs biens.

Art. 20. — Toutes les provisions pour le consul et les négociants résidant à Tunis seront libres de droits.

Art. 21. — Si de l'une ou de l'autre part un motif de mécontentement s'élevait, on ne doit pas avoir sur-le-champ recours aux armes ; c'est la partie lésée qui doit demander réparation du préjudice qui lui a été causé; et le coupable, comme perturbateur de la tranquillité et du repos public, sera puni.

Le Dieu Tout-Puissant, qui gouverne tous les royaumes du monde, en sera témoin et veillera sur cette paix perpétuelle.

HOLLANDE.

Parmi les traités conclus avec la Hollande, j'ai choisi celui qui porte la signature de l'amiral Ruyter. La Hollande était alors à l'apogée de sa gloire. On verra, par le texte même de cette convention, que la puissance de ce petit peuple héroïque rayonnait jusque sur Tunis, et lui a valu le respect de ce gouvernement altier et barbare.

XVI.

Traité de paix conclu entre les États généraux de Hollande et Hadj Moustapha Laz-Dey, le 20 septembre 1662.

Art. 1er. — Que tous les passés accords, prétentions et amitiés, entre les deux parties et nations seront nuls et de nul effet, et que dorénavant il y aura une ferme paix; qu'il y aura et continuera un libre commerce et négoce entre les sujets et les habitants des Pays-Bas et le peuple du royaume de Tunis; qu'ils pourront librement et franchement aller, passer et revenir dans les mers, rivières et havres de chacun avec leurs navires et marchandises, les transportant sans aucun empêchement, où ils veulent, payant seulement imposition de ce qu'ils auront vendu, et que toutes dernièrement mises exactions et impositions sur le chargement des marchandises et soies à la Goulette, seront réduites et mises en toute forme, selon la vieille coutume et imposition.

Art. 2. — On ne visitera des deux côtés aucunement les navires, ni dans la mer, ni dans les havres, mais, montrant leurs bandières, on les laissera passer sans aucune molestation ou interruption.

Art. 3. — Les sujets des Unis Pays-Bas, recevant à leurs bords quelques passagers ou marchandises appartenant aux habitants du royaume de Tunis, seront obligés, autant qu'ils pourront, à les défendre et aucunement les rendre entre les mains de leurs ennemis.

Art. 4. — Que si quelques navires des deux parties,

par tempête ou autrement, venaient à souffrir naufrage sur quelque côte d'icelles, les personnes seront libres, et les biens sauvés et rendus aux propriétaires.

Art. 5. — Tous les sujets des Unis Pays-Bas, demeurant dans la ville et royaume de Tunis, seront libres et pourront partir à cette heure et après quand il leur plaira, avec leurs biens, famille et enfants, combien qu'ils y fussent nés.

Art. 6. — Personne de la susdite nation ne souffrira quelques mots d'injure, mais, en telle occasion, seront les offenseurs selon leur mérite punis.

Art. 7. — Le consul ou quelques sujets des Unis Pays-Bas, résidant à Tunis, étant en dispute, ne seront aucunement obligés de comparaître devant quelque chambre de justice que devant le dey même, de qui seul ils recevront sentence.

Art. 8. — Le consul ou quelque autre sujet des Unis Pays-Bas ne sera aucunement convenable pour la dette de quelque particulier, hormis que par obligation sous main il y fût obligé.

Art. 9. — Que les navires de guerre des deux parties pourront venir dans les havres d'icelles et, avertissant les gouverneurs, y nettoyer et ravitailler et réparer leurs navires, et acheter toutes sortes de vivres, mortes ou vives, tout à un tel prix que les habitants au marché les achètent et payent, sans en payer imposition.

Art. 10. — Si quelque navire de Tunis, sous sa propre bandière, venait par main battante à gagner quelque navire des sujets des Unis Pays-Bas, sous une autre bandière que la sienne, en telle occasion nonobstant notre paix, le navire susdit sera de bonne prise.

Art. 11. — Si quelque esclave dans ce royaume de Tunis, de quelle nation il pourrait être, venait à fuir ou à nager à bord de quelque navire appartenant à la république des Unis Pays-Bas, le consul ne sera aucunement tenu à payer sa rançon, sinon qu'en temps il lui en fût donné avertissement pour y remédier ; mais cela négligeant, alors il sera obligé à payer la rançon à son patron, comme au marché il a été vendu ; ou si cela ne peut être su, que le prix ne fût pas annoté, alors il payera trois cents pièces de huit, sans plus.

Art. 12. — Les sujets des Pays-Bas ne payeront pas davantage d'imposition pour les marchandises que les sujets d'Angleterre.

Art. 13. — Si les navires de guerre de Tunis viennent à gagner quelques navires de leurs ennemis, portant des sujets des Unis Pays-Bas, y gagnant gage, si le susnommé navire gagné est marchand, les susdits sujets seront libres, et ni eux ni leurs biens aucunement molestés ; mais, si le susnommé navire gagné est corsaire, alors les susdits sujets seront esclaves.

PORTUGAL.

Le traité de paix que nous citons a été fait à une époque où le Portugal, délivré par Wellesley, plus tard Wellington, de la domination française, était devenu une province anglaise. Aussi est-ce l'œuvre du consul d'Angleterre ; on le devine facilement aux avantages qu'il procure à ses protégés.

XVII.

Trêve conclue entre Jean-Marie-Joseph, prince-régent de Portugal, et Hamouda-Pacha, le 16 octobre 1813.

S. A. R. le prince régent de Portugal et S. A. S. le bacha-bey de Tunis, étant remplis du désir de mettre fin aux différends qui depuis quelque temps existent malheureusement entre leurs sujets respectifs, ont convenu mutuellement d'accorder une trêve dans le ferme espoir qu'elle pourra mener à une paix juste et honorable, en vue de quoi S. A. S. Hamouda-Pacha, prince des princes de Tunis, et S. E. M. William A'Court, esquire, envoyé extraordinaire et ministre plénipotentiaire de S. M. Britannique et muni des pleins pouvoirs de la régence de Portugal, ont proposé et accepté les articles suivants :

1° Du jour de la ratification du présent traité existera pour trois ans une trêve entre S. A. R. le prince régent de Portugal, ses armées, bâtiments et sujets, et S. A. S. le bey de Tunis, ses armées, bâtiments et sujets. Il est bien entendu que, pendant le cours de cette trêve, aucun acte d'hostilité ne sera commis, mais que les rapports entre les deux gouvernements seront tout à fait amicaux.

2° Pendant la présente trêve, les vaisseaux portugais auront la faculté de faire le commerce dans les différents ports des domaines de S. A. S. le bey de Tunis, soumis aux mêmes charges et au droit de douane de quatre et demi pour cent que payent les sujets tunisiens pour toutes les marchandises et objets soumis au droit de douane. Les Tunisiens auront les mêmes charges et les mêmes avantages en Portugal.

3° Pendant tout le temps que durera la trêve, les sujets portugais seront placés sous la protection du consul anglais, qui sera considéré et reçu par le bey comme le représentant de la nation portugaise.

4° Une paix définitive étant l'objet des désirs des deux parties contractantes, il est convenu que dès ce moment des négociations seront entamées pour arriver à ce but.

SARDAIGNE.

Nous sommes au lendemain de Waterloo ; l'Angleterre, toute rayonnante du prestige de la victoire, est réellement l'arbitre du monde. Victor-Emmanuel lui doit sa couronne agrandie ; aussi est-ce sous sa puissante égide qu'il vient s'abriter, autant par reconnaissance que par prudence.

XVIII.

Traité de paix conclu entre Victor-Emmanuel Ier, roi de Sardaigne, et Mahmoud-Bey.

1816, 17 avril. — Au nom de Dieu Tout-Puissant;
Traité de paix entre S. M. Victor-Emmanuel, roi de Sardaigne, de Chypre et de Jérusalem, duc de Savoie et de Gênes, prince de Piémont, etc., et S. A. S. Mahmoud-Bacha, chef, bey de Tunis, la cité bien gardée et le séjour de la félicité, fait et conclu par le très-honorable Édouard, baron Exmouth, chevalier grand-

croix du très-honorable ordre militaire du Bain, amiral de l'escadre bleue de la flotte de Sa Majesté Britannique et commandant en chef les bâtiments et vaisseaux de S. M. dans la Méditerranée, étant dûment autorisé par S. A. R. le prince régent agissant au nom et de la part de S. M. le roi du Royaume-Uni de la Grande-Bretagne et d'Irlande, et par S. M. le roi de Sardaigne.

Art. 1er. — S. A. R. le prince régent désirant, dans un véritable esprit d'amitié, interposer ses bons offices entre son ancien allié, S. M. le roi de Sardaigne, et S. A. le bey de Tunis, afin de mettre un terme aux calamités produites par un état constant de guerre, il est convenu et conclu par le présent entre le susdit Édouard, baron Exmouth, et S. A. le dey de Tunis, qu'à partir de ce jour il y aura paix et amitié solide et inviolable entre S. M. le roi de Sardaigne et S. A. le dey de Tunis, leurs sujets et États respectifs, et que dorénavant le pavillon, les sujets et le commerce de S. M. le roi de Sardaigne seront respectés par S. A. le bey et ses sujets, comme ceux de la Grande-Bretagne, et que la Sardaigne jouira à l'avenir de tous les traités et avantages dont jouit maintenant la Grande-Bretagne et de la même manière.

Art. 2. — A commencer de la signature du présent traité une libre communication et correspondance commerciale sera ouverte entre les deux nations, sous des conditions réciproques, et en suivant les règles établies pour les quarantaines, imposées aux vaisseaux de l'une et de l'autre partie.

Et il a de plus été convenu qu'un consul général de S. M. le roi de Sardaigne sera reçu sur le même pied et traité avec le même respect que le consul britannique, pour régler les affaires commerciales, et qu'il lui sera accordé, dans sa maison, le libre exercice de sa religion, ainsi qu'à ses domestiques et aux autres personnes qui le désireraient.

Art. 3. — Étant très-essentiel d'empêcher que l'on ne fasse un mauvais usage des priviléges accordés par ce traité au pavillon et au commerce sarde, S. M. le roi de Sardaigne s'engage par le présent à prendre les mesures les plus efficaces pour prévenir toute sorte d'abus, en n'accordant des passe-ports qu'à ses propres sujets, sous le sceau et la signature de son secrétaire d'État.

Art. 4. — S. A. le bey consent à ce que les bâtiments sardes soient admis à la pêche aux bancs de corail sur les côtes, sur le même pied que ceux des autres nations européennes.

Art. 5. — Si S. M. le roi de Sardaigne désirait charger le consul britannique des fonctions de son agent, S. A. le dey de Tunis consent à cet arrangement jusqu'à ce qu'un consul soit envoyé de Sardaigne, ce qui devra avoir lieu dans l'espace de six mois.

Art. 6. — Dans le cas où quelque contestation s'élèverait entre S. M. le roi de Sardaigne et S. A. le bey de Tunis, S. M. le roi de la Grande-Bretagne sera prête en tous temps à interposer ses bons offices pour un arrangement et pour obtenir une juste réparation à la partie offensée, et, si la réparation était refusée, elle abandonnerait la partie refusante aux représailles qu'elle se serait justement attirées.

Fait à double au palais du Bardo, près Tunis, en présence de Dieu Tout-Puissant, le 17 avril de l'an de

Jésus-Christ 1816, et de l'an de l'hégire 1231, le 18 de la lune jumed-awel.

———

La rédaction de ces traités, qui tous se rapportent aux mêmes objets et tendent au même résultat, est uniforme. Ceux conclus avec des États secondaires, tels que le Hanovre et la Suède, ou avec des nations disparues, telles que les Deux-Siciles et la Toscane, calqués sur le modèle des conventions passées avec les grandes puissances, sauf quelques restrictions le plus souvent insignifiantes, n'offrent pas d'intérêt. Les traités que j'ai cités font connaître très-nettement la situation des Européens établis dans la Régence et les rapports du gouvernement avec l'Europe. La citation de ces divers documents diplomatiques n'avait pas d'autre but, et je suis assuré que ce but a été atteint. Il existe aux archives des affaires étrangères une masse de pièces très-curieuses et très-intéressantes relatives à Tunis. Celles qui figurent dans ce livre ont été empruntées aux Annales tunisiennes, ouvrage important et remarquable, dû à la plume de M. Rousseau, consul de France, et publié l'année passée.

FRAGMENTS DE POÉSIE

TIRÉS DES AUTEURS ARABES.

―――

Je ne crois pas qu'il existe au monde de peuple aussi poétique et aussi religieux que le peuple arabe. Ce double sentiment de poésie et de piété est uni dans leur nature à ce point qu'il éclate dans toutes les manifestations de la pensée, non-seulement dans le langage habituel de la vie, mais dans celui du gouvernement et des affaires privées. Qu'il s'agisse d'un testament, d'une donation, d'une vente, d'une requête adressée à un grand seigneur, ou d'un ordre donné à un subalterne, c'est toujours la même profusion d'images, d'hyperboles, d'humiliation devant Dieu. Sur ce point les petits ne le cèdent en rien aux grands, ni les ignorants aux lettrés. Chez un peuple qui a reçu de la nature de pareilles dispositions, les beaux esprits doivent abonder. Aussi, partout où il y a agglomération d'hommes, que ce soit sous le toit d'une ville, ou sous la tente d'un douar, est-on assuré de trouver un rhapsode. C'est le plus souvent un pauvre diable qui, associé à des derviches tourneurs, ou à des charmeurs de serpents, attire, au moyen du tambour de basque, la foule autour de lui, lui récite des contes et des vers de sa façon, et gagne péniblement sa vie à ce mauvais métier. La tradition nous dit qu'Homère ne faisait pas autre chose. Qu'un Homère se soit trouvé parmi ces poëtes en guenilles, c'est possible, c'est même probable; mais personne n'a recueilli ses chants, qui sont morts avec lui.

Soit à cause de leur nature, soit plutôt à cause de leur religion, les peuples de l'Orient n'ont pas suivi la marche progressive et ascensionnelle des nations chrétiennes. Immobilisés, atrophiés dans une civilisation incomplète, ils n'ont pas fait, depuis Mahomet, un pas soit en avant, soit en arrière. Tandis qu'en France, partis de Villon, nous sommes arrivés en quatre siècles à Victor Hugo et Lamartine, en passant par Malherbe et Rousseau, les Arabes sont encore au point où les a trouvés Antara, poëte antérieur au Prophète. D'un siècle à un autre, nous voyons changer complétement nos costumes, nos sentiments, nos idées, et jusqu'au langage qui sert à les exprimer; les Arabes, au contraire, vêtus comme au temps d'Abraham, ne pensent différemment des hommes de cette époque que parce qu'un homme de génie leur a imposé une religion nouvelle. Mais leurs habitudes, leurs travaux et leurs mœurs sont restés les mêmes. Quelques vers que je vais citer, pris dans les ouvrages que la tradition attribue à Antara et à Tharafa, donneront une idée complète de la littérature actuelle des pays barbaresques.

Traduit d'Antara.

Souvent j'ai enveloppé un escadron ennemi d'un escadron aux armes étincelantes, à l'aspect sombre, portant partout l'effroi et le trépas,

Marchant en silence, faisant briller les instruments de la mort; ainsi reluit le feu dont l'ardeur embrase ce qui l'alimente.

Dans cette troupe on voit des braves, fils de braves; — et, quand les lances brisées dans la mêlée embarrassent les pieds des chevaux,

Les armes jettent à l'entour un éclat que la poussière du combat ne voile pas; telle paraît, en domptant les ténèbres, la lueur des torches entre les mains des voyageurs.

Ces cavaliers, supportant avec patience les fatigues, ont toujours prêts des chevaux au poil lisse, aux pieds agiles, des coursiers de pur sang, aux flancs minces et au ventre rétréci.

Ces coursiers, le cou tendu, le front plissé, s'élancent avec leurs cavaliers armés de toutes pièces; ils s'élancent, bien que harassés d'une marche fatigante et souffrant des pieds dont la route a usé la corne;

Ils portent de jeunes braves experts à frapper avec la lance, inébranlables même quand l'étendard de la guerre est entraîné au loin dans une retraite précipitée,

Des cavaliers beaux à voir, illustres, impétueux, hardis combattants, au moment où le cœur manque aux lâches.

Combien de fois ai-je réveillé, la nuit, une bande

d'amis aux fronts altiers, dont les têtes se penchaient sous l'influence du sommeil,

Pour me mettre en route avec eux, les menant à travers les épaisses ténèbres jusqu'à ce que je visse passer la période de la matinée dans laquelle le soleil darde ses premiers rayons !

Avant que l'ardeur du midi se fût fait sentir, je rencontrai une troupe de cavalerie et je perçai de ma lance le premier cavalier de son avant-garde ;

Je frappai le chef sur chaque côté de la tête et il tomba à terre ; je poussai mon coursier jeune et vigoureux au milieu de la troupe ennemie, et il la traversa ;

Combattant ainsi jusqu'à ce que je visse changée en rouge la noirceur de la peau de nos montures, teintes qu'elles étaient par le sang de leurs blessures.

Les chevaux de l'ennemi, emportés par une fuite rapide, trébuchent dans une mare de sang et foulent aux pieds les morts tombés dans l'acharnement du combat.

Ensuite je revins triomphant avec la tête de leur chef que je jetai là pour servir de pâture au premier animal qui viendrait à la rencontrer.

Jamais, dans aucun lieu, je n'ai recherché une femme sans avoir d'avance remis la dot entière à celui qui lui servait de patron.

Jamais je n'ai dépensé le bien de l'homme d'honneur sans mettre en réserve chez moi, pour le lui rendre, le double de ce que j'avais pris.

C'est seulement en présence des maris que j'entre chez les femmes de notre tribu ; si le mari est parti pour la guerre, je n'entre pas.

Quand la femme étrangère qui est confiée à ma protection s'offre à mes regards, je baisse les yeux jusqu'à ce que sa tente la dérobe à ma vue.

Je suis d'un naturel facile, d'un caractère noble ; je ne laisse pas mon âme s'opiniâtrer à suivre ses passions.

Demande à Abla, elle te dira que je ne veux pas d'autre femme qu'elle ;

Si elle m'invite à entreprendre une affaire sérieuse, je réponds à son appel, je la protége contre tout mal et je m'abstiens de lui en faire éprouver.

Traduit de Tharafa.

Es-tu revenu de ta passion, ou es-tu encore épris de cette femme? — Je crains pour toi ; car une folie violente peut provenir de l'amour ;

Et toi, Mawiyia ! ne souffre pas que l'amour qu'on a pour toi devienne une cause de mort ; une telle conduite de ta part ne serait pas généreuse.

(Mawiyia a suivi le conseil ; elle a été sensible à l'amour du beau jeune homme, puisque plus bas le poëte dit :)

Il y a toujours pour lui, chez sa maîtresse, un vin généreux, mêlé d'une eau douce et fraîche ;

Si elle lui offre une coupe, elle sait aussi parfois la lui refuser ; traitement cruel qui lui fait paraître l'éclat de midi sombre comme la nuit.

Elle s'est rendue dans un pays tellement éloigné que la pensée seule peut franchir l'espace qui l'en sépare ;

Mais, bien qu'elle se trouve loin de lui, elle garde toujours la foi qu'elle a jurée à son amant.

Elle a de l'embonpoint; quand elle sourit, ses dents paraissent comme ces fleurs qui brillent par leur blancheur dans les sables du désert;

Ces dents si blanches et si polies avaient déjà, en naissant, emprunté au soleil leur éclat;

Quand elle rit, elle laisse apercevoir des gencives que le musc, mêlé avec une eau limpide et fraîche, paraît avoir humectées;

Censeur importun! ne me reproche pas mon amour; celle que j'aime est de ces femmes qui peuvent se livrer au repos, même quand l'été appelle au travail, et dont de fréquentes couches n'ont point flétri les formes.

Leur teint nous rappelle les blancs nuages des derniers jours de printemps; le développement de leurs charmes est semblable à la croissance des bourgeons d'un arbrisseau sous l'influence de l'été.

FIN.

TABLE DES MATIÈRES.

	Pages.
Chapitre premier. Départ de Philippeville.............	1-4
Chap. II. Bône et Hippone.........................	5-14
Chap. III. De Bône à La Goulette...................	15-20
Chap. IV. De La Goulette à Tunis..................	21-26
Chap. V. Coup d'œil rétrospectif sur Tunis..........	27-31
Chap. VI. A travers les rues de Tunis..............	33-36
Chap. VII. Les bêtes à Tunis......................	37-42
Chap. VIII. Les bazars et les marchés..............	43-50
Chap. IX. Population de Tunis.....................	51-61
Chap. X. Les chrétiens............................	63-66
Chap. XI. Les juifs...............................	67-75
Chap. XII. Mœurs et coutumes des juifs............	77-85
Chap. XIII. Les musulmans........................	87-97
Chap. XIV. De la religion.........................	99-107
Chap. XV. Mœurs.................................	109-121
Chap. XVI. Coutumes.............................	123-127
Chap. XVII. Du gouvernement.....................	129-142
Chap. XVIII. Du bey et de ses ministres............	143-155
Chap. XIX. Le bey du camp et les impôts..........	157-163
Chap. XX. L'agriculture	165-170
Chap. XXI. L'armée...............................	171-176
Chap. XXII. La justice............................	177-186
Chap. XXIII. Le Bardo............................	187-195
Chap. XXIV. Abrégé chronologique des deys de Tunis....	197-205
Chap. XXV. Abrégé de l'histoire de Tunis depuis la chute des deys jusqu'à la mort d'Hamouda-Pacha..........	207-223

TABLE DES MATIÈRES.

Pages.

Chap. XXVI. Abrégé de l'histoire de Tunis depuis l'avénement d'Othman-Bey jusqu'à celui de Mohammed-el-Sadak.... 225-239
Chap. XXVII. Courses à travers la Régence............... 241-259
Chap. XXVIII. De Tunis à Carthage...................... 261-269
Chap. XXIX. Rapport à M. le comte Walewski, ministre d'État.. 271-283
Liste des consuls et vice-consuls de France............. 285-287
Constitution et loi organique du royaume tunisien....... 289-329
Traités conclus entre le gouvernement de Tunis et les diverses puissances européennes......................... 331-401
Fragments de poésie tirés des auteurs arabes............ 403-408

FIN DE LA TABLE DES MATIÈRES.

ERRATA.

Page 365, ligne 25, au lieu de 1823, lisez : 1323.

www.ingramcontent.com/pod-product-compliance
Lightning Source LLC
Chambersburg PA
CBHW052125230426
43671CB00009B/1125